校社家协同育人研学课程发展体系建设

——基于社会资源与学校课程融合的视角

姜平 ◎ 著

湖南师范大学出版社

·长沙·

图书在版编目（CIP）数据

校社家协同育人研学课程发展体系建设：基于社会资源与学校课程融合的视角／姜平著． --长沙：湖南师范大学出版社，2024.12． -- ISBN 978 - 7 - 5648 - 5703 - 5

Ⅰ.G459

中国国家版本馆 CIP 数据核字第 2024C34X65 号

校社家协同育人研学课程发展体系建设
——基于社会资源与学校课程融合的视角

Xiao She Jia Xietong Yuren Yanxue Kecheng Fazhan Tixi Jianshe
——Jiyu Shehui Ziyuan yu Xuexiao Kecheng Ronghe de Shijiao

姜　平　著

◇出 版 人：吴真文
◇策划组稿：陈　凯
◇责任编辑：吴鸿红
◇责任校对：李　航
◇出版发行：湖南师范大学出版社
　　　　　　地址／长沙市岳麓区　邮编／410081
　　　　　　电话／0731 - 88873071　88873070
　　　　　　网址／https：//press.hunnu.edu.cn
◇经销：新华书店
◇印刷：长沙印通印刷有限公司
◇开本：710 mm×1000 mm　1/16
◇印张：16.75
◇字数：340 千字
◇版次：2024 年 12 月第 1 版
◇印次：2024 年 12 月第 1 次印刷
◇书号：ISBN 978 - 7 - 5648 - 5703 - 5
◇定价：48.00 元

凡购本书，如有缺页、倒页、脱页，由本社发行部调换。

代 序[1]

易巧君

给家里年夜饭添道菜,设计一场家族春晚,记录家乡年俗活动……当下,不少中小学生已经动手动脑完成了这样年味儿十足的综合实践活动课程寒假作业。

20 余年了,长沙市教育科学研究院姜平建构并推动着这门课程从无到有,迭代升级,传播推广,如今正在校社家的共同推动下,与学生的学习生活、社会生活相融相长。而她自己,则从一位有着奇思妙想的一线教师,成长为教育部基础教育教学指导委员会委员,教育部首批公布的国家骨干教师培训专家、基础教育国家级优秀成果持有人。

与此同时,记者还发现,"65 后"的姜平,从形象到气质甚至爬楼梯的体力,均可媲美"75 后"……对此,姜平笑言,她这体能等就是综合实践"锻造"的成果,也希望这门课程真正能让广大中小学生成长成才受益无穷。

"素人老师"与"国家任务"

姜平与综合实践活动课程正式建立联系,应该追溯到 2001 年 6 月。其时,她正在长沙市开福区一所学校担任教导主任,接到开福区教研室电话通

---

[1] 易巧君.姜平:新建一门"国家课程"需要怎样的"龙马精神"[N].人才就业社保信息报,2024-02-23(R4).本文略有改动。

知去北京参加新课程改革通识培训。

21世纪初，中国首次将综合实践活动课设置为必修课，并要求以平均每周3课时进入学校常态化课程设置，希望借此培养学生创新精神与实践能力，促进课程综合化，转变学生学习方式，以及促进学生综合素质全面发展。

然而，此时这门课程还面临着一系列问题：没有实施经验，没有指导老师，没有统一教材，没有评价标准……这样的"国家任务"，缘何选择了"素人老师"姜平呢？"可能是爱折腾的我，在教育教学中总是想大胆创新吧。"姜平回忆。

1998年，湖南遭遇特大洪灾，和很多学校直接开展爱心捐款活动不同，姜平带领学生来到五一广场开展报纸义卖活动。结果，因不少学生家长打电话质疑耽误孩子的学习时间，活动终止。回来后，她组织学生谈感想，让他们把卖报过程中丰富的情感体验和与人交往的方法等进行记录、总结……不到半小时，学生全部完成了任务，连平时最怕作文的学生也洋洋洒洒写了不少内容。

事实上，自1986年参加工作，她就在点点滴滴中尝试改变传统教育的方式方法，如将语文全册教材按照自己的意图整合和重新编排，开展专题化教学；如教学李清照的词《醉花阴》时，还引导孩子们深入了解词人不同时期写"愁绪"的词作，从中深度了解词人的一生。

她当年带领的学科和班级，在平时考试成绩和重点中学升学率等方面，常常名列前茅。而让她感觉最开心的是，常有孩子反映"最喜欢上姜老师的课"。

从这些点滴的冲突和可喜的改变中，她还会深思为什么明明有利于学生发展的教育活动不能得到相关认可，到底该用什么方法才能推进孩子们学科学习兴趣的增强及素养的提升这些问题，并对思考结果进行总结。

姜平说，她之所以乐衷于这些尝试与思考，因为她就是这样幸运地长大的。

她成长的那个年代，学生们边学农边读书，作文则常是枯燥的命题作文。但她却自作主张，把那些活泼泼地收稻子、采茶籽实践，甚至路边采来的野花和同伴玩的"打子"游戏，都写进了自己的作文里，并获得了老师的特别夸奖。

她的家乡是宁乡，花鼓戏氛围浓厚。她常在听了某一唱段之后，还要想方设法找来全本继续进行沉浸式阅读。获悉从部队退役的亲戚带回了红色小说，还有邻居大学生姐姐带回的杂志等，她都赶紧凑上前去借了来读。虽然当时的她主要受条件所限，"书非借不能读也"，但这也让她无比珍惜这些来之不易的开阔视野的机会，同时还锻炼了她与人交流、交往的能力。

"特别是后来进入师范学校读书，那种深厚的传统文化积淀，那种致力于学生综合素质全面提升的课程设置，那种引导学生自主探究学习的教学方式，还有那些丰富的校园文化生活……真的与我走上教师岗位后，发现孩子们愈演愈烈的'卷'培训、'卷'分数的学习氛围大不相同。"直到2001年6月，从事了14年一线教学的姜平，开始尝试探索突破传统教学的弊端。

"满脸长痘"与"喷薄成果"

从北京回来，"感觉身心被点燃"的姜平随即被调入开福区教研室，负责新课程——"综合实践活动课程"的研究与实施工作。

"改革要赶早，当时真的特别希望这门新课程能尽快帮助老师们从传统学科教学的框束中解放出来，能给学生们的校园生活带来勃勃生机与盎然春意。"姜平回忆，那时自己就像"众里寻她千百度"，几乎不顾一切奔向这位相思经年的"梦中情人"。

她不分昼夜、不论节日，常常工作到凌晨三四点，即使大年初一上岗也在所不惜。

仅仅一个月后，她带头总结撰写的综合实践活动主题"亲近家乡风景名胜"等8个典型案例出炉。这也让这门"经验性"课程在开福区（全国38个新课程改革实验区之一）终于开始有了落地载体，并奠定了综合实践活动主题的体例模型。由此，她也渐渐总结出了综合实践活动课程内容开发范式、策略、原则、步骤，并在第一届全国综合实践研讨会上作了"综合实践内容开发"主题报告。

仅仅一年后，她撰写的第一本综合实践活动专著《体验新课程：综合实践活动》出版。其间，她深入一线，和教师一起开展了几十次专题研讨活动，从中提升理念，寻找理念与实践的结合点，并随时将心得体会记录下来。

2001年开始，她每年在全国综合实践研讨会作主题报告，开展对全国各省市综合实践教师培训，参与教育部《中小学综合实践活动课程指导纲要》研制。2007年开始，她连续3年主持全国综合实践远程网络研修培训，并建立了教师培训数字资源库。

可以说，从综合实践内容开发到实施指导规范、课堂教学范式、方法体系建构、课程评价、教师专业化建设、区域推进到校本化实施……她就这样边实践研究，边总结建构，边推广应用，不断建构综合实践活动课程的新经验。其间，各类成果更呈喷薄之势，截至2014年，她总计出版关于综合实践活动课程相关研究专著20余部，主编教材多本，发表多篇研究论文等，共500余万字。

姜平来自农村，身体素质一向不错，还曾是学校篮球队队长，但终究不是钢铁之躯。在常年超负荷工作压力下，正当壮年的她出现了满脸长痘、大把掉头发等一系列内分泌失调症状。最严重的时候，她被迫进行住院治疗。

"但我很乐观，自己的身体自己最清楚，我相信想办法能够调理回来。就像我相信，工作虽然有很疲惫的时候，但'聚精会神'终将'如有神助'一样。"姜平捋了捋自己的长发，笑着说道。

姜平说这样的话是有底气的。2014年，她作为全国综合实践活动课程建设的领衔人，申报的"综合实践活动课程的建设、推进与实施"研究成果被评为国家级教学成果二等奖。同时，其与华中师范大学郭元祥教授等合作完成的教学成果"义务教育阶段综合实践活动课程实施研究"被评为国家级教学成果一等奖。更重要的是，在她和研究团队的努力下，一门新课程——"综合实践活动课程"的体系化建设与常态化实施任务基本达成，并正式成为小学至高中开设的必修课程。

"生命之春"与"传播使命"

从花城广州到苏北徐州，从南海之滨的珠海到西部山城重庆，2023年11月，年龄数字已往花甲奔的姜平出了5趟差，却一点儿也不觉得累。

她说："尤其自2020年'综合实践活动课程的建设、推进与实施'研究成果成为全国成果奖推广项目，在全国进行积极推广应用更是我的工作常态。但研究成果能够被全国研究同仁、广大中小学老师和学生需要，同时也再次焕发了我的生命之春，更成为我的传播使命。"

全国推广也不意味着研究深化按下成果休止符，在新的时代背景下，姜平还不断深化、迭代研究成果，以综合实践活动成果推广为契机，建构出高质量全面育人理论体系与实践模型。

她告诉记者：国家级优秀教学成果推广要契合时代发展的需求，不断提升国家级教学成果推广的目标，不断深化迭代成果推广内容，不断深化推广方法。近3年来，其在促进示范学校综合实践活动课程达到规范、常态实施的基础上，更是建构了以"综合实践活动课程的建设、推进与实施"成果为抓手，全面赋能五育融合课程体系、校社家协同育人体系、优质社会资源与公共服务体系、学校育人方式与教学方式全面变革的理论体系与系统实践模型与范式，典型经验、案例，以及与示范区深度合作的成果推广机制与路径。同时，还建构了以综合实践活动课程成果推广为抓手的高质量教育体系典型经验模型，新时代研学课程常态化实施模型等，物化新成果100多万字，建立优质社会资源单位170多家，建构成果推广7大模型23种范式，广泛辐射全国各地。

在长沙，其引领100多所学校开发了"一校一品"的学校综合主题课程，如长沙高新区明德麓谷学校"中医药文化进校园"，宁乡市五里堆中学"沙田包子进课堂"等，甚至六一儿童节如今都已成为相关学校孩子们综合实践活动成果展示节。

对此，姜平亲自指导的"示范校"岳麓区博才白鹤小学负责人深有感慨地表示，他们在本轮成果推广中，以学校为校本，将综合实践活动的理念运用到学科教学之中，促进了学习与教学方式的深度变革，师生呈现开放包容、蓬勃向上的生命状态。

在不断迭代成果的同时，姜平致力于在成果推广中建构国家级教学成果推广典型范式。她这么总结自己3年来的成果推广工作："第一方面，从顶层设计层面，为系统解决高质量教育体系建构中的问题，分别以市区校三级为样本，以综合实践活动课程建设为抓手，为引领示范区以及学校围绕理论研究、制度建设、课程建设等方面开展系列问题探究与经验建构，引领了示范区高质量发展。第二方面，具化分享策略层面的主要做法，包括建构成果推广模型，提供成果推广的范式；研制成果推广工具，建构成果应用体系；制定原则规则，促进成果的转化创生。第三方面，创新成果推广机制：典型示范校引领的联片辐射机制，在建立示范校的基础上，培育典型示范校，以其带动其他学校快速辐射引领的经验，使得成果快速推广，形成全面辐射态势。"

"这些年，我们探索了一套整体的成果推广机制，包括整体方案研制、组织机构建立、专家工作坊建设、成果本土化落地路径设计、成果推广相关保障机制建立……不但引起了媒体、社会的全面关注，学校、社会的广泛参与，还面向全国兄弟省市开发。"担任历年全国综合实践活动骨干教师培训工作的姜平说起这些滔滔不绝、自信满满。

她还认为多年从事综合实践活动课程研究和推广，对自己个人生活产生了极大影响，使其很自然地对个人生活进行一种艺术化建构，营造出个人生活的艺术才情，诸如酷爱中医文化，喜好喝茶、赏画、弹琴、登山、临水等诗情画意的生活，在平凡、简单的日常景物中体味到潇洒冲淡、清新淡雅的审美趣味，在工作繁忙之余，获得精神境界的逍遥之游。

"这种构建能不断丰富自己的精神生活，提高自己的综合素质，反过来又能促进自己的工作，甚至成为身边人的一种活态样板。"姜平很开心地告诉记者，她女儿在读中学时的寒暑假，就被其鼓励邀约同伴一起去湘西土家族苗族自治州参加社会调研；读高二时女儿提出想学画画，她作为妈妈也支持了女儿这个在别人看来有点一时兴起的兴趣……如今，她女儿对自己的工作和生活也非常有主见。

刚刚过去的龙年春节，"龙马精神"是说得最多的祝福语之一。姜平说，综合实践活动就是一门能让人认识、学习"龙马精神"的课程，她希望更多人因其真正受益终身。

目 录

第一章　校社家协同育人研学课程发展体系建设的基本理念 ……… 001
　　第一节　研学课程发展体系建设的基本理念 ……………………… 001
　　第二节　校社家协同育人研学课程发展体系建设的目标与任务 …… 009

第二章　校社家协同育人研学课程发展体系的开发与建构 ………… 013
　　第一节　校社家协同育人研学课程发展体系建设新结构 ………… 013
　　第二节　校社家协同育人研学课程发展体系建设新模式 ………… 038

第三章　校社家协同育人研学社会资源与课程的融合开发 ………… 049
　　第一节　校社家协同育人研学社会资源的遴选与确立 …………… 049
　　第二节　校社家协同育人研学基地课程开发 ……………………… 057
　　第三节　校社家协同育人研学精品线路课程开发 ………………… 067
　　第四节　例谈校社家协同育人研学基地课程开发策略 …………… 081
　　第五节　例谈校社家协同育人研学精品线路课程开发策略 ……… 106

第四章　校社家协同育人研学课程实施模式与路径 ………………… 114
　　第一节　跨学科整合的校社家协同育人常态化研学模式 ………… 114
　　第二节　校社家协同育人研学基地课程实施 ……………………… 123
　　第三节　校社家协同育人研学精品线路课程实施 ………………… 137
　　第四节　例谈校社家协同育人研学基地课程实施策略 …………… 153
　　第五节　例谈校社家协同育人研学精品线路课程实施策略 ……… 183

第五章　校社家协同育人研学课程管理与评价……………………………… 191
　　第一节　校社家协同育人研学课程管理……………………………………… 191
　　第二节　校社家协同育人研学学生发展性评价…………………………… 204
　　第三节　例谈义务教育学段研学课程过程性评价………………………… 215
　　第四节　例谈高中学段研学课程终结性评价……………………………… 222

附录　校社家协同育人研学课程发展体系建设研究案例………………… 231

第一章
校社家协同育人研学课程发展体系建设的基本理念

研学是教育实践活动的一种形式,是学校根据区域特色、学生年龄特征、综合实践及学科课程教学内容的需要,组织学生以集体走出校园的方式,在社会资源参与和支持的基础上开展的研究性学习活动,研学课程则是提供学生应用于研学活动的教学内容,一般与学校课程深度融合,以主题的方式呈现,主要分为前置课程、基地课程、后拓课程三个阶段的教学内容设计,以活动为主要组织形式。本章主要阐述笔者关于研学课程发展体系建设的理论层面的思考及研究。在界定研学课程为国家必修课程综合实践活动课程重要实施方式的基础上,对当前研学课程发展体系建设把握的课程性质、独特的价值追求及时代赋予研学课程的使命进行了阐述。同时,根据深度实践调研取得的第一手资料,深度剖析了当前研学课程建设与实施存在的主要问题,提出新时代高质量教育体系建设背景下研学课程发展体系建设的目标与任务。

第一节 研学课程发展体系建设的基本理念

一、国内外研学的发展历程及经验启示

在阐述研学课程发展体系建设的基本理念前,笔者对国内外研学经历的发展过程做一个简单梳理。不同历史时期,虽研学名称各不同、方式有差

异,但在实践中获得体验感悟,在实践中总结处事方法规律,在实践中增长见识才干,成为其不可或缺的学习方式与教育共识。

(一) 我国研学发展及经验启示

研学自古有之,不同时期有着不同的称呼。我国古代游学标志性人物是先秦时的孔子,可以说孔子开了中国游学风气之先。"游学"一词在古籍中并不鲜见,《史记·春申君列传》称:"游学博闻。"《北史·樊深传》中也有"游学于汾晋间,习天文及筹历之术"的记载。春秋战国时期,孔子率弟子们周游列国、传道授业,弟子们跟随他遍访都邑,从困顿碰壁中体悟人生,开阔眼界,了解民风政情。两汉承继战国游学之风,如司马迁"二十而南游江、淮,上会稽,探禹穴……观孔子之遗风,乡射邹、峄"。游学丰富了学子、士人的知识与阅历,也成就了许多人。唐代兴旅行学习之风,众多士子走出书斋,在旅行中学习知识、体悟人生、修为人格、传承文化,成就很多传世的诗篇。宋代和明清时期,游学、书院文化盛行,士人旅行制度化,社会逐步形成了"读万卷书,行万里路"的主流意识。宋代理学家朱熹主张学子不应拘于一隅,而应"出四方游学一遭"。

此外,20 世纪 30 年代,著名教育家陶行知抱着教育救国理想,积极倡导"知行合一",认为"行是知之始,知是行之成"。他鼓励新安小学的"新安旅行团"作长途修学旅行。旅行团通过放电影、写作、卖书刊等办法自筹经费,看江南风光,观察、学习沿途地理、风俗、民情,了解近代工业文明,旅途中学生们爱心相助、增进情感,学到很多关在学校死读书学不到的知识。学生们还参与抗日救亡活动,了解爱国军民奋起抗战的英勇事迹,增加学生们国家民族的责任感,开了我国修学旅行的先河。

通过对我国古代和近代"研学"的发展历程梳理,可以总结出我国古代"研学"过程中发展出来的研学模式:一是自然考察模式,如中国历史上出现最早的自然地理考察著作《尚书·禹贡》,全书在深度自然考察的基础上,以自然地理实体为标志,将全国划分为 9 个区,并对每个区的疆域、山脉、河流、植被、土壤、物产、贡赋、少数民族、交通等自然和人文地理现象,作了简要描述。二是文化考察与自然考察结合模式,即通过跨区域的自然、人文考察,了解和学习解读不同的文化。如明代徐霞客,一生足迹遍及今 21 个省、市、自治区,探幽寻秘,记录观察到的各种现象、人文、地理、动植物等状况，经 30 年考察撰成的 60 万字《徐霞客游记》，开辟了地理学上系统观察自然、描述自然的新方向，既是系统考察祖国地貌地质的地理名著，又是描绘华夏风景资源的旅游巨篇，还是文字优美的文学佳作，在国内外具有深远的影响。三是社会参与模式，孔子游学就是典型的该类模式。当时列国礼制崩解，传统习俗的规范力量消失，天下遂处于无政府状态，孔子面对这一严重的时代问题，遂以重建普遍秩序为己任，带着一批学生从鲁国出发，周游卫国、曹国、宋国、齐国、郑国、晋国、陈国、蔡国、楚国等地，大致路线为现在的曲阜—菏泽—长垣—商丘—夏邑—淮阳—周口—上蔡—罗山，再原路返回，用了十几年的时间在鲁国周边游历，推行以礼治国的政治主张。

（二）国外研学模式及经验启示

国外的研学非常流行，英国自 17 世纪就开始了游学之风，美国的研学主要是高中假期的国内外名校游，研学旅游在日本被称为"修学旅行"，是日本学生最具特色的活动，从学习传统文化知识、参观国家公园、访问历史古迹，到涉及职业选择、自然体验、考察先进企业甚至体验商人活动等，其涵盖了政治经济文化等各个领域。在韩国，几乎每个学生都参加过各种类型的研学旅行，其中较有特色的形式是毕业旅行。韩国教育部门将毕业旅行作为学生的一项必修课目，纳入学分管理，学生只有参加并修够相应学分，才可以毕业。可见，国外将研学旅行正式纳入必修课程管理的主要是韩国。

通过资料分析，目前国外研学的基本模式主要包括如下几类：一是自然教育与生存挑战模式，即在开放的自然环境中开展考察探究活动，在自然环境中开展户外生存挑战活动。二是生活探究与职业体验模式，即接触社会生活情境，训练生活技能（life skill），在真实的社会情境中考察探究与体验社会职业。三是文化考察与社会参与模式，即跨区域的文化考察，了解和学习不同的文化，以参与的方式开展社会运作的实践锻炼活动。四是国际理解和文化交换学习模式，即国际游学，进行跨文化学习、国际理解。以上模式给我们提供了国际经验："研学"是以体验为中心，以问题为导向的开放活动，主张自主生活与生存锻炼，具有连续性和持续性特征。其中，文化实践是灵魂。此外，还有一个重要特征就是，研学实践过程中的科学方法与规范必不可少，包括在此过程中提供实践工具与技术支持，建立实践学习规范，掌握实践程序与方法，获得实践学习记录和数据支持等。

（三）当前我国研学理论研究动态

研学旅行作为综合实践活动的重要内容，是在2016年教育部等11部门印发《关于推进中小学生研学旅行的意见》后纳入的，关于该领域的课程内容、实施方式、管理评价与其他内容有一定区别，是综合实践活动领域有待开展研究的部分。当前，单独关于研学旅行的研究并不多见，在中国知网输入"研学旅行课程""实践育人机制"分别搜索到相关文献200多篇和300多篇，研学旅行课程相关文献主要涉及研学旅行的特点、开发情况、存在问题、研究进展等方面；实践育人机制相关文献主要涉及各高校的实践育人机制，对于中小学的实践育人机制，公开发表的论文及论著不多见。笔者自2016年以来，致力于研学旅行课程研究，梳理了研学实践中存在的具体问题，建构了与课程融合的研学课程及资源支撑体系，包括小学至高中的教材体系建设，探索了研学课程实施的基本路径，研究了研学管理评价体系，建立了系列实践模型范式，于2021—2024年在全国广泛推广，发表了系列相关学术成果。

二、研学课程的性质

在研学课程体系建设中，我们首先要明确研学课程的性质，厘清研学课程作为综合性、实践性、经验性课程的特质，这对开展研学课程建设具有深远意义。如果不明确其国家课程的性质，明确其是综合实践活动重要的课程方式，研学课程就成了旅行活动，其课程所追求的价值目标就难以达成。

自2001年我国新课程改革以来，综合实践活动课程进入我国课程领域，是国家必修课程，该课程承担引领学校课程文化与学习方式变革的重要任务。作为综合性课程与经验性课程，该课程以实践、探究为主要特征，研学旅行也是该课程一种重要的学习方式。2016年教育部等11部门印发的《关于推进中小学生研学旅行的意见》，明确中小学生研学旅行是由教育部门和学校有计划地组织安排，通过集体旅行、集中食宿方式开展的研究性学习和旅行体验相结合的校外教育活动，是学校教育和校外教育衔接的创新形式，是教育教学的重要内容，是综合实践育人的有效途径。2017年教育部颁发的《中小学综合实践活动课程指导纲要》提出："考察探究是学生基于自身兴趣，在教师的指导下，从自然、社会和学生自身生活中选择和确定研究主题，开展研究性学习，在观察、记录和思考中，主动获取知识，分析并解决问题的过程，如野外考察、社会调查、研学旅行等，它注重运用实地观察、访谈、实验等方法，获取材料，形成理性思维、批判质疑和勇于探究的精神。"可见，研学旅行课程是国家义务教育和普通高中课程方案规定的必修课程，归属于综合实践活动课程考察探究类型中，与学科课程并列设置，是基础教育课程体系的重要组成部分。该课程由地方统筹管理和指导，具体内容以学校开发为主，自小学一年级至高中三年级全面实施。同时，研学旅行作为综合实践考察探究的重要内容，它在实施过程中必须遵循考察探究"注重运用实地观察、访谈、实验等方法，获取材料，形成理性思维、批判质疑和勇于探究的精神"的实施原则，以及在课程实施过程中经历考察探究"发现并提出问题；提出假设，选择方法，研制工具；获取证据；提出解释或观念；交流、评价探究成果；反思和改进"的学习过程与方式。

基于研学旅行国家必修课程的性质，在教育体系中，为与社会上所称的"研学旅行"相区分，在教育体系逐步形成将其称为"研学课程"的共识，为此，本书也表述为"研学课程"而非"研学旅行"，特此说明。

关于研学课程的性质，概而言之，是国家义务教育和普通高中课程方案规定的必修课程——"综合实践活动课程"的重要内容与重要方式，主要属于综合实践考察探究类型。该课程与综合实践活动课程实施统筹考虑，纳入中小学教学计划，由地方统筹管理和指导，具体内容以学校、基地共同开发为主，自小学一年级至高中三年级全面实施。

三、校社家协同研学课程体系的新理念

（一）基本概念

校社家协同研学课程体系，是依据新时代高质量教育体系建设的要求，以学校为主体，协同社会资源、家长力量，共同开发社会资源与学校学科课程深度融合的综合主题研学课程体系，通过设计学校、社会、家庭不同主体的教育教学任务，指导学生以研学实践活动为依托，建立三方协同育人的常态化实施路径和管理机制，形成的学校、社会、家庭协同育人科学化、常态化、制度化育人课程体系、实施体系、评价体系。

(二) 课程理念

1. 形成校社家联合育人机制，形成全员育人新机制

研学课程实施过程中，充分调动社会、基地、家庭教育资源，在学校的统筹组织下，因地制宜、因时制宜，提出具有教育意义的主题，联动社会、基地、家庭等多方共同参与研学实践，形成全员育人新机制。

2. 整合社会优质课程资源，使其进入学生成长全过程

以统筹协调、整合资源为突破口，秉承"创新、协调、绿色、开放、共享"的新发展理念，让优质资源通过课程化设计，进入学生成长全过程，促进学校、学生、课程资源单位多方面协同发展。

3. 统筹协调综合实践活动课程，构建规范研学课程实施体系

围绕综合实践育人目标，面向学生完整的生活世界，利用优质资源，因时制宜、因地制宜，与学校综合实践活动课程统筹考虑，开发研学活动主题，形成学校、基地、社会、家庭多方协同组织实施的研学课程实施方式、共同参与的评价方式，构建科学规范的研学课程实施体系。

4. 突出实践性、综合性、探究性特征，促进学生综合素质全面发展

研学课程实施，体现经验性、实践性课程特征，强调学生综合运用各学科知识，认识、分析和解决现实问题，提升综合素质，着力发展核心素养，特别是社会责任感、创新精神和实践能力。

5. 整合融入学科课程，优化研学课程结构

优化综合实践活动课程结构，在研学课程中设置劳动教育专题、学科教学专题；充分利用研学实践基地，在研学课程中开展主题式劳动教育。

四、研学课程的独特价值

在研究中，笔者立足我国高质量教育体系的高度，结合多年的实践研究，分析了研学课程的重要价值。

（一）联结优质教育资源的纽带

自2012年中国共产党第十八次全国代表大会召开以来，国家提出了教育深化改革的"五个统筹"：统筹学校与社会的关系、统筹政府管理与学校办学自主权的关系、统筹各级各类教育之间的关系、统筹各种教育资源的关系、统筹各种教育力量之间的关系。其中，统筹各种教育资源进入学生成长过程，是构建立德树人全面育人体系新生态的重要内容；2017年10月，中国共产党第十九次全国代表大会精神进一步明确，要创造更平衡、更充分的教育，进一步提出了让多样化的资源真正进入学生的成长过程的要求；随后，国家提出建立高质量教育体系，将优质均衡的公共服务体系建构作为教育高质量体系建设的一个重要内容。由此可见，以优质的教育资源支撑，赋能高质量教育体系的发展，对促进教育深化改革和我国现代化高质量教育体系建构具有重要意义，而研学课程在实施过程中，充分利用各类自然资源、红色资源、文化资源、体育资源、科技资源、国防资源、企事业单位资源，是推动优质资源进入学生成长过程的重要纽带。

（二）促进实践育人体系建设的抓手

我国教育深化改革明确提出建立立德树人全面育人体系，其中建立实践育人新体系是重点，也是难点，为此，2020年3月，中共中央、国务院发布《关于全面加强新时代大中小学劳动教育的意见》，2022年，教育部印发新修订的《义务教育课程方案》和各学科课程标准，指出了重点突破的三个改革难点：一是指向核心素养导向，强调在实践的情境中培养学生解决实际问题的能力；二是整合课程内容，打破学科窠臼，建立课程与自然、社会、学生自身的关联；三是变革教学方式，开展项目式、任务式学习，经历完整的学习过程，促进实践育人。可见，学校无论是实践育人课程体系建设还是学科教学方式变革，都凸显实践性特征，尤其是学科课程建设，其核心目标指向强调在实践的情境中解决实践问题的能力培养；学科课程内容体系强调与社会资源等实践情境的关联；学科课程实施方式强调知行合一，在实践中经历发现问题，解决问题，建构知识，运用知识的过程让学生基于实践认识，经过实践得到提升。研学课程作为综合实践活动课程重要方式，在传统综合实践常态化实施基础上，突破了课程实施的时空，尤其是通过相关利好政策调动了社会参与课程建设与实施的热情和动力，构建了多方协同实践育人体系，无论是对实践课程建设还是学科课程建设都具有促进作用，是实践育人课程体系建设的重要抓手。

（三）大思政课程体系建设的途径

2022年11月，教育部印发《关于进一步加强新时代中小学思政课建设的意见》（教基〔2022〕5号）原文第8条明确提出："丰富社会实践资源。

完善思政课实践教学机制，中小学校要制定社会实践大课堂教学计划，安排一定课时用于学生社会实践体验教学活动，推动思政课教学与学生社会实践、志愿服务等活动有机结合，增强学生直接体验和切身感悟。各地各校要统筹爱国主义教育基地、红色教育基地、研学教育基地、综合实践基地、法治教育实践基地、文化场馆、科技场馆、博物馆等校外教育资源，以及地方特色教育资源，建立一批思政课实践教学基地，共同开发建设各具特色的教学资源。"文件原文第15条提出："深入挖掘语文、历史和其他学科蕴含的思政资源，强化体育、美育、劳动教育的德育功能，准确把握各门学科育人目标，将课程思政有机融入各类课程教学，深入实施跨学科综合育人。要结合地方自然地理特点、民族特色、传统文化以及重大历史事件、历史名人等，因地制宜开发富有教育意义的地方和校本思政课程。"由此可见，研学课程建设也是大思政课程体系建构的重要途径。

（四）促进学校课程文化变革的载体

构建立德树人新体系，学校要以课程建设为核心，以实践能力培养与评价为重点，构建实践育人体系，实现"三全育人"，即全员育人，学校、社会、家庭的育人功能及其良性互动，以教育公共服务体系作为支撑；全方位育人，促进学生身心和谐、全面发展；全过程育人，建立学习活动与知识、生活、社会关联，育人时空全程化。2019年，国务院办公厅印发《关于新时代推进普通高中育人方式改革的指导意见》，强调拓宽综合实践渠道，健全社会资源有效开发配置的政策体系，因地制宜打造学生社会实践大课堂。同时建设一批稳定的学生社会实践基地，定期组织学生深入社区开展志愿服务，深入农村开展体验活动。这些时代新要求，势必给学校课程文化建设与教学方式变革带来新挑战，研学课程无论是以其实践性特征，还是其课程实施场景、课程实施主体、课程实施方式，都可以促进三全育人机制形成，是学校课程文化与教学方式变革的重要载体。

（五）提出了新时代综合实践活动课程发展的新方向

综合实践活动课程自2001年进入国家课程领域，从起步阶段的国家实验区试行，到在学校广泛实施，建构了一个完整的课程体系。然而，仅仅在学校层面实施，该课程的价值很难实现，研学作为综合实践活动课程的一种新的实施方式，使该课程从学校延展到社会，让社会力量与资金都参与到该课程的指导与实施过程中来，拓展了综合实践活动领域，丰富了综合实践活动课程实施方式，填补了综合实践活动课程该领域的研究空白，提出了综合实践活动课程建设的新方向。

（六）形成了政府、学校、社会、家庭教育合力

研学课程实施需要学校、社会和家庭高度参与，需要各级教育行政部门高度协同，做到各司其职又四位一体合力推进，探索基地建设和项目实施新形式，构建高效实践育人机制。与此同时，研学作为综合实践活动课程考察探究的一种方式，为综合实践活动课程本身的建设提供了新的研究增长点。研学还关联到政府部门、学校、社会、家庭多方参与，为建设新时期综合实践校社家协同育人体系、校外优质资源支撑体系建设等研究提出新的课题。

第二节 校社家协同育人研学课程发展体系建设的目标与任务

作为具有综合性、实践性特征的综合实践活动课程，如何站在建设高质量教育体系的高度，以本课程为抓手构建五育融合的课程体系及多方联动的实践育人实施体系，是当前在新的时代背景下，综合实践活动课程建设包括研学课程建设与研究的重要内容。

一、当前研学课程存在的问题分析

当前研学课程发展体系建设过程中，存在系统性的问题。经过笔者多年的实践观察与深入调查，发现目前各地大多数研学实践与综合实践活动严重分离，社会上只知研学旅行，不知综合实践活动课程。研学课程执行由旅行社主导的模式，将研学变成组织成千上万学生倾巢而出的纯旅游，研学课程的教育功能严重丧失。

（一）课程管理方面的问题

研学课程管理层面的问题，主要有保障研学课程规范实施的制度建设严重迟滞，研学责任主体不明确，质量评价缺乏统一标准，认证主体不明确，

研学管理部门职能上下协调不一致等问题。如目前大多数的研学课程停留在传统春、秋游的管理层面，教育行政部门将其划分为后勤管理部门管理，一些区（县）统一将学校研学任务划分给指定旅行社执行，研学品质无法保障，课程价值未引起重视。

（二）学校实施层面的问题

学校层面，研学课程规范无法保证，与学校综合实践活动缺乏整体设计，研学课程停留在旅行社主导的传统春、秋游层面。

（三）研学基地方面的问题

缺乏优质课程，缺乏特色场景，缺乏优秀教师，盲目兴建游乐设施，游戏项目、技能劳动项目充斥整个研学活动；研学课程实施的普遍现状："听看课程"，只看不做，"实践"的丧失；"游戏课程"，浅层活动，"问题"的缺位；"职业课程"，技能训练，"创意"的缺失；"单一课程"，学科拓展，"整合"的空虚，如此种种，导致研学品质无法保障。

二、研学课程体系建设的目标与任务

前文中提到，教育部等 11 部门《关于推进中小学生研学实践的意见》明确指出，研学课程建设的主要任务是：探索形成中小学生广泛参与、活动品质持续提升、组织管理规范有序、基础条件保障有力、安全责任落实到位、文化氛围健康向上的研学实践发展体系。具体包括开发一批育人效果突出的研学课程；建设一批具有良好示范带动作用的研学实践基地；打造一批具有影响力的研学实践精品线路；建立一批研学实践教师队伍；建立一套规范管理、责任清晰、多元筹资、保障安全的研学实践工作机制。结合研学课程与新时代实践育人课程体系建构的要求，笔者结合在研学课程领域的理论研究，将其任务细化为如下几个方面的目标，并将这些目标作为建构研学课程体系的指南。

（一）建设研学课程新体系

随着"双减"政策的颁布，综合实践活动课程，包括研学课程实践育人的价值得到进一步重视。作为立德树人课程新体系中重要的课程载体，它担负起课程综合化及实施方式实践化的重要任务，因此，处理好综合实践与劳动教育、研学实践、班团队少先队活动、专题教育（传统文化教育、革命传统教育、国家安全教育、环境教育、法治教育等）的关系，引领学校建立实践、开放、弹性、前瞻、综合的课程体系，构建基于资源与课程整合的有层次、梯度、衔接的课程体系，学期之间、学年之间、学段之间活动内容有机衔接的活动主题序列，从打通学科、学段、学校类别，联合学校、社会、家庭的角度，构建立德树人课程新体系，推动跨学科综合育人、实践育人是当前本课程的重要目标。具体到研学课程，主要是根据学段特点和地域特色，逐步建立小学阶段以乡土乡情为主、初中阶段以县情市情为主、高中阶段以省情国情为主的研学课程体系。

（二）形成联动育人新机制

综合实践活动教师指导的重点由强调过程指导的基本行为规范转化为加强整合各类资源，形成教育合力与联动机制；由以往以学校及社区活动为主要活动范围，转变为整合各类资源，多方联动的方式。与此同时，将综合实践活动、综合实践育人的理念及专题学习、深度探究体验的学习方式运用在学科课程教学之中。综合实践活动以问题为中心，以主题活动为载体，将引导学生主动、探究、合作、体验的学习方式渗透至学科教学之中，引导教学方式与学校文化全面变革。

研学课程实施过程中，充分调动社会、基地、家庭教育资源，在学校的统筹组织下，因地制宜、因时制宜，提出具有教育意义的主题，联动社会、基地、家庭等多方共同参与研学实践主题，形成全员育人新机制。

（三）建设社会优质资源新支撑

综合实践活动具有实践性、开放性特征，在本课程实施过程中，要充分挖掘社区、社会优质课程资源，将优质资源纳入课程体系之中。随着各类优质资源进入学生成长过程，校外优质基地的不断发展，综合实践活动成为校社家联动育人机制形成的重要课程载体，该课程实施的重点由学校常态实施转变为学校与政府、社会、家庭联动育人模型的建构。

以研学课程实施统筹协调整合资源为突破口，秉承"创新、协调、绿色、开放、共享"的新发展理念，让优质资源通过课程化设计，进入学生成长全过程，促进学校、学生、资源单位多方面协同发展。

（四）开发研学课程新体系

研学课程体系开发，我们将其放在综合实践活动课程框架下来讨论，为引导建立整合学校课程内容，形成学校五育融合的研学课程体系。跨学科研学课程新体系的建设，此问题在下文有具体介绍，在此不再赘述。

（五）建构研学课程实施新方式

围绕综合实践育人目标，面向学生完整的生活世界，利用优质资源，因时制宜、因地制宜，与学校综合实践活动课程统筹考虑，开发研学活动主题，形成学校、社会、家庭多方协同组织实施的研学课程实施方式、共同参与的评价方式，构建科学规范的研学课程实施体系。

（六）促进学生综合素质新发展

研学课程实施，体现经验性、实践性课程特征，强调学生综合运用各学科知识，认识、分析和解决现实问题，提升综合素质，着力发展核心素养，特别是社会责任感、创新精神和实践能力。

（七）建立课程保障新机制

由于新的内容体系与实施模式的建立，研学课程的实施，势必影响教育行政部门及学校制度文化的建设。教育行政部门要及时建立劳动教育、研学课程等与综合实践课程相关课程的管理规范，理顺各职能部门的关系，统一认识和要求，保证学校通过联动方式开展的课程能顺利实施，尤其是明确校社家联动机制、研学实践管理归口问题等。与此同时，在已有学生评价的基础上，一方面，细化评价的内容标准，另一方面，加强研学实践学校评价、教师评价的研究。

第二章
校社家协同育人研学课程发展体系的开发和建构

本章主要围绕校社家协同育人研学课程发展体系建设的内容结构和最新实施模式两个方面阐述笔者的思考与建构的实践模型及分享笔者的经验。

第一节 校社家协同育人研学课程发展体系建设新结构

在新的时代背景下,综合实践活动,包括研学课程体系建设,在利用周边社区课程资源的基础上,要综合多方资源,整合实践课程,形成新的课程结构,主要包括如下七个方面。

一、研学课程开发新原则

研学课程的内容开发应遵循如下原则:

(一) 统筹性原则

学校要对全学段研学实践进行整体规划,每年度研学有不同主题,在主题开发与活动内容选择时,一要与学校综合实践活动主题统筹考虑,避免分离状态;二要统筹考虑校社家课程资源的统筹利用,并与相关资源单位共同研究因地制宜、因时制宜的主题活动。

(二) 实践性原则

研学课程强调学生亲身经历各项活动,在策划、设计、探究、制作、劳动的过程中进行"体验""体悟""体认",在全身心参与的活动中,发现、分析和解决问题，体验和感受生活，发展实践创新能力。

（三）整合性原则

研学课程的内容组织，一要挖掘整合各类基地资源的课程价值，二要整合五育并举的育人目标，三要整合和综合运用各学科知识，均衡考虑学生与自然、与他人、与社会、与自我的关系。对活动主题的探究和体验，体现个人、自然、社会的内在联系，强化文化、科技、艺术、技术、道德等方面的内在整合。

（四）主题性原则

学校组织的研学活动必须运用综合实践活动方式开展主题探究活动，学生外出活动必须与学校当学期开展的综合实践统一在一个主题下，可将有关专题教育，如优秀传统文化教育、革命传统教育、国家安全教育、心理健康教育、环境教育、法治教育、知识产权教育等，转化为学生感兴趣的研学实践主题，让学生通过亲历感悟、实践体验、行动反思等方式实现专题教育的目标，防止将专题教育简单等同于研学课程。

（五）连续性原则

研学实践根据综合实践活动课程的内容设计，一要应基于学生可持续发展的要求，使活动内容具有递进性，促使活动内容由简单走向复杂，使活动主题向纵深发展，不断丰富活动内容、拓展活动范围，促进学生综合素质的持续发展；二要处理好学期之间、学年之间、学段之间活动内容的有机衔接与联系，构建科学合理的活动主题序列。

二、研学课程开发新路径

研学课程内容开发，要利用学校周边课程资源，结合学校育人理念及发展愿景。因此，在学校综合实践活动课程建设过程中，要突破囿于本学科课程框架内主题开发的框束，立足学校特色文化建设的高度，建构具有学科融合的、校本化特色的主题课程体系，形成"一校一品"的研学课程文化特色。

我们可采取课程特色"七步走"的工作路径：第一步，听取学校介绍；第二步，从学校介绍过程中提炼研学课程特色与主题；第三步，建构特色主题与学校育人理念之间的联系点；第四步，设计富有层次的、与研究模型相关的研学课程内容体系；第五步，探索研学课程实施与评价方案；第六步，开展项目实施；第七步，总结典型案例，建立研学实践模型。在梳理研学特色课程，设计整体研学课程框架过程中，学校育人目标进一步清晰，学校课程文化随之建构起来。如长沙市枫树山中航城小学是笔者国家优秀教学成果"综合实践活动课程建设、推进与实施"推广应用示范学校，担任"多方联动育人模式"成果示范推广任务。在成果推广示范的过程中，如何定位学校课程文化的方向，如何突出学校已有的文化特色，如何有效利用周边优质的课程资源，确立什么联动类型，提炼什么主题来带动联动机制等诸多问题一直困扰着学校。笔者在了解学校需求的基础上，在分析提炼学校特色主题的过程中，启发学校借助紧邻省植物园这一得天独厚的地理优势，利用植物园丰富的课程资源，结合学校理念，提炼出了核心元素——竹，确立主题为"竹文化探究"。围绕"竹"这一核心元素，学校将植物园的场景植入环境文化建设中来，进行全方位的场景打造。在场景打造的同时植入课程理念与需求，建构了竹与现代科技、竹与传统文化、竹与建筑文化、竹与生活文化等多个模块组成的竹课程体系。

为了帮助大家进一步掌握学校综合主题研学课程开发的方法步骤，下面分享一个相关课程开发的案例。

【案例分享】

走进桂花　四季芬芳

——"一校一品"五育融合研学课程系统开发与建构

一、聚焦问题

新时代背景要求学校的课程建设要充分利用自身资源形成有特色的课程体系，这时的我们遇到了如下难题：学校课程如何形成"一校一品"彰显特色？课程结构如何整合体现梯度？课程内容如何建构形成体系？正当我们困惑之际，2020年底，我校成功获评优秀教学成果示范学校，正式启动成果范式中"综合实践与劳动教育整合模式"的应用推广。在成果持有人姜平教授的指导下，三年来，我校以劳动教育为抓手，坚持五育并举，进行了"一校一品"五育融合综合主题研学课程系统开发与建构。

二、开发举措

(一) 成果引领，提供课程开发策略

根据成果持有人姜平教授梳理的课程体系化建构的八项原则以及"一校一品"课程体系开发的要求，让我们明白了课程的开发要因时制宜，要因地制宜，分析资源，确立特色课程的主题方向；根据成果持有人总结的学校特色课程开发步骤，让我们理解了综合特色主题课程开发要结合学校教育哲学、资源状况、师生需求等诸多因素构建学校课程体系；根据成果持有人提供的"领域—模块—主题—项目"四级课程支架，让我们掌握了课程序列化开发的路径。下面，我重点阐述我校引用"领域—模块—主题—项目"四级课程支架开发研学主题课程体系的做法。

(二) 顶层设计，确定领域模块

学校地处桂花坪，校园里遍植桂花树，办学理念以桂花为意象，期待通过桂花芳馨弥漫的特质，培养出具有桂花般高洁品质的莘莘学子。按照提供的课程开发方法，结合学校的育人哲学、传统特色和已有资源，学校确定了"走进桂花 四季芬芳"这一课程领域。

在顶层设计中，"走进桂花 四季芬芳"课程不囿于劳动学科，而是朝跨学科综合化发展。我们以学科课程为基点，针对桂花主题能体现的相关教材进行深入分析，寻找学科知识可能的关联点，融合桂花元素，提炼核心概念，形成跨学科知识网络。通过多方研磨，我们最终确定品桂之性、寻桂之源、养桂之法、制桂之方、食桂之味五大模块。

(三) 教师合作，确定主题

课程模块下的主题是由各学科教师共同开发的，课程组教师带领孩子们进行问题的梳理、整合、筛选、归纳，提炼了许许多多小主题，例如校园桂花树的养护实践，关于桂元素与剪纸艺术融合的探究……师生共创一共形成了19个研究主题，课程组依据学生身心发展规律，分阶段、有重点地排列了各主题的序列进程，形成了有梯度、有层次的主题体系。

(四) 校社家联动，确定项目

1. 学生实践促进项目的生长

如开展"自制桂花香水的探究与实践"主题活动时，老师带领学生通过资源收集与诗词寻源，了解桂花的品性；再通过劳动实践与科学探究，进

行香水提取；又通过创意设计，自制香水包装；最后通过定价交流，确立"0元"感恩香水品牌。在这样的实践活动中，多学科的知识被关联，合作探究的欲望被激活，孩子们的价值观也被树立，主题活动项目在学生的实践过程中不断丰富，不断充实。

2. 家长的参与促进项目的衍生

我校重视家校协同育人项目设计：桂花摄影赛，家长学生用镜头记录桂花之美；桂花丰收季，家长学生用古法储藏桂花之香；桂花美食节，家长学生用烹饪解锁食疗密码……由桂花主题课程的开发，我们还衍生了一年一度最盛大的节日：桂花节，每年丹桂飘香的时节，桂花节便如约而至，成了我们最经典而难忘的美好回忆。

3. 社会的参与促进项目品质的提升

社会基地的专业力量为我们的课程开发提质助力。孩子们用简易设备自制的香水香气不能久留且容易变质，在基地导师的引导下，孩子们利用专业设备制作香水，还撰写了《关于自制桂花香水的探究与实践报告》，同时还发现了新的研究方向，一个新的小主题"香水提质巧总结"就诞生了……社会基地与学校协同开发实践项目，让桂花课程更加丰富、立体、多元。

（案例提供：林志仁）

三、一体化设计研学课程新体系

研学是综合实践活动课程不可分割的内容领域，是综合实践活动考察探究类活动中的一种方式，要与学校综合实践主题融为一个整体。为了规范研学乱象，实现研学课程的价值，我们对研学与学校综合实践主题进行一体化设计。以长沙市为例，我们分别开展了以红色文化、传统工艺、农耕文化、民俗与食育文化、工业智造、社会主义先进文化为核心领域的主题序列建构等。

目前，上述六个内容领域下分别开发了丰富的课程模块和主题活动系列，提升了研学实践的品质。如在指导明德麓谷学校课程体系建设过程中，了解到明德麓谷学校开设了多个"穴位按摩吧"课程。考虑穴位按摩仅仅只是单纯的技能学习，课程内容过于单薄，建议学校确定以"中医药文化探究"为主题，进行课程体系建构。从湖南道地药材的种植、中医药的炮制、常见药材在生活中的应用、中医按摩等方面挖掘课程内容,构建富有层次性的课程体系。在实施过程中,植入中医药文化知识,通过实验研究、劳动体验、创意设计、技术学习等丰富多彩的活动方式全面探究中医药文化,并建议使用学生在探究过程中种植的中草药盆景、制作的香囊等装点校园,使中医药文化成为学校环境文化的有机组成部分。以下为学校综合主题序列研学课程案例。

【案例分享】

学校"时令有约食育新"主题体系

领域	模块	主题举例	项目举例	低年级	中年级	高年级	主要活动方式
时令有约食育新	春食之韵	立春春饼香	关于立春"咬春"的习俗文化	初步了解立春的时令特点	探究"咬春"习俗的发展	探究立春饮食的文化渊源	查找资料
			关于春饼的饮食保健功效	了解春饼的美好寓意	关于春饼的保健	探究春饼的配料属性	自然观察、科学探究
			关于春饼的饼面制作	了解春饼饼面的种类	学习春饼的和面技巧	分组制作春饼和筋饼	劳动体验、技能学习
			关于春饼的配菜设计	了解春饼配菜的营养	探究春季养生保健配菜	动手制作春饼配菜	艺术设计
			关于春饼的文化宣传	设计立春养生菜单	设计立春养生特色菜品,表达美好心愿	动手制作春饼及配菜,小组进行创意点评	创意设计
			关于春饼的文创推广	参观文创基地,彩笔画春饼,表达美好祝愿	考察文创基地,拓展"咬春"相关饮食风俗	实地采访文创设计师,对立春饮食进行文创宣传	实地考察、社会服务

(续表)

领域	模块	主题举例	项目举例	低年级	中年级	高年级	主要活动方式
时令有约食育新	春食之韵	清明青团糯	关于青团养生保健	初步了解青团	了解青团的诗词或谚语	青团文化渊源	查找资料
			关于青团制作原料探究	认识青团制作原料	提取植物色素	青团制作原料食品属性探究	自然观察、科学探究
			关于青团馅儿材料搭配	初步了解青团的种类	自己搭配馅料	探究馅料搭配的养生原理	劳动体验、技能学习
			关于青团制作及创意造型设计	动手制作青团	设计三种青团造型	制作青团及设计青团拼盘	艺术设计
			关于青团包装制作	学会包装青团	对青团包装进行设计	青团包装精品设计	创意设计
			关于青团的文创推广	参观文创基地，创编青团有关的童谣	考察文创基地，吟诵青团诗词	实地采访习得方法，对青团产品进行文创宣传	实地考察、社会服务
时令有约食育新	夏食之韵	茶包手作忙	关于茶文化植入	初步了解中国茶道的发展历程	了解中国茶文化的相关诗词	了解品茶礼仪	查找资料
			关于采茶在茶文化中的运用	认识茶叶的生长周期	学习茶叶的采摘	学习茶叶的采摘及分类	自然观察、科学探究
			关于饮茶与养生保健的探究	了解茶叶的养生功效	探究茶叶的夏季养生配伍	探究茶叶在养生保健饮食中的运用	劳动体验、技能学习
			关于茶包的制作	认识茶包制作原料	动手制作茶包	动手制作精美茶包	艺术设计

（续表）

领域	模块	主题举例	项目举例	低年级	中年级	高年级	主要活动方式
时令有约食育新	夏食之韵	茶包手作忙	关于茶包的包装制作	绘制茶包包装图案	手工制作茶包包装纸（提取植物色素制作）	设计制作茶包并设计创意文化卡	技能学习、创意设计
时令有约食育新	夏食之韵	茶包手作忙	关于茶包的文创推广	参观文创基地，会创编茶艺有关的童谣	考察文创基地，吟诵茶文化诗词	实地采访茶艺师，对茶文化进行文创宣传	实地考察、社会服务
时令有约食育新	夏食之韵	端午包儿香	关于端午文化内涵	了解端午的起源	了解端午诗词	了解端午的习俗	查找资料
时令有约食育新	夏食之韵	端午包儿香	关于端午习俗与养生智慧	认识"毒五月"	了解中草药驱毒辟邪防病的知识	"毒五月"的驱毒养生原理探究	自然观察、科学探究
时令有约食育新	夏食之韵	端午包儿香	关于端午包点的制作	初步了解做包点的方法	自己和面、搭配馅料	探究馅料搭配的养生原理	劳动体验、技能学习
时令有约食育新	夏食之韵	端午包儿香	关于产教文化的学习	聆听湖湘包点的文化传承故事	了解湖湘包点产业的文化特色	学习湖湘包点的文化传承精神内涵	文化体验
时令有约食育新	夏食之韵	端午包儿香	关于包点制作及创意造型设计	动手制作包点	制作特色包点	制作包点并设计包点拼盘	艺术设计
时令有约食育新	夏食之韵	端午包儿香	关于端午包点的文创推广	参观文创基地，会讲述端午起源及端午风俗习惯	考察文创基地，分享端午饮食与养生保健的常识	实地采访文创设计师，对端午包点进行文创宣传	实地考察、社会服务

（续表）

领域	模块	主题举例	项目举例	低年级	中年级	高年级	主要活动方式
时令有约食育新	秋食之约	立秋乌梅爽	关于立秋的节气特点	初步了解"长夏"的特点	探究"长夏"形成原因与影响	探究立秋饮食与节气关系	查找资料
时令有约食育新	秋食之约	立秋乌梅爽	关于乌梅爽养生保健探究	初步认识和观察乌梅	探乌梅汤文化渊源	了解乌梅的药用价值	查找资料
时令有约食育新	秋食之约	立秋乌梅爽	关于乌梅爽养生配比探究	认识乌梅爽制作原料	凉粉凝固配比实验	乌梅制作原料食品属性探究	自然观察、科学探究
时令有约食育新	秋食之约	立秋乌梅爽	关于乌梅爽制作	动手制作乌梅爽	制作不同水果口味	制作乌梅爽及设计产品名字	技能学习、艺术设计
时令有约食育新	秋食之约	立秋乌梅爽	关于乌梅爽礼品包装设计	学会包装乌梅爽	对乌梅爽包装进行设计	乌梅爽包装精品设计	创意设计
时令有约食育新	秋食之约	立秋乌梅爽	关于乌梅爽的文创推广	参观文创基地，会创编乌梅爽有关的童谣	考察文创基地，吟诵乌梅诗词	实地采访文创设计师，习得方法，对乌梅爽产品进行文创宣传	实地考察、社会服务
时令有约食育新	秋食之约	霜降蜜柚黄	关于霜降的节气特点	初步了解霜降节气的特点	探究霜降节气由来	探究霜降与农作物的关系	查找资料
时令有约食育新	秋食之约	霜降蜜柚黄	关于蜂蜜柚子茶养生保健探究	初步认识和观察柚子	探蜂蜜柚子茶的营养成分	探蜂蜜柚子茶的药用功效	查找资料
时令有约食育新	秋食之约	霜降蜜柚黄	关于蜂蜜柚子茶养生配比探究	认识蜂蜜柚子茶制作原料	蜂蜜柚子茶配比实验	维生素 C 测定实验	自然观察、科学探究
时令有约食育新	秋食之约	霜降蜜柚黄	关于蜂蜜柚子茶制作	认识制作蜂蜜柚子茶工具和原料	动手制作蜂蜜柚子茶	制作蜂蜜柚子茶及设计产品名字	技能学习、艺术设计

（续表）

领域	模块	主题举例	项目举例	低年级	中年级	高年级	主要活动方式
时令有约食育新	秋食之约	霜降蜜柚黄	关于蜂蜜柚子茶包装设计	学会包装蜂蜜柚子茶	设计瓶装图案	设计制作瓶装图案并设计创意销售卡	创意设计
时令有约食育新	秋食之约	霜降蜜柚黄	关于蜂蜜柚子茶的推销推广	参观"茶颜悦色"公司	考察"茶颜悦色"公司，创编蜂蜜柚子茶有关的童谣	实地采访"茶颜悦色"公司工作人员，习得方法，对柚子茶产品进行文创宣传	实地考察、社会服务
时令有约食育新	冬食之道	大雪糕点甜	关于大雪的节气特点	初步了解大雪节气的特点	探究大雪节气的由来	探究大雪"进补"与民俗	查找资料
时令有约食育新	冬食之道	大雪糕点甜	关于核桃糕茶养生保健探究	初步认识和观察核桃大枣	探究核桃大枣的营养成分	探究核桃糕的药用功效	查找资料
时令有约食育新	冬食之道	大雪糕点甜	关于核桃糕养生配比探究	认识核桃糕制作原料	认识核桃及其功效	蜂蜜核桃糕制作原料食品属性探究	自然观察、科学探究
时令有约食育新	冬食之道	大雪糕点甜	关于核桃糕制作	认识并制作核桃糕工具和原料	动手制作黑芝麻红枣核桃糕	制作不同种类核桃糕及设计产品名字	技能学习、艺术设计
时令有约食育新	冬食之道	大雪糕点甜	关于核桃糕包装设计	学会包装核桃糕	学会切片和包装核桃糕	学会切片和包装核桃糕，设计外包装	创意设计
时令有约食育新	冬食之道	大雪糕点甜	关于核桃糕的文创推广	参观文创基地，会介绍核桃糕	考察文创基地，创编核桃糕销售词	实地采访文创设计师，对核桃糕进行文创宣传	实地考察、社会服务

（续表）

领域	模块	主题举例	项目举例	低年级	中年级	高年级	主要活动方式
时令有约食育育新	冬食之道	冬至饺子香	关于冬至文化内涵	了解冬至的节气起源	了解冬至的天文意义	了解历史渊源、诗词	查找资料
			关于冬至习俗与养生智慧	认识"冬至大如年"习俗	了解冬季"进补"防未病的知识	冬季"进补"防未病养生原理探究	自然观察、科学探究
			关于饺子的制作	初步了解包饺子的方法	自己和面、搭配馅料	探究馅料搭配的养生原理	劳动体验、技能学习
			关于产教文化的学习	聆听相关专业人士讲解速冻食品技术	了解湖湘包点产业的文化特色	学习湖湘包点的文化传承精神内涵	文化体验
			关于饺子制作及创意造型设计	动手制作饺子	制作特色饺子	制作饺子并设计饺子拼盘	艺术设计
			关于饺子的文创推广	参观文创基地，会讲述冬至起源及风俗习惯	考察文创基地，分享冬至饮食与养生保健的常识	实地采访文创设计师，对饺子进行文创宣传	实地考察、社会服务

（案例提供：张毅）

四、制定研学课程开发新规范

学校根据综合实践活动课程协同融合的目标，并基于学生发展的实际需求以及优质资源评估情况，与基地一起设计活动主题和具体内容，并选择相应的活动方式。研学课程的内容选择与组织应遵循如下要求。

（一）整体规划

学校要对全学段研学实践进行整体规划，每年度研学有不同主题，在主题开发与活动内容选择时，一要与学校综合实践活动主题统筹考虑，避免分离状态；二要考虑校社家课程资源的统筹利用，并与相关资源单位共同研究因地制宜、因时制宜的主题活动。以下是关于中草药主题研学课程学期课时安排设计的案例。

【案例分享】

创意中草药产品开发设计

教学进度（每个课时单元为2课时）	课题题目	创意中草药产品开发设计主要内容
第一课时	生活中的中草药	走进中药店，进行调查访问，了解中草药产品
第二课时	确立自己产品开发的类型	了解中药与西药特点，联系生活，分小组合作探究，确立本小组开发的产品
第三课时	本草开发的市场价值与方向（以艾为例）	以艾为例，了解本草文化历史，分小组开展市场调查研究，探究本草开发的市场价值与方向
第四课时	以艾为例，了解产品开发与设计	开展产品开发设计，前期调查准备阶段（以艾为例）
第五课时	以艾为例，研讨制定产品开发方案	产品开发设计，方案研讨完善阶段（以艾为例）
第六课时	制作艾条	认识陈艾，学习艾绒的制作方法
第七课时	研学课程主题：功能性艾条配伍与制作	小组组建、小组分工、小组主题确定及相关材料准备
第八课时	研学前置课程	相关前置课程知识准备
第九课时	基地研学活动	出发—基地课程实施—研学手册完成
第十课时	基地研学拓展	手工制作多功能艾条、小队服务行（可小队或个人，可家里或基地）

（续表）

教学进度 （每个课时单元为2课时）	课题题目	创意中草药产品开发设计主要内容
第十一课时	包装的结构设计	从产品的携带、陈设、装运方便性等角度设计美观的包装结构
第十二课时	包装的图案设计	设计包装的外部画面，渗透产品特征和文化理念，使其美观和谐
第十三课时	说明书设计	设计具有科学性、易读性、美观和谐的说明书。（结合年级特征，与本学段教材说明文相关课文要求联系）
第十四课时	亲子活动	艾主题创意中草药产品开发及设计
第十五课时	创意中草药产品发布会	开展展示性评价，分"好吃区""好玩区""好用区"三个场地，以家庭为单位对产品进行介绍及宣传

（案例提供：罗瑞）

（二）深度实践

研学课程强调学生亲身经历各项活动，在策划、设计、探究、制作、劳动的过程中进行"体验""体悟""体认"，在全身心参与的活动中，发现、分析和解决问题，体验和感受生活，发展实践创新能力。

（三）整合实施

研学课程的内容组织，一要挖掘整合各类基地资源的课程价值，二要整合各学科知识的综合运用，均衡考虑学生与自然、与他人、与社会、与自我的关系。对活动主题的探究和体验，要体现个人、自然、社会的内在联系，强化文化、科技、艺术、技术、道德等方面的内在整合。如下文案例中茶文化探究课程，既有茶文化、茶礼仪学习，又有艺术创造、科学探究、技能学习。

【案例分享】

茶文化研学主题课程体系

本次基地的茶学之旅，一共设计5天，8个单元。具体方案设计如下。

一、研学主题：茶叶基地"茶文化探究"主题研学

二、研学地点：邴原研学基地

三、研学目的

1. 价值体认

通过活动，了解中国茶文化的基本情况及深远意义，感受博大精深的中国茶文化，产生学习茶文化、传播茶文化的责任感，激发对祖国的热爱之情。

2. 问题解决

了解茶的来历及发展，知道我国是茶叶的原产地；知道茶的基本分类，了解六大茶类的特点，能初步认识各种茶叶；初步学习制作某类茶的基本步骤及注意事项；了解茶在生活中的应用，科学探究茶叶的新用途；能创新传播茶文化的方法途径，开展对茶叶未知领域的科学探究。

3. 创意物化

能设计茶博会方案，推广茶文化宣传产品，设计茶文化相关作品。

（案例提供：姜颖林）

（四）统一主题

学校组织的研学活动必须运用综合实践活动的方式开展主题探究活动，学生外出活动必须与学校当学期开展的综合实践统一在一个主题下进行研究。学校可将有关专题教育，如优秀传统文化教育、革命传统教育、国家安全教育、心理健康教育、环境教育、法治教育和知识产权教育等转化为学生感兴趣的研学实践主题，让学生通过亲历感悟、实践体验、行动反思等方式实现专题教育的目标，防止将专题教育简单等同于研学课程。如前面提到一所学校开展的"竹文化探究"这一特色主题，学校研学课程紧扣此主题，设计研学活动，如下面的案例所示。

【案例分享】

竹文化研学主题课程体系

年级	项目内容	活动方式	基本过程
一、二年级	取竹为乐——风筝蒙面制作与放飞风筝	策划设计—设计制作—放飞风筝体验—和父母一起放风筝	前置课程：风筝的类型；风筝发源地；风筝蒙面图案的类型与设计
			基地课程：设计描绘风筝蒙面图案—糊制风筝—放飞风筝
			拓展课程：风筝的装配放飞；竹子玩具、乐器的设计制作
三、四年级	取竹为食——制作竹筒饭、春笋沙拉	礼仪培训—文化植入—劳动体验—设计制作—社会服务	前置课程：食育文化及竹筒制作相关知识介绍；礼仪培训；竹筒及竹筒饭制作过程介绍；包装设计相关知识；确定感恩对象
			基地课程：选择竹筒—制作竹筒饭—设计制作包装—写感恩词
			拓展课程：笋与食育文化研究
五、六年级	竹子种植；竹子美食：竹笋饼制作	礼仪学习—文化植入—科学探究—劳动体验—设计制作—应用写作—社会服务	前置课程：竹文化及竹子类型介绍；礼仪培训；确定感恩对象
			竹子种植：配制土壤—盆栽竹子—写感恩词
			竹笋饼制作：制备笋干—制作竹笋饼—设计包装—写感恩词
			拓展课程：竹子的类型与种植研究

（案例提供：姜颖林）

（五）形成序列

研学课程根据综合实践活动课程的内容设计，一要基于学生可持续发展的要求，使活动内容具有递进性，促使活动内容由简单走向复杂，使活动主题向纵深发展，不断丰富活动内容、拓展活动范围，促进学生综合素质的持续发展；二要处理好学期之间、学年之间、学段之间活动内容的有机衔接与联系，构建科学合理的活动主题序列。下面为节日文化主题研学课程体系开发的案例。

【案例分享】

节日文化主题研学课程体系

项目	项目内容	活动方式	基本过程
项目1	莺啼燕舞迎新春——春节礼俗行	文化植入—实践体验—科学探究（如五彩年糕食品植物提取实验）—设计创编—劳动技术学习—文艺表演	认知学习：诗词学习，从写春节的诗中，分别选取描述贴春联、放爆竹、春节宴饮和守岁等活动的诗词各1至2首学习，并从中分析不同朝代的习俗演变
			文化习俗体验：贴春联、制桃符、做五彩年糕，编春节习俗剧、表演（如创编表演"北风吹雪四更初，嘉瑞天教及岁除。半盏屠苏犹未举，灯前小草写桃符"，包括制作道具，搭配服饰等）
项目2	火树银花元夕夜——元宵节礼俗行	文化植入—实践体验—科学探究（如玫瑰元宵制作，植物纯露提取）—设计创编—劳动技术学习—文艺表演	认知学习：从描述元宵节的古诗词中挑选吃元宵、赏花灯、观狮舞等诗词来学习，并从中分析不同朝代的习俗演变
			文化习俗体验：做元宵、做花灯、制灯谜、绘龙狮头、编习俗剧、表演（如编演北宋王安石妙联为媒的故事）
项目3	千年社日兴衰事——社日文化礼俗行	文化植入—实践体验—科学探究（如社肉制作工艺）—设计创编—劳动技术学习—文艺表演	认知学习：从描写社日节相关诗词中，选取唐宋元明清几个朝代的代表诗作各1首，以及有关社酒、社祭、社鼓、社饭、社戏、社舞的诗作各1首学习，并分析体会
			文化习俗体验：社饭、社肉制作，社戏、社祭活动排演等。"三杯酒罢归家去，留得猪头碍塞人"等诗歌情境再现

（续表）

项目	项目内容	活动方式	基本过程
项目 4	画堂三月初三日——上巳文化礼俗行	文化植入—实践体验—创意设计—劳动技术学习	认知学习：从描述上巳节的古诗词中挑选祓禊、踏春、曲水流觞等几类诗词代表作进行学习，并从中分析不同朝代的习俗演变
			文化习俗体验：曲水流觞活动、做素食活动（素食文化餐宴设计）
项目 5	寒食东风御柳斜——寒食文化节礼俗行	文化植入—实践体验—创意设计—劳动技术学习—游戏活动	认知学习：从描述寒食节的古诗词中挑选纪念介子推、改火仪式、插柳、冷食、斗草等几类诗词代表作学习
			文化习俗体验：插柳、风筝制作、冷食制作（如馓子制作。"纤手搓来玉色匀，碧油煎出嫩黄深。夜来春睡知轻重，压匾佳人缠臂金"等诗歌情景再现）
项目 6	红藕青团各祭先——清明文化礼俗行	文化植入—实践体验—科学探究（如艾蒿绿提取实验）—设计创编—劳动技术学习	认知学习：从描写清明节的古诗中重点挑选描写祭祀、清明日对酒、起新火、煮茶饮酒、踏青几类诗词代表作来学习
			文化习俗体验：斗草，试新茶，制作红藕、青团
项目 7	节公端午自谁言——端午文化礼俗行	文化植入—实践体验—科学探究（如艾蒿绿提取实验）—设计创编—劳动技术学习—文化设计	认知学习：端午节是我国传统节日之一，从端午诗词中挑选出吃粽子，饮菖蒲酒、雄黄酒，赛龙舟，悬艾草，浴兰，采药，系彩丝，画额，赐衣扇的古诗词各 1 首来学习分析
			文化习俗体验：做五彩丝线、粽子、绿豆糕，悬艾草，斗草，配制沐浴药方，做驱五毒香囊，设计人物造型及装扮（如根据苏轼词作"轻汗微微透碧纨，明朝端午浴芳兰。流香涨腻满晴川。彩线轻缠红玉臂，小符斜挂绿云鬟。佳人相见一千年"进行人物造型设计）

(续表)

项目	项目内容	活动方式	基本过程
项目8	惟与蜘蛛乞巧丝——七夕文化礼俗行	文化植入—实践体验—艺术设计（如雕瓜）—设计创编—劳动技术学习—文化设计	认知学习：七夕节是为数不多的以女性本身为主题的节日。我们从诗词中挑选出描写乞巧节习俗、牛郎织女爱情、乞巧节美食几个方面的古诗词各2首来学习分析
			文化习俗体验：做香囊、做乞巧果、雕花瓜、创编表演（情境表演：七夕乞巧仪式，如根据罗隐的《七夕》"络角星河菡苔天，一家欢笑设红筵。应倾谢女珠玑箧，尽写檀郎锦绣篇"编演）
项目9	一年明月今宵多——中秋文化礼俗行	文化植入—实践体验—艺术设计（彩灯蒙面设计）—设计创编—劳动技术学习—文化设计	认知学习：中秋节是我国传统节日之一，从描写中秋节的古诗词中，我们选取赏月、吃月饼、拜月、赏花灯、宴饮的古诗词各2首来学习分析
			文化习俗体验：做月饼、做花灯、拜月仪式创编表演
项目10	闰节重来续旧游——重阳文化礼俗行	文化植入—实践体验—科学探究（如菊花酒调制实验）—设计创编—劳动技术学习—文化设计	认知学习：从重阳节古诗中选取写登高习俗、插佩茱萸、把酒赏菊、吃重阳糕诗各1首进行学习分析
			文化习俗体验：制菊花酒、做重阳糕、感恩老人、创编表演

（续表）

项目	项目内容	活动方式	基本过程
项目11	谷粟为粥和豆煮——腊八文化体验行	文化植入—实践体验—设计创编—劳动技术学习	认知学习：从相关古诗选取喝腊八粥习俗、写腊祭习俗的古诗各2首来学习分析
			文化习俗体验：熬制腊八粥、制作桂花糕、腊八粥传说典故创编表演。
项目12	冬至阳生春又来——冬至文化礼俗行	文化植入—实践体验—设计创编—劳动技术学习	认知学习：从描写冬至的诗词中挑选写冬至祭祀、贺冬、宴饮消寒、敬师长的古诗词各1首来学习分析
			文化习俗体验："画九"、包饺子、祭拜孔子
项目13	此是人间祭灶时——祭灶文化体验行	文化植入—实践体验—设计创编—劳动技术学习	认知学习：从祭灶节古诗词中挑选描写祭灶习俗，抒发对团圆期盼之情的古诗词各1首来学习分析
		文化植入—实践体验—设计制作—劳动技术学习—艺术创造	文化习俗体验：画五彩年画、制灯笼、扫尘、制春联、制糖瓜活动

（案例提供：姜颖林）

五、建构研学课程实施新模式

（一）建构研学课程实施新模式

当前，研学成为全国中小学开展的一项重要实践活动，很多学校没有开设综合实践活动课程，但都积极参与研学活动。研学是综合实践活动课程重要方式，是综合实践活动课程不可分割的重要内容，如果将研学进行规范引导，综合实践活动课程全面实施就会有基础。笔者在研究中根据研学新的内容体系，建构了四种实施新模式：学校常态实施模式，综合实践与劳动教育整合模式，学校基地互动综合实践模式，学校、基地、社会、家庭多方联动育人模式。四种模式分十四类具体方式，在每类方式分别实施的基础上，总结典型案例，梳理实施模型后，示范校开始推广实施。如下表是"学校基地互动研学模式"的具体描述。

学校基地互动研学模式

名称	方式	具体描述
学校基地互动研学模式	方式一：主题某环节双向互动模式	学校—基地—学校，为统一主题下单个主题基地一次互动模式，每个基地有侧重点
	方式二：主题精品线路联动模式	学校—基地1—基地2—学校，为统一主题下的多基地互动模式，每个基地有侧重点
	方式三：长主题双向多轮互动模式	学校—基地（第1次）—基地（第N次）—学校，为统一主题下的一个基地多轮互动模式

（二）明确规范实施新要求

为明确每类实施模式的要求，我们可分类制定各模型的实施细则及要求。该细则要明确每个阶段课程实施主题、要求等细节。学校研学课程规划具体步骤：第一步，梳理学校特色课程文化，建构特色课程体系，确立本校综合实践活动系列主题；第二步，学校进行基地考察，遴选基地与学校契合的课程资源；第三步，学校、基地共同设计课程执行计划，包括前置课程、基地课程、后拓课程；第四步，学校执行前置课程；第五步，基地实施课程。

以学校基地互动研学模式中主题某环节双向互动模式对学校研学提出具体要求为例：（1）规划科学：学校对学生研学活动组织有宏观规划，每年经历不同的研究主题与不同的活动类型与方式。（2）主题统一：每次学校组织的研学活动必须运用综合实践活动的方式开展主题探究活动，学生外出活动必须统一在一个主题下进行。（3）深度研究：体现学生深度研究的过程，如围绕某一核心主题开展的科学实验探究、自然观察研究、社会考察研究、设计制作、职业体验、专题教育等内容必须符合综合实践活动方式规范、过程完整、研究有深度的要求。坚决避免听讲课程、走看课程、游戏课程、纯技能课程。（4）课程融合：要有整体的方案，包括各年级（班级）主题、前置课程、研学课程、后拓课程的设计，体现学校课程与综合实践活动课程有机融合。（5）组织有序：不允许大批量整所学校倾巢而出的形式，班级或年级分批外出。（6）学校后拓课程：继续深度研究。

实施模式	工作细则
学校基地互动研学与综合实践一体化模式	1. 学校研学与综合实践活动课程主题高度融合，研学前置课程、基地课程、后拓课程过程完整
	2. 学校严格按照《长沙市中小学校研学实践管理办法（试行）》要求组织研学活动
	3. 研学与综合实践活动课程高度融合，三种学校基地互动模式都要有示范学校实施的典型经验
	4. 各地教育局理顺研学管理机制，成果推广示范校研学报批程序严格按照《成果推广指南》要求进行
	5. 学校研学课程规划严格按照以下步骤且过程资料完整： 第一步，梳理学校特色课程文化，建构特色课程体系，确立学校综合实践活动系列主题；第二步，学校考察基地，遴选与学校课程特点相契合的资源基地；第三步，学校、基地共同设计课程计划，包括前置课程、基地课程和后拓课程；第四步，落实课程计划，推进课程实施；第五步，及时总结典型案例
	6. 每学年提供一个完整的典型经验

（三）明确出行组织新方式

各学校根据教育教学计划科学合理地安排研学实践时间，每学年1至2次，小学四、五、六年级1至3天，初中一、二年级1至5天，高中（含中等职业学校）一、二年级1至5天。学校要根据学生活动主题的特点和需要灵活安排，有效使用研学实践时间。寒暑假鼓励组织中小学生参与主题明确的1至7天研学实践冬（夏）令营，有条件的学校可组织7至15天赴境外研学实践。学校要给予学生广阔的探究时空环境，保证学生活动的连续性和长期性。

研学实践以集体外出活动为主。在集体外出之前，要分配好研学小组，要引导学生根据兴趣、能力、特长、活动需要，明确分工，做到人尽其才，合理高效，既要让学生有独立思考的时间和空间，又要充分发挥合作学习的优势，重视培养学生的自主参与意识与合作沟通能力。

（四）细化研学指导新规范

学校、基地教师的指导贯穿于研学实施的全过程，即四个基本阶段。

1. 准备阶段：前置课程阶段。第一步，学校、教师根据学校综合实践活动课程实施需要，遴选周边课程资源，选择实施基地；结合综合实践主题，确立基地研学项目。第二步，学校与基地共同研究研学内容框架及开展项目，突出主题性与整合性。第三步，基地根据学校要求，设计研学执行方案。第四步，基地研制学生研学记录评估手册。第五步，学校将研学主题、研学地点等通知给家长，准备相关资料与材料。第六步，学校与基地沟通后，进行研学活动前置课程教学设计与实施。

2. 实施阶段：基地活动阶段。基地教师要创设真实的情境，为学生提供亲身经历与现场深度探究体验的各类场景，让学生围绕主题体验多样化的活动。学生在现场考察、实验探究、设计制作、劳动体验等活动中发现和解决问题，体验和感受学习与生活之间的联系，避免缺乏统一主题及简单罗列深度探究的活动项目。

3. 拓展阶段：后拓课程阶段。基地研学活动后，学校教师根据学生在基地的发现情况及进行项目后感兴趣的方向，一方面引导学生开展进一步深层次的探究活动，使之与学校综合实践活动融为一体；另一方面引导学生对活动过程和活动结果进行系统梳理和总结，指导学生学会通过撰写活动报告、反思日志、心得笔记等方式，反思成败得失，提升个体经验，促进知识建构，明确进一步的探究方向，深化主题探究和体验，促进学生自我反思与表达，同伴交流与对话。

下面为"土地改良探究"主题研学案例，包括三个阶段的课程设计内容。

【案例分享】

博才白鹤小学基地研学：土地改良探究

	教师	学生
前置课程	安全教育	整理、归纳、熟知研学实践安全注意事项（安全乘车，安全使用剪刀、炊具、农具，安全用火，安全游戏）活动纪律
	组织学生进行知识储备	收集资料：了解土地改良作用、方法、典型案例。小组汇报：介绍收集资料的方法、过程，展示资料，互相补充，形成资料集

(续表)

	教师	学生
前置课程	组织学生进行小组建设	成果预设：制定土地改良后物化成果方案，做好相应计划与准备（自带剪刀、啤酒瓶、标识、鸡蛋壳、茶叶）。小组建设：根据物化成果方案和兴趣爱好自然分组，每个班分三个组，约十五人一组，完成常规分工
基地课程	学情摸底	"土地改良知多少"知识大闯关
	组织考察、采样、检测	实地观察，采样，检测，形成检测报告，选择合适的土壤改良方法
	方案设计指导	根据检测报告和基地条件设计土地改良方案
	组织落实方案	根据土地改良方案，收集基地内可用的材料，如红薯叶和皮、枯草和叶，结合自带的鸡蛋壳、茶叶，制作有机肥
	"分地到户"	各小组认领"实验地"，选择三分之二的地块进行土地改良，栽插红薯苗，安装围栏，设计后期看护计划
	物化成果指导	根据在学校制定的成果预设方案，将土地改良活动成果物化（做实验记录、盆栽），插上标识，进行展示，大众评审进行投票
	环保教育	垃圾分类，入桶
后拓课程	指导远程监督	与基地保持联系，关注基地反馈的"实验地"作物生长情况，及时提出改良设想，委托基地实施或前往基地亲自打理"责任地"
	指导学生举一反三	制定详细的方案，根据基地活动的经验，尝试使用其他改良方法进行土地改良实验，通过盆栽植物检验土地改良的效果，并进行详细的实验记录，收集资料和成果，选择合适的方式进行展示

（案例提供：王谢平）

4. 评价阶段：总结交流阶段。教师、基地要指导学生客观记录参与活动的具体情况，包括活动主题、持续时间、所承担的角色、任务分工及完成情况等，及时填写活动记录单，并收集相关事实材料，如活动现场照片、作品、研究报告、实践单位证明等。活动记录、事实材料要真实、有据可查，为研学活动评价提供必要基础。建立档案袋。在活动过程中，教师要指导学生分类整理、遴选具有代表性的重要活动记录、典型事实材料以及其他有关资料，编排、汇总、归档，形成每一个学生的研学实践活动档案袋，并纳入学生综合素质档案。档案袋是学生自我评价、同伴互评、教师评价学生的重要依据。

下面分享的是学校基地互动研学模式实施中七类关键事件的案例。

【案例分享】

学校基地互动研学模式实施的七类关键事件

关键事件一：专家引领。学校邀请了成果持有者、长沙市教育科学研究院姜平教授，岳麓区综合实践教研员周泉老师多次来校进行现场指导。项目团队成员深度学习了"学校基地互动研学一体化模式"的课程构建及组织实施。

关键事件二：组建团队。建立了"行政力量＋骨干教师"双线并行的项目团队。六位核心成员协同各学科教师，负责开发各年级资源包，组织活动及培训，反馈点对点运行情况，确保研发通畅性。

关键事件三：试点先行。通过自主申报、项目组审核，每个年级确定了两个班级作为成果应用试点班，"班主任＋科任老师"组成年级子项目组成员，参与前置课程设计，资源包开发，课程实施全过程。

关键事件四：项目宣讲。学校举行"花卉有礼"主题课程启动仪式，向全校师生、家长进行课程宣讲，告知项目的意义——这不仅是国家级成果的推广应用，也是学校心本课程着力打造的重点项目，这样能提升团队成员的价值感，也能够招募到更多有志于加入课程团队的小伙伴；告知家长孩子课程信息，让孩子充满期待，让家长了解课程价值，深度参与其中。我们还制作了"花卉有礼"活动邀请函，送达给社会机构，用于活动告知和联络。

关键事件五：集体备课。项目组进行专家引领下的常态化教研，分周次对试点班级老师的任务设计能力、组织协作能力、规划能力、激励评估方式等进行研讨培训。

关键事件六：构建课型。构建并实施了丰富扎实的跨学科前置课程，达到了以研促学、学思结合、知行合一的教育目的。

关键事件七：复盘反馈。学校定期进行复盘，不断更新思维和方法。邀请综合实践教研员、名师对各年级团队研发的前置课程资料包进行反复研讨、对老师们的课型实施进行反馈指导、对研学活动"五心"评价表进行反复设计修订。

（案例提供：吴静）

六、重建研学课程管理评价新机制

研学课程开放的活动场地与活动方式，必须建立组织管理规范有序的课程执行保障与评价体系。以长沙市为例，一是明确综合实践活动课程校内外实施的规范，如《长沙市中小学研学实践管理办法（试行）》中明确规定，学校要结合实际情况设置专门职能部门，承担起学校综合实践活动课程实施规划、组织、协调与管理等方面的责任，负责制定并落实学校综合实践活动课程实施方案，整合校内外教育资源，统筹协调校内外相关部门的关系，联合各方面的力量，特别是加强与校外活动场所、基地的沟通协调，对接研制课程等。二是明确保障机制，如遴选、认定100多家基地，保证课程实施场地的丰富多样与规范，规范细化外出流程及管理措施，建立安全保障机制。三是拓展评价内容，在以往学生评价、教师评价、学校评价的基础上，一方面增加以上三者评价的内容，另一方面增加对基地及相关社会机构的评价。如将中小学组织学生参加研学实践的情况和成效作为学校综合考评体系的重要内容，作为学生综合素质评价的重要依据，教育行政部门和旅游部门定期对研学实践基地的课程设置、接待能力、服务质量和社会效益等进行督查评价等。

七、建立优质社会资源新支撑

研学课程要求学生在真实的自然与社会情境中，亲身经历各项活动，提高综合素质，发展实践创新能力，促进课内与课外，学习与生活，学校与社会的有机联结，因而学校研学活动课程实施要结合学校的自然、社会环境，有效地整合物质资源、人力资源、文化资源等各种资源，构建适合学校实际需要的课程资源体系。但是，当前上述研学场景资源一是基地，二是自然景点，这些资源虽然丰富，却缺乏以资源为依托的课程体系与常态实施机制，不能真正地发挥其应有的价值，其利用还停留在浅表的参观活动、纯技术的学习活动、浅层次的体验活动层面。此外，与学校课程深度融合的，与学校形成常态互动的机制没有形成，学校、基地互动仅仅停留在单次的互动活动层面，缺乏学校课程和主题引领下的多轮次常态互动机制。因此，要加强实践基地资源及精品线路课程化建设，建立健全校内外综合实践活动课程资源的利用、共享机制，促进优质资源课程化。

第二节　校社家协同育人研学课程发展体系建设新模式

为了促进研学课程体系的健康发展，笔者通过 7 年的深入观察与深度调研，梳理分析了当前研学过程中存在的问题，为解决当前存在的这些问题，从 6 个突破转变方面入手研究，建构了校社家协同研学课程体系建设新模式。

一、宏观规划：促进研学由条块分割的碎片化向完整的体系化转变

教育部等 11 部门《关于推进中小学生研学旅行的意见》中对研学发展体系建设提出明确要求：研学探索形成中小学生广泛参与、活动品质持续提升、组织管理规范有序、基础条件保障有力、安全责任落实到位、文化氛围健康向上的研学实践发展体系。

笔者认为，当务之急，要促进研学由条块分割的碎片化向完整的体系化转变。完善的研学实践发展体系主要应加强如下三个方面的体系建设：一是

宏观发展体系建设，包括政府、学校、社会、家庭形成合力形成机制，明确各自主体职责，如家庭参与课程与经费支持；学校、基地（社会）建设结构整合、序列衔接的完整课程体系，联动实施的模式、路径；政府部门加强基础条件保障，如遴选认定优质资源单位，提供制度保障等。二是研学课程体系建设，学校、基地为主体共同研发五育融合，与学校学科课程深度关联的课程体系。三是研学课程执行体系建设，促进校社家协同联动机制的形成和完善。

二、突破难点：课程由浅层次走看课程向深体验实践课程转变

研学课程要由浅层次走看课程向深体验实践课程转变，研究构建广泛探究、深度体验、实践科学、体系完整的研学课程体系。课程设计一是模块多元，如将红色革命传统，中国历史文化，特殊地区地理、生态专题，科技发展体验、科技创客体验专题，特色体育文化、传统民族文化（传统民族音乐、服装服饰、风俗饮食、工艺美术、中医药等）、农业专题，安全教育专题，国际视野专题等内容纳入研学课程建设；二是角度多维，每个主题研学多角度进行层次性开发：认知理解—技术学习—社会学习—文化的引入—生命感悟—实际运用。以"竹文化探究"研学课程为例，学校课程根据各年级学生心理特点、各学科内容、各方资源进行整合和优化，设计不同的小主题（项目），先后开发了"品竹有味""取竹为药""取竹为器""化竹为纸"4个课程24个小主题72个项目。"品竹有味"课程分年级涵盖"制竹之乐""寻竹之趣""取竹为食""赏竹之美""种竹之技""品竹之味"6个小主题，分为前置、基地、后拓课程。"取竹为药"根据时令特点，结合竹元素，分年级涵盖"本草之香""本草之味""本草之色""取竹为药""本草之爱""本草之芯"6个小主题，完成前置、基地、后拓课程18个项目。"取竹为器"课程分年级涵盖"取竹之美""取竹之味""取竹为器""本草之美""取竹为材"5个小主题。"化竹为纸"课程分年级涵盖"取竹之用""绘竹之美""习竹之艺""取竹之乐""化竹为药""变竹为纸"6个小主题。

下面为多维度开发主题项目的研学课程内容案例。

【案例分享】

泡菜主题多维度课程开发

板块	主题	项目	形式	学段
识泡菜之性	探究泡菜历史	泡菜文化有历史——资料收集，绘制泡菜的发展历史小报	资料收集、调查采访	三年级
		泡菜种类有比较——资料收集，制作中外泡菜对比表	资料收集	
		泡菜材料有区别——实地考察，自编泡菜材料选择窍门	资料收集、实地考察	
		泡菜工艺有讲究——采访工艺人，完成泡菜工艺的采访	资料收集、实地考察	
		泡菜市场有潜力——调查市场，撰写泡菜现状的分析报告	调查采访	
制泡菜之道	学做本地泡菜	创意设计我能行——创意设计一道常见泡菜	设计制作	三、四年级
		材料选择我知道——根据设计正确选择主料、配料及泡坛	科学探究	
		动手制作我可以——熟悉流程，规范操作，注重饮食安全	科学探究	
		交流展示我最棒——展示成果，分享过程，交流心得	展评交流	
	学做其他泡菜	学做四川泡菜（项目参照"学做本地泡菜"）	设计制作、基地研学	四、五年级
		学做日韩泡菜（项目参照"学做本地泡菜"）	设计制作	

(续表)

板块	主题	项目	形式	学段
研泡菜之艺	优选泡菜材料	泡菜主料求改良——改进主料种植方式，进行土地改良	科学探究	三~六年级
		泡菜配料求优化——中药或药食同源植物，增强保健功能	设计制作	
		泡菜坛子求选择——了解泡坛的"进阶之路"，鉴别泡坛品质	调查采访	
	研究泡菜工艺	传统工艺需知晓——自然发酵法	科学探究	五、六年级
		改良工艺需研究——纯种发酵法	实地考察	
		现代工艺需创新——其他发酵法	科学探究	
创泡菜之名	创建泡菜品牌	包装设计新理念——创设泡菜品牌，彰显校园文化	设计制作	六年级
		销售推广显技巧——正确食用泡菜，享受健康生活	职业体验	
		泡菜品种显多元——丰富泡菜口味，万物皆可做泡菜	设计制作	
		走进社区显情怀——私人定制泡菜，感恩一路有您	社会服务	
品泡菜之美	策划泡菜文化节	知文化——泡菜知识擂台赛	活动策划	六年级
		品健康——泡菜品种创新	职业体验	
		拼技能——泡菜技能大比拼	活动策划	
		宣价值——泡菜研究设计展（海报、宣传片、手抄报等）	设计制作	

（案例提供：周应文）

三、模式创新：单次性活动方式向多轮次常态化活动方式转变

研学课程要突破传统单次活动模式，一是课程形式以综合性长主题、项目式为主。任何一个主题学习都要经历完整的探究过程，包括：发现并提出

问题；提出假设，选择方法，研制工具；获取证据；提出解释或观念；交流、评价探究成果；反思和改进。任何一个项目开展，都要经历项目学习的全过程：创意设计；选择活动材料或工具；动手制作；交流展示物品或作品，反思与改进。二是课程实施过程包括前置课程、基地（线路）课程、后拓课程，与学校学科课程深度关联。下面是研学前置课程设计的案例。

【案例分享】

"花香有礼"研学主题前置课程教学方案设计

课程安排（学校）	时间安排	具体内容	实施方式
项目确定课	第一周	驱动问题，确定主题	综合实践活动课
		分解主题，明晰项目内容和研究方式	综合实践活动课
知识储备课	第二周	联系社会机构，确定感恩对象	综合实践活动课
		了解鲜花常识、种植、产品、价格等	科学课
		学习礼仪常识，撰写感恩词	语文课
		找到合适的包装材料，设计礼品包装	美术课
方法指导课	第三周	了解蒸馏法提取纯露的工具及步骤	科学课
行前准备课	第四周	策划活动细节，掌握研究方法	综合实践活动课
	第四周	撰写活动邀请函送达社会机构	少先队活动课
	第五周	熟悉活动方式，准备研学内容	综合实践活动课
课程安排（家长）	第一周	学习告家长书和课程宣传视频	家庭
	第二周	参加家长项目宣讲会，协助联系感恩对象	学校＋社会
	第三周	按照家长课程任务单，协助准备礼品包装材料	家庭
	第四周	家长代表做研学导师，参与前置课程实施指导	学校

（案例提供：王婧）

四、多方协同：单主体旅行社主导模式向多主体校社家协同育人模式转变

研学课程与学科课程建立深度关联后，实施主体由学校主导，形成校社家协同育人常态化长效机制。在"竹文化探究"主题研学课程实施过程中，不同主体有着不同的任务。学校层面，指导师生、基地、社会共创课程，确定的系列小主题逐一建模；指导班级成立活动分队，制订活动计划，探讨活动方案，总结活动经验和模式。家庭层面，根据家长资源提供活动所需要的部分保障；和师生一起策划，深度参与"四方"（学校、社会、基地、家庭）组织的"感恩有您"主题系列活动。基地层面，了解家庭、学校、社会可以运用的"竹资源"；因地制宜、因时制宜，在合作、探究中体验"雅竹"课程，执行和"竹"相关联的学科活动；设计实践活动成果展示；把基地研究性学习方式、多学科融合方式迁移运用到学校、家庭、社会生活中。社会层面，建设感恩平台，师生家长定期面向"四方"相关人员开展"感恩有您"活动。

五、两大类型：线路式游学逐渐向基地场景式学习转变

研学课程共两大类。一是研学基地课程，即在固定优质资源场馆、基地执行的研学课程和建立在与学校沟通基础上的个性化课程。具体开发步骤可遵照分析资源与优势，确定基地类型与特色发展方向，设计整体课程规划，开发相关主题，根据具体主题采取相应研学方式的规范流程。以"茶学之旅"研学课程为例，"学茶礼，品茶韵"项目实施的场地：茶艺馆；"认茶叶，学茶技"项目实施的场地：产茶基地；"识茶器，学陶艺"项目实施的场地：陶艺馆；"染茶巾，布茶席"项目实施的场地：染坊；"展茶博，传茶学"项目实施的场地：展览馆；"综茶意，演茶韵"项目实施的场地：剧院。二是精品线路课程，其必须突破常规线路，具有课程内涵，具有专题化特征，在具体开发过程中应遵照广泛调研、细心遴选、专题设计、加强指导、突破常规的原则。

目前的研学以基地为主，线路景点为辅，研学基地既是劳动社会实践基

地，更是实践课程未来学习中心；精品线路也不是传统的旅游线路，是统一在某个主题下的优质基地之间联动形成的线路。

【案例分享】

线路研学：庐山研学

本次庐山研学主要分以下三个方面：研学过程、研学策略、研学总结和反思。

一、研学过程

根据2018年《长沙市中小学生研学旅行课程方案》提出的五个方面的课程内容之一"感受祖国大好河山"选定研学地点为庐山景区，师生共同收集相关资料。庐山以雄、奇、险、秀闻名于世，素有"匡庐奇秀甲天下"之美誉，地貌景观特殊，如断块山构造地貌景观、云雾景观，有著名的瀑布云。在内外力共同作用下，山体多峡谷，峡谷中多瀑布跌水，如著名的三叠泉。庐山文化内涵深厚，有司马迁、陶渊明、李白、白居易、苏轼等文坛巨匠登临庐山，留下数量巨大的诗词歌赋。庐山景区是世界文化遗产、世界地质公园、国家重点风景名胜区。学生通过探究庐山特殊的地质地貌，观察植物、动物，了解独具特色的庐山文化，确定研学主题，做到"胸藏锦绣怀若谷"。行前编制研学手册，落实师生分工：学生应在研学前做足功课，牢记"关键事件"，有目的、有针对性地将疑问带到考察中，埋下求知欲望的种子；在研学中勇于动手动脑，参与劳动实践。研学导师应在研学前做足功课，具备基本的学术能力，适当地聘请当地专家；以问题为导向，围绕眼前问题展开讲解、讨论、总结；指导学生动手动脑，鼓励学生参与劳动实践。此外，庐山研学资源多样，我们从安全、经济、时间、兴趣、育人效果等方面选择线路。研学途中主要采用观察法、实验法、测量法等方法进行考察和学习。

研学归来，学生撰写研学报告，主要总结研学过程中知识层面的所学和所获。下面展示研学报告的片段。

研学分主题名称：庐山瀑布及瀑布下的深潭是怎么形成的。

研学过程：通过实地观察，简单描述瀑布。瀑布的最佳观赏季节：夏季。瀑布的坡度为80°~90°。庐山瀑布出现的地形位置：陡崖和山谷。结合瀑布出现的地形位置，说明瀑布形成主要的外力作用是：流水侵蚀作用。

研学结果：庐山瀑布的成因除了流水的侵蚀，还得益于地质历史时期多次抬升，造成山体多处陡崖，在季风气候的叠加影响下，形成了庐山的一片片瀑布群。越接近瀑布正下方，水越深。这主要是由于瀑布对下方岩石具有强大的冲刷能力，长年累月，瀑布正下方被冲刷成一个盆地，日积月累，水流汇集形成了深潭。有资料显示，有时潭水深度甚至可以等于瀑布的高度。

接着进行研学成果的交流和展示，包括分享情感体验，即研学中的感悟和收获（侧重情感上、价值观上的获得）。下面展示一位学生的研学心得。

这次研学旅行对我来说是深刻的。从选定研学地点到策划路线，享受研学过程，总结全部亲自动手完成，我深深体会到：只有靠亲自动手，亲自开动脑筋，亲自去请教别人才能做好一件事。

首先，我们要有充分的准备。实践的基础是知识，必须认真准备和归纳资料。

其次，在研学旅行的过程中，培养自己的独立分析问题的能力也很重要，它是解决问题的重要能力之一，还反映了你对每次实践的态度。独立探究问题时，发现不行，应讲究团队协作，共同分析或改变策略，直至有所改善，然后不断提高。

最后，在这次研学旅行中让我印象最深刻的是庐山瀑布，它的壮美让我欣喜，在课内我总是想不明白瀑布的形成原因，但在实地考察它形成原因时没有想到能这么快速地找到答案。

最后进行研学的评价和反馈。构建"互联网+"评价体系——"显结果"与"潜结果"并存。在整个研学过程中，通过微信群分享学生关于分主题的研学的成果、作品，让更多的老师、学生、家长能及时欣赏、点赞、评价、互动，关注学校的研学旅行课程建设，真正发挥结果评价的甄别、激励和导向功能。

二、研学策略

1. 多学科整合（如综合实践活动学科与地理学科的整合）

坐车上庐山是非常枯燥的，在上山阶段，盘山公路陡峭，有学生就会明显有呕吐感，但到达山顶牯岭镇时可看到地表非常平坦，商店鳞次栉比，再结合景观图片，我们可以提出问题，为什么庐山山顶平坦，山崖陡峭。在解决问题时，引导学生深度探究，如利用手机卫星导航软件记录山脚和山顶的海拔，绘制山脚—山顶的坡度变化图，再让学生总结坡度变化曲线的形态，发现呈现厂字形。结合文献资料，我们发现庐山是一座两侧相对下沉的地垒山。因此在上山过程中感受到的地表形态变化可让学生理解地垒对山体形态的影响，地垒对庐山交通的影响，从宏观上认识庐山。研学旅行途径点应能激发兴趣，引导学生结合各学科的知识解决实际问题。

再以五老峰为例，我们引用一句古诗（语文学科知识）——"横看成岭侧成峰"，为什么是"横看成岭"，这是两个山岭，这里有个垭口（地理学科）。"侧成峰"，这是一座山峰，从不同的角度看有不同的形态，这是什么原因呢？（垭口可以引导学生进行探讨。）因为在庐山抬升的过程中，石英砂岩产生了垂直节理，在流水作用下，形成了一个个垭口，原来著名的"五老峰"指垭口之间5个耸立的山峰，山峰处岩石较坚硬，不易受外力侵蚀，而垭口处多节理，易受外力侵蚀。通过本次探究可从微观上认识庐山的地形地貌。

2. 与劳动教育整合，深度探究

校内课堂，尤其是城市里的课堂很难捕捉到各类昆虫，而大自然就是大课堂，学生在庐山的各种小道上捕捉昆虫，甚至晚上也会参与利用灯光捕捉昆虫的活动，实现了"大自然即大课堂"。学会利用捕虫网、灯光等捕捉昆虫，学会了一些劳动技能，培养了吃苦耐劳的劳动精神。而学生给锹形虫注射防腐剂，整姿，干燥处理，学会了制作标本的劳动技能，培养了吃苦耐劳的劳动精神。

3. 应用多学科的方法和工具，丰富研学内容

如设置花径作为研学线路，介绍花径的历史典故，白居易曾在花径写道"人间四月芳菲尽，山寺桃花始盛开。长恨春归无觅处，不知转入此中来。"我们可利用手机卫星导航测定山下和花径的海拔，利用教材曾讲到气温的垂直递减规律——海拔每上升100 m，气温下降0.6 ℃，通过学生实地测量和计算发现山下和花径的垂直高差约为1000 m，温度相差6 ℃。桃花的开花温度以12 ℃~15 ℃最为适宜，所以当山下气温在2月份达到12 ℃桃花盛开时，花径温度约为6 ℃，当花径温度达到12 ℃时，已经4月份了，山下桃花已谢，花径桃花刚盛开。这次探究，学生能认识到地形影响温度，温度是影响植被垂直分异的重要因素。这一过程利用了测量的方法，卫星导航软件。

此外，学生沿途观察、识别、采集动植物标本，回住所后制作涂片标本，用显微镜观测，采用了实验法，利用了显微镜等工具，学生更深程度地了解了动植物。

三、研学总结和反思

1. 研学线路课程开发根据研学地点明确研学主题；
2. 在主题下设计研学活动和项目，主题与主题之间应有关联；
3. 研学探究活动应激发学生兴趣，结合学科知识，引导学生深度探究；
4. 研学结束后应指导学生物化研学成果，得出科学的结论；
5. 研学导师应多方面指导学生分享研学过程的情感体验和解决问题的方法；
6. 研学应与当代信息技术相结合，利用信息技术的手段将成果整理加工，进行比较有广度的推广。

（案例提供：吴敏）

六、一校一品：基地课程由固定式向菜单式转变

一是引导基地，正确定位基地建设目标。以指导某示范性农业基地课程建设为例，将其目标定位为：通过研究与实践，构建具有示范作用的有机农业生态园区，形成良好的生态系统；发挥绿色农业基地的教育功能，建设一个具有引领作用的学生研学与劳动实践、综合实践活动教育基地。二是依托基地资源及特色，确立课程建设的基本思路，架构课程体系。建构"领域—模块—主题—项目"四级课程内容体系，其中主题、项目两级课程与学校共同设计完成，实现因校制宜、因时制宜，一校一品，满足不同学校学生的个性化需求。三是在基地课程体系架构形成后，根据课程需要，建构课程实

施场景。这些场景主要包括封闭的课程场景、开放的课程场景。

以下案例就是笔者以2013年教育部印发的《示范性综合实践基地实践活动指南（试行）》为指导，以博库研学基地课程资源为核心构建的部分自然生态课程体系。在自然生态领域中，包括土地改良、生态肥料研制、病虫害生态防治、绿色健康生活探究四大模块，每个模块下多个主题，每个主题分若干项目，如下表所示。

领域	模块	主题	项目	适合学段
自然生态领域	土地改良	1. 园区土地实验室改良	（1）采集各类土壤样品 （2）制备各类土壤样品 （3）土壤中成分探究 （4）土壤实验室改良	小学至高中
		2. 园区土地改良实践	（1）蚯蚓观察与饲养 （2）酵素制作及微生物土地改良实验 （3）生物有机肥种植对比实验	小学高年级
	生物肥料研制	3. 自制有机堆肥	（1）有机堆肥的成分配比 （2）制作堆肥箱 （3）堆肥发酵防臭抑菌研究	小学至高中
	病虫害生态防治	4. 做植物医生——生态防治植物病虫害方法探究	（1）植物间作套种灭虫 （2）自制灭虫神器——灭虫灯 （3）自制环保杀虫剂（除虫菊、大蒜等植物水浸液提取） （4）手工制作大树"护身符" （5）防治蔬菜虫害的探索	小学至初中
	绿色健康生活	5. 生态植物污染	（1）寻找植物染料 （2）培育染料植物 （3）实验制取艾蒿绿 （4）探究"变色高手"花青素	小学至高中

第三章
校社家协同育人研学社会资源与课程的融合开发

社会优质资源的类型很多，在本书中，主要界定为可供学生开展研学活动的场地场景资源。本章主要就研学社会优质资源的培育问题进行阐述，包括两个方面的内容：一是社会优质资源培育的重点及方法，包括研学基地资源与课程开发、精品线路设计与课程开发两个方面；二是通过以上两类社会资源与学校课程融合的主题开发案例分析，提炼其研学课程开发策略。

第一节 校社家协同育人研学社会资源的遴选与确立

社会优质教育资源类型很多，包括物质资源、人力资源、数字资源等。本书主要指支撑研学课程实施的社会场地资源，主要包括研学基地资源、精品线路资源两大类。

一、社会优质场地资源的基本类型

（一）研学基地

支撑研学课程开展的校外研学基地，主要指各地各行业现有的，适合我们中小学生前往开展综合实践活动的优质资源单位。该单位须结合自身资源特点，已开发或正在开发不同学段（小学、初中、高中）与学校教育内容衔接的研学课程。研学基地大致有如下五类：一是优秀传统文化传播基地，包括博物馆、非物质文化遗产场所、优秀传统文化教育基地等；二是红色革命传统教育基地，包括爱国主义教育基地、革命历史类纪念设施遗址等；三是国情教育体验基地，包括体现基本国情和改革开放成就的美丽乡村、传统村落、重大工程等；四是国防科学技术工业考察基地，包括国防教育基地、科普教育基地、科技创新基地等；五是自然生态研究基地，包括自然景区、动植物园、世界自然遗产地、世界文化遗产地、示范性农业基地等。

（二）研学线路

教育部等11部门印发的《关于推进中小学生研学旅行的意见》强调，要积极推动资源共享和区域合作，打造一批示范性研学旅行精品线路，逐步形成布局合理、互联互通的研学旅行网络。研学线路是指为了使研学者能够以最短的时间获得最大的研学效果，由研学组织机构利用交通线串联若干研学点所形成的具有一定特色的合理走向。

根据不同的分类标准，可以将研学线路划分为多种不同的类型：

按线路的距离，可分为短程研学线、中程研学线、远程研学线。按研学时间，可分为一日研学线、二日研学线、三日研学线和多日研学线。按研学地域范围的大小，可分为国外研学线、国内研学线、省内研学线和市内研学线；按研学线路的性质，可分为地质考察线、风俗民情线、城乡建设线（如美丽乡镇、工业智造、特色农业等）、古城古风线、生物考察线、非遗绝学线、名人史事线（如革命传统、伟人故里）等。

二、社会优质资源培育单位的确立

（一）研学基地及线路资源情况摸底

对校外场景资源的摸底，一般可采取问卷调查、现场考察等方式，主要包括对研学基地、研学线路等情况进行摸底，对资源情况进行了解和分析。具体分析方法：一要对资源类型进行分类，二要对分类资源进行主题模块提炼。如笔者在对湖南省长沙市长沙县的研学资源进行摸底的基础上，结合资源分类提炼了系列主题模块，分别为：游美丽乡镇、学工业智造、承革命传统、探特色农业、赏湖湘文化、览魅力古城、寻名人故里、习非遗绝学、探美好河山、做科技创客、研国际理解、找文明足迹、寻科学原理、做守法标兵。如下表所示。

长沙县主题研学基地资源分类及主题模块

主题类别	序号	名称	地点	基地已有课程
游美丽乡镇	1	金井茶香小镇	金井镇	采茶系列课程
	2	秀美乡村、魔方营地	开慧镇木鱼神、桃源	油菜花种植课程
	3	飘峰山、露营基地、斯洛特湖	开慧镇	农耕文化系列课程
	4	影珠福地	福临镇	野生藤类植物探究课程
	5	浔龙河生态艺术小镇	果园镇	食育文化课程
	6	大美黄兴镇	仙人、双桥、高塘坪	花卉的种植与培育课程
	7	春华秋实,颐养小镇	春华镇	春华渡槽考察参观课程
学工业智造	1	三一工业城	星沙街道	"工业智创"系列课程
	2	㮾梨工业园	㮾梨工业园区	学做"科技创客"主题课程
	3	中南汽车世界	长沙县中南汽车世界	"奇妙的汽车世界"主题课程
	4	轻型飞机制造工艺	山河智能装备集团	飞机模型制作学习课程
	5	汽车制造	长沙县内广汽三菱、长丰猎豹、上汽大众长沙工厂	汽车保养与维护学习课程
	6	蓝思科技	㮾梨街道龙华村	"神奇的屏幕世界"主题课程

（续表）

主题类别	序号	名称	地点	基地已有课程
承革命传统	1	长沙县烈士陵园	金井镇石板村、龙华山村	红色故事宣讲课程
	2	彭劢将军墓	开慧镇报母村塔山	将军的事迹宣讲课程
	3	红色福临	福临镇影珠山等	革命烈士故事宣讲课程
	4	中国梦军事研学之旅	江背镇龙头井教育基地	"现代国防有作为"主题课程
	5	国防教育	国防科技大学	"探秘现代军事科技"主题课程
	6	徐特立精神	梨江中学	"教育救国育英才"主题课程
	7	小小红军训练营	湘西土家族苗族自治州红石林	军事技能学习训练课程
	8	湖南辛亥革命人物纪念馆	黄兴镇黄兴故居	革命先驱黄兴的故事宣讲课程
	9	武塘纪念亭、恒丰楼、中央抗日阵亡将士纪念园	春华镇	春华山中央抗日阵亡将士墓参观课程
探特色农业	1	金井茶厂	金井镇	绿茶制作工艺学习课程
	2	福临新农村	福临镇	桑蚕养殖学习课程
	3	探寻美丽新农村	江背镇龙头井现代农庄	农耕体验课程
	4	走进稻谷世界	隆平高科技园	优质特色水稻种的培育学习课程

（续表）

主题类别	序号	名称	地点	基地已有课程
探特色农业	5	湘茶魅力	湘丰茶博园	茶艺系列课程
	6	佳农现代农庄	果园镇杨泗庙社区	果树种植学习课程
	7	将宇家庭农场	果园镇花果村	农耕文化体验课程
	8	海吉星国际农产品物流园	黄兴镇打卦岭村	农村物流考察参观课程
	9	天艺山庄	安沙镇和平村	盆景观赏与制作学习课程
	10	华穗生态农庄	黄花镇	乡村生活体验课程
	11	宇田农业	春华镇	绿色蔬菜种植学习课程
赏湖湘文化	1	福临民俗	福临镇	福临湘绣、福临竹艺、福临扎纸学习课程
	2	龙喜古县	黄兴镇鹿芝岭	灵芝盆景制作学习课程
览魅力古镇	1	㮾梨古镇	㮾梨街道老街	百年古樟的保护故事宣讲课程
寻名人故里	1	杨开慧故居、缪伯英故居	长沙县开慧镇	杨开慧故居、缪伯英故居参观课程
	2	徐特立故居	长沙县江背镇	徐特立教育家精神学习课程
	3	黄兴、许光达故里	黄兴镇黄兴故居、许光达故居	"现代国防有作为"主题课程
	4	田汉故里	果园镇	"国歌诞生记"情景剧
	5	棠坡恬园	安沙镇和平村	清代民居建筑样式探究主题课程

（续表）

主题类别	序号	名称	地点	基地已有课程
习非遗绝学	1	长沙县双江锣鼓亭子	双江镇	花鼓灯制作学习课程
	2	腊八豆制作	安沙镇油铺村	腊八豆传统手工制作课程
探美好河山	1	轮渡码头	㮾梨渡口	游轮的路线设计探究主题课程
	2	浏阳河畔	浏阳河㮾梨码头	浏阳河夜景解说词设计活动课程
	3	走近松雅湖	松雅湖风光带	松雅湖国家湿地公园考察参观课程
	4	红旗水库	春华镇百熙村	水库蓄水灌溉功能考察调研活动课程
做科技创客	1	磁悬浮	㮾梨站	"探秘磁悬浮技术"主题课程
	2	走进远大的世界	远大集团	远大产品模型制作学习课程
研国际理解	1	长沙国际会展中心	黄兴镇	现代化、智能化、科技化会展场景的概念设计活动课程
找文明足迹	1	文明探寻之旅	江背镇龙头井教育基地	当地民俗体验活动课程
	2	狮子山、月亮山新石器文化遗址	黄兴镇沿江山、仙人市、鹿芝岭、金凤	新石器文化考察参观课程
寻科学原理	1	水世界	长沙县廖家祠堂水厂	水净化方法设计活动课程
	2	春华渡槽	春华镇春华山村	春华渡槽功能研究主题课程
做守法标兵	1	做文明守法公民	湖南司法警官职业学院、湖南警察学院	"做守法公民"教育活动课程

(二) 确立优质研学资源培育单位

在对基地资源进行考察摸底分析的基础上，学校要根据自身需求及资源情况，进一步确立研学优质资源培育单位。主要是对资源条件进行评估和对资源入围资格进行认定。

以"长沙少年行"研学基地培育资源单位遴选为例，笔者在对长沙市红色场馆资源情况摸底时了解到，有的资源地处偏僻，有的场地较小正在开发，为了进一步遴选红色资源，发挥其教育价值，笔者决定对第一批研学课程开发资源单位进行课程优化。具体工作程序如下。

1. 研制遴选指标

遴选培育资源单位，第一步是要设计对基地及优质资源单位评估的指标。指标设计围绕研学基地环境与硬件情况、研学基地课程开发情况、研学基地指导教师队伍情况、研学基地已有接待经验情况、研学基地安全保障情况等方面进行综合考量。如"长沙少年行"研学基地培育资源单位遴选，建立了如下9个方面的评价指标体系。

基地类型	评价指标
革命传统教育	1. 具有代表性红色旅游资源 （1）有形资源：遗址、旧址、故居、历史事件发生地、见证物、遗物、书刊资料等。（2）无形资源：红色歌曲、红色影视、红色故事、红色标语口号、口述历史等
	2. 提炼了红色旅游资源的精神内涵 （1）真实：在全面挖掘整理的基础上，基地的资源具有真实性。（2）深入：与基地主题的相关资料挖掘要广、要全，主题精神内涵的挖掘则要深入。（3）提炼了反映着革命先辈的崇高革命精神与革命传统，阐明了红色资源丰富的精神内涵和文化内涵
	3. 有教师与研学指导团队 （1）有10人以上红色旅游研学指导团队，包括管理服务人员，红色旅游研学专家，研学导师。导游服务，生活服务，安全保障等人员的配置合理，其中至少2名人员具有教师资格证，并对其进行相应的评价与记录。（2）聘请了有关课程专家参与指导课程建设

(续表)

基地类型	评价指标
革命传统教育	4. 开发了丰富的革命传统教育课程内容体系 （1）建设了完整的研学课程体系及质量标准。（2）有整体的课程规划方案，对整合基地红色旅游课程资源有整体规划。包括小学、初中、高中的内容体系明晰。（3）方案中有具体的内容模块。（4）每个内容模块下有若干主题，每个主题有详细具体的指导方案，每个主题开展具有教育性、实践性、体验性。主题是红色旅游研学基地建设的灵魂所在，基地主题能把握"深、精、准、特"四个字：挖掘要深，提炼要精，概括要准，定位有特色 5. 有丰富地组织开展革命传统教育的经验 （1）对应综合实践活动的活动类型与实施方式，根据小学、初中、高中不同学段的研学实践目标，有针对性地结合开展各种主题研学教育活动，并具有接待学生500人以上团队的经验与经历。（2）研学方式的采用：以主题探究为主要活动方式，避免单一听看或浅层次体验方式组织研学活动。与学校、其他研学基地建立了互动模式 6. 有确保满足红色旅游研学活动的需要基础设施 应确定提供并管理维护相应的硬件、软件与支持性设备设施，确保满足红色旅游研学活动的需要。（1）有500~1000人专门举办讲座与交流的报告厅。（2）有10个以上的可供学生研学自由讨论分组学习的功能区等。（3）有安全卫生的生活保障区域。可提供每次500~1000人的休息、餐饮服务 7. 有良好的研学环境 应确保研学过程基地环境的安全、卫生、无噪声。加强基地红色文化氛围的营造 8. 有稳定经费支持 有专款用于基地研学实践业务的开展，包括用于研学团体门票、住宿、餐饮方面的优惠；用于相关人员的培训；用于专家咨询、指导；用于研学课程研发费用；等等；明确专项经费来源筹集渠道 9. 基地（营地）申报要求所有证件齐全

2. 评估确立培育优质资源单位

仍以"长沙少年行"研学基地遴选为例，笔者对长沙市已有的红色教育资源进行了摸底。通过调研和摸底，我们收集了全市 55 个红色场馆资料。经过对标上述评估标准选择，最终敲定 24 家单位为培育对象，并根据基地资源特色进行主题提炼。

第二节　校社家协同育人研学基地课程开发

综合实践活动课程基于其实践性、开放性特征，学生要在真实的自然与社会情境中，亲身经历各项活动，提高综合素质，发展实践创新能力，促进课内与课外、学习与生活、学校与社会的有机联结，因而学校综合实践活动课程实施要结合学校的自然、社会环境，有效地整合物质资源、人力资源、文化资源等各种资源，构建适合学校实际需要的综合实践活动课程资源体系。研学作为综合实践重要的活动方式，更是要充分利用以上资源开展相应主题活动。前面章节已经介绍基地资源的五种类型，笔者见目前基地资源类型多样、数量众多、硬件完备，可在对基地进行深度调研时发现，符合研学规范要求的基地课程建设是最大的短板，存在的相关问题在前面已经进行了分析，最主要的是与学校课程深度融合的，与学校形成常态互动的机制没有形成，学校基地互动仅仅停留在单次活动的互动，缺乏学校课程和主题引领下的多轮次常态互动机制。如何加强实践基地资源课程化建设，建立健全校内外综合实践活动课程资源的利用、共享机制，促进优质资源课程化呢？本节笔者将和大家就此问题进行深入探讨。

一、基地课程建设目标设计

（一）明确基地课程建设指导思想

促进基地资源课程化，首先要明确基地课程建设指导思想。不同基地资源，不同学校的研学需求，其基地课程建设目标各不相同。在确立研学基地目标过程中，我们首先要对主题课程的指导思想进行简单阐述，在此基础上，再结合基地课程建设目标、学生核心素养发展目标等方面进行目标设计。以笔者指导某示范性农业基地课程建设为例，将示范性农业基地达成目标定位为："通过研究与实践，构建具有示范作用的有机农业生态园区，形成良好的生态系统；发挥绿色农业基地的教育功能，建设一个具有引领作用的学生研学与劳动实践、综合实践活动教育基地。"

指导思想具有战略性、纲领性、引领性，指导思想的叙写有三个层次，第一层次是阐述理论指导，第二层次是明确指导思想，包括原则、方法、举措、重心、决心等，第三层次是概述达成的最终目标。以"长沙少年行"研学主题课程建设为例，其课程体系建设指导思想描述为："以习近平新时代中国特色社会主义思想为指导，深入贯彻党的二十大精神和习近平总书记考察湖南重要讲话精神，全面贯彻党的教育方针，落实立德树人根本任务，聚焦高水平人才培养体系、高质量教育体系建设，以中华优秀传统文化、革命文化和社会主义先进文化为力量根基，依托长沙市丰富红色教育资源，将其建设成为实践育人的优质实践教学基地。将红色主题教育有机融入学校教育课程、研学课程、家庭教育课程，形成校社家协同育人机制。把学习贯彻习近平新时代中国特色社会主义思想主题教育与红色教育结合起来，推进中小学生思政教育、党史学习教育、爱国主义教育课程化、常态化、长效化，引导广大中小学生传承红色基因，发扬革命精神，汲取奋进力量，把伟大建党精神和新时代党的创新理论刻入每一个孩子的心灵，努力成为有理想、有本领、有担当的社会主义建设者和接班人。"

（二）定位基地课程建设总目标设计

关于总目标设计，要立足"站位高、定位准、方位全"的设计理念。一要高站位，从宏观上把握全方位育人目标。二要准定位，研学课程建设要立足高品质教育体系建设，融合社会优质课程资源，打造全场景、全链条实境课堂，使学生在实践场域的研学中实现情感体验、知识内化、价值引领的统一，实现知情意行的统一。三要全方位，课程体系融合"大"资源、汇聚"大"合力，构建覆盖政府、学校、基地、社会、家庭的"点线面"一体的研学实践大课堂，凝聚全社会育人合力，实现全方位育人。下面是笔者设计的"长沙少年行"研学项目总目标。

【案例分享】

"长沙少年行"研学项目总目标设计（节选）

一是充分开发利用长沙市 24 个红色场馆及其周边课程资源，构建了以红色场馆为中心，带动周边研学基地的集群式优质的公共课程服务支撑体系，形成集群式课程资源建设模型，促进了社会优质资源的课程化开发及应用。二是以长沙红色场馆为依托，依托我市国家级优秀教学成果"综合实践活动课程建设推进与实施"经验，开发了以红色文化为载体，与学科课程深度结合的五育融合的主题课程系列，包括 20 多个核心主题，每个主题包括前置课程、基地课程（开营仪式、参观课程、展教课程、体验课程、班队活动）、拓展课程，课程具有思想性、综合性、实践性特征，将红色文化、传统文化、社会主义先进文化整合设计，突破我国目前课程体系建构的难点。该项目以学校为主体，以红色场馆为核心，通过前置课程、基地课程、拓展课程，联动场馆周边的基地资源，建构了校社家协同育人课程体系。在拓展课程中，融入亲子活动，形成常态化周期性基地资源的有效应用。建立了校社家协同育人常态化机制。如"四方联动模型""集群式实施模型"。三是针对当前研学中老百姓诟病的突出问题，将研学课程与学科教学、大思政课程体系建设统筹设计，变简单活动为主题课程体系，并构建科学规范的校社家协同实施基本路径。该项目前期研究形成经验在全国各地广泛推广应用，形成一定影响，通过"长沙少年行"这一红色研学品牌项目打造，迅速形成全国研学品牌，促进我市形成中小学生广泛参与，活动品质持续提升，组织管理规范有序，基础条件保障有力，安全责任落实到位，文化氛围健康向上，社会百姓高度认同的研学实践发展体系。

（三）分类设计基地课程建设具体目标

研学基地课程建设具体目标设计，一要全面，包括课程开发及实施目标、学生发展目标等。二要具有针对性和操作性。三要表述规范，如学生发展目标的行为主体必须是学生。四要根据主题活动类型来设计，不同类型则侧重点不同。五要多维度设计目标指向。如传统历史与文化类研学旅行课程目标设计包括四个维度：第一，深入阐发文化精髓。深刻阐明丰富多彩的多民族文化是中华文化的基本构成，着力构建有中国底蕴、中国特色的思想体系、学术体系和话语体系。第二，保护传承文化遗产。围绕加强历史文化名城名镇名村、历史文化街区、名人故居保护和城市特色风貌、传统民居、历史建筑、革命文化纪念地、农业遗产、工业遗产保护工作等开展系列主题活动。第三，融入生产生活。通过深入挖掘城市历史文化价值，提炼精选一批凸显文化特色的经典性元素和标志性符号，纳入城镇化建设、城市规划设计，合理应用于城市雕塑、广场园林等公共空间。挖掘整理传统建筑文化，鼓励建筑设计继承创新，推进城市修补、生态修复工作，延续城市文脉。加强美丽乡村文化建设，发掘和保护一批处处有历史、步步有文化的小镇和村庄。用中华优秀传统文化的精髓涵养企业精神，培育现代企业文化等，并将其巧妙设计进研学课程体系。第四，开展文化传承。围绕立德树人根本任务，开展少年传承中华传统美德系列教育活动主题开发，如系列绘本、童谣、儿歌、动画的创编活动等。加强中华优秀传统文化相关学科建设，重视保护和发展具有重要文化价值和传承意义的"绝学""冷门学科"。

下面分享笔者为"长沙少年行"研学项目设计的具体课程目标，从中理解目标的分层及多维度设计特征。在学生发展目标设计中，一般围绕"价值体认""责任担当""科学精神""法治观念""创意物化"五个维度设计。

【案例分享】

"长沙少年行"研学项目具体课程目标

充分利用长沙丰富的红色资源宝库，深挖红色资源蕴藏的深刻内涵及教育价值，将其融入义务教育学段红色研学与学校实践课程体系建设，开发具有长沙特色的、符合新时代教育理念的、与学生认知水平相统一的"长沙少年行"研学项目课程体系，并构建长沙红色研学课程体系实施基本样式与实施评价体系，以长沙红色资源为载体，构筑为党育人、为国育才的牢固阵地，让我市义务教育学段学生具有价值体认、责任担当、科学精神、法治观念、创意物化等方面的意识和能力，培育具有家国情怀、责任意识、科学精神、创新能力的新一代红色接班人，实现立德树人根本任务。

1. **课程体系建设目标**

充分挖掘长沙红色资源的教育价值，将长沙红色文化融入综合实践研学课程与思想政治课教学的宏观框架，建立长沙红色文化与义务教育学段思想政治课、综合实践研学课程及学科课程深度融合的"长沙少年行"研学项目课程综合育人课程体系。课程建设立足长沙红色资源的综合育人功能导向，聚焦"价值体认""责任担当""科学精神""法治观念""创意物化"五方面核心素养目标，通过资源整合、经验整合、知识整合、方法整合方式，建立理论与实践相结合、历史与现实相结合、传承与创新相结合、长沙红色资源与学校学科课程结合的"长沙红色行"红色研学课程体系。

2. **课程实施体系建构目标**

建立规范科学的红色研学课程实施体系，规范研学课程程序，立足深度实践与体验，形成校社家协同育人的合力。建立前置课程、基地课程、拓展课程联动机制，通过行前、行中、行后的课程实施，学生获得多方面收获与实现深度体验；建立政府统筹，学校、社会、家庭教育联动育人研学机制，形成社会广泛参与的教育合力；建立参观学习、实践、生活应用联动机制，建立价值体认、责任担当、科学精神、法治观念、创意物化五者之间的有机联系，做好红色文化知识的迁移，学生能将红色精神内化为担当的自觉，外化为实际的行动，自觉树立起为强国建设、民族复兴而努力奋斗的爱国情怀。

3. **学生发展目标**

（1）价值体认：学生通过积极参加"长沙少年行"研学实践系列活动，能深刻缅怀毛泽东等革命前辈的伟大功绩，探究毛泽东思想体系形成的过程，领会毛泽东思想的深刻内涵，赓续红色文化基因，弘扬红色精神，形成爱党爱国情怀以及正确的世界观、人生观与价值观。

（2）责任担当：学生通过学习毛泽东等革命前辈孜孜不倦的求知精神、实事求是的探索精神、英勇无畏的革命精神、全心全意为人民服务的精神、高度自律勤俭节约的精神，结合当今中国共产党带领全国各族人民敢为人先、改革创新、锐意进取的时代特征，从中汲取力量，增强担当时代使命的责任感与使命感。

（3）科学精神：学生通过了解毛泽东等老一辈无产阶级革命家运用马克思主义的立场、观点和方法，立足于中国革命的实际情况，探索和总结出中国革命的出路的伟大实践，形成敢于坚持真理的勇气和不断探求真理的意识，提升认识和把握事物的本质和发展规律的科学思维，并能结合生活实际，关注自然、社会中的现象，深入思考并提出有价值的问题，学会运用自然科学研究方法、社会科学研究方法开展研究，逐步形成求真务实、勇于探索、尊重规律、独立创新的科学精神。

（4）法治观念：学生结合历史等学科课程中关于中国特色社会主义道路探索等内容，理解确立社会主义制度的历史必然，懂得中国特色社会主义建设道路是从中国社会主义伟大实践中探索出来的符合中国国情的正确道路，感受中国特色社会主义制度的先进性与优越性。

（5）创意物化：学生能从长沙红色基因里汲取信仰的力量，从毛泽东等老一辈无产阶级革命家革命历程中学习实践研究方法，能够及时关注时政新闻、社会热点，并进行概括、分析、归纳，运用已有知识和生活经验，积极参与到传承红色文化及认识社会、参与社会、服务社会的系列行动中。

二、研学基地课程开发原则

在进行基地课程建设过程中，为指导基地和学校共同研发设计符合时代精神、融合多方合力、整合学科课程、提升核心素养的科学的研学课程体系，在理论层面，要设计课程开发的原则，提供双方开发课程的基本遵循。如下几个研学课程开发的原则在实践中要遵循。

（一）理论与实践相结合

结合学生的认知能力和社会发展的实际设计实践应用活动，做到理论和实践相结合。

（二）历史与现实相结合

建立红色资源、优秀传统文化资源历史与现实的关联，做到历史与现实相结合，坚定学生在以习近平同志为核心的党中央领导下，实现中华民族伟大复兴的信念，并提升学生与时俱进，紧跟时代脉搏的综合素养与核心能力。

（三）传承与创新相结合

紧扣时代主题，深度挖掘资源的时代价值，将其融入社会主义精神文明建设与社会主义先进文化建设之中，为社会主义核心价值体系注入创新活力。

（四）资源与学科结合

建立资源与不同学段各学科的关联点，将其有效融入学科教学之中，加强研学课程内容与道德、人文、科技、艺术、健康等方面的内在整合。

（五）多方教育合力结合

在课程体系建设中，充分整合政府、学校、社会、家庭多方教育资源，通过设计行前、行中、行后课程，发挥多方教育资源的作用，形成校社家多方教育合力。

三、建构基地研学课程体系

建构基地研学课程体系，要依托基地资源及特色，确立课程建设的基本思路，架构课程框架。

（一）设计课程模块

1. 基地四级课程结构

基地课程有着紧密的结构，在分析基地特色和课程资源的基础上，将基地课程结构划分出层次，按照"领域—模块—主题—项目"的层次一步一步细化，并使其具有操作性。一般领域、模块层面的课程内容由基地和学校合作研发，而"主题""项目"层次的内容大多由我们自己决定。"领域"是基地课程涉及的学生素质发展的基本领域，是由各种相关联的课程模块组成的。如社会生活实践、农林劳动实践、工艺技术实践、科技创新实践、地方特色实践，这五个相关联的实践内容，代表五个基地课程领域。"模块"是体现课程领域核心价值的不同模块。如"社会生活实践"领域可下设生命教育、生存教育、素质拓展、国防教育等多种课程模块。"主题"是由一系列的活动项目组成的活动课程，"项目"是对主题的具体化、小主题的设计。以上基地课程结构的设计就是分领域、分模块、分主题和项目的分年段或年级的具体设置和教学安排。简单来表述就是：领域—模块—主题—项目逐层细化。

2. 基地课程建设整体思路

研学课程体系建构，要依托基地资源及特色，确立课程建设的基本思路，架构课程体系。以农业示范基地建设为例，可这样进行基地课程体系架构："围绕绿色生态环境建设这一核心领域，架构了土地生态改良、生态肥料研制、生态病虫害防治、生态种养结合、植物共生关系研究等课程模块"，每个模块下设计多个主题，每个主题分若干项目，建构成"领域—模块—主题—项目"四级课程内容体系，其中"主题""项目"两级课程与学校共同设计完成，实现因校制宜，因时制宜，一校一品，满足不同学校、学生的个性化需求。如在"长沙少年行"研学课程模块设计时候，笔者依托长沙红色教育资源，围绕"长沙少年行"课程领域设计"少年·立志""少年·求索""少年·奉献""少年·创新""少年·担当""少年·奋斗"六个主题模块。

【案例分享】

"长沙少年行"研学项目课程模块设计

1. 少年·立志：学生学习毛泽东等老一辈无产阶级革命家孜孜不倦的求知精神、从小立志的故事，懂得只有从小立大志，有国家责任感，有先天下之忧而忧，后天下之乐而乐的博大胸怀，才能真正成为堪当民族复兴重任的时代新人，努力做新时代具有远大理想和坚定信念的爱国者。

2. 少年·求索：学生为实现成长为堪当民族复兴重任的时代新人的目标，学习老一辈革命家追求真理、不断探索的精神，学会运用科学的世界观和方法论，在实践中不断探索追求。

3. 少年·创新：学生学习毛泽东等老一辈无产阶级革命家在实践中不断探寻中国革命和社会主义建设的道路，实事求是、自主创新的精神，培养创新精神，提升在实践中解决问题的能力，努力做新时代具有责任意识和创新精神的建设者。

4. 少年·担当：学生通过学习毛泽东等老一辈无产阶级革命家实事求是的探索精神、英勇无畏的革命精神、全心全意为人民服务的精神，从中汲取力量，增强担当时代使命的责任感与使命感。

5. 少年·奋斗：学生能从红色基因里汲取信仰的力量，从老一辈无产阶级革命家革命历程中学习实践研究方法，能够及时关注时代使命，并进行概括、分析、归纳，运用已有知识和生活经验，积极参与到传承红色文化及认识社会、参与社会、服务社会的系列行动中。

6. 少年·奉献：学生学习革命先辈为国家前途命运不怕牺牲的革命精神，培养无私奉献的精神品质。

在基地课程体系架构形成后，根据课程需要，建构课程实施场景，这些场景主要包括封闭的课程场景、开放的课程场景。如上述农业示范基地，结合课程模块，开发了蚯蚓改良与有机肥料改良的对比、昆虫的有机防治、植物共生关系研究等课程场景。这些模型中的场景主要包括室内实验课程场景、田土间观察课程场景等。

（二）研学课程基本结构

围绕每个主题，设计课程结构，包括前置课程、基地课程、拓展课程三大结构。

1. 前置课程

前置课程指导主体是学校，一般是对研究主题进行相关知识、背景等方面的认知讲解，对研学活动实施小组分组及任务分工等组织建设及相关物料等出行物资准备。前置课程的实施时间因主题不同而各异，有的主题课程与学科课程结合面广，研究专题探究有深度，经历的时间周期长，有的主题课程主要将重点放在拓展课程中，前置课程周期就相对短一些。无论周期长短，前置课程是主题研学课程不可或缺的重要内容。例如，下面是笔者为"长沙少年行"研学项目前置课程设计的基本框架。

课程模块	课程内容	课程要求	时间	地点
前置课程	1. 结合研学主题收集相关资料：历史背景、人物故事、典型历史事件及影响，相关革命歌曲、革命诗词等。 2. 知晓安全、礼仪、纪律等研学要求，对学生进行分组。 3. 准备个人随行物品等。 4. 根据主题进行开营仪式策划与设计相关准备，如朗诵、献礼。	背景讲解20分钟+任务分组10分钟+安全教育5分钟+分组计划讨论5分钟	40分钟	学校

2. 基地课程

基地学习的本质是"实践"，包括工具性实践活动：工具利用、方法体验、技术体验；交往性实践活动：人际沟通、倾听与互动；社会性实践活动：社会考察与调查、社会参观与访问、社会参与社区服务；认知性实践活动：自然认知、社会认知、文化认知，形成对自然对社会对自我的整体性认识。如笔者在设计"长沙少年行"基地课程过程中，根据红色场馆展览资源为主体的特征，围绕认知层面设计了开班仪式、参观课程、展教课程（围绕场馆展出资料开发的宣讲课程。与传统解说词不同，聚焦某个方面深度解读与引导探究），围绕实践体验层面设计了开班仪式、体验课程、班会课程。下面是笔者"长沙少年行"基地课程设计模块展示。

模块一：参展课程

包括开班仪式、参观展览、展教课程三个项目。

课程模块	课程主题	课程内容	时间	地点
开班仪式	从"少年·立志""少年·求索""少年·奉献""少年·创新""少年·担当"中选择一个角度细化主题	宣誓、献礼、献歌、献花等	15分钟	基地
参观展览	同上	根据主题选择场馆展览内容	30分钟	基地
展教课程	课程题目根据模块自拟	课程内容	30分钟	基地

模块二：体验课程

结合研学实践主题，开展主题班会和实践体验的活动课程。

课程类别	课程内容	课程要求	课程时间	地点
实践体验	红色场馆文创产品设计制作（结合劳动教育要求，分出年段差别）	1. 场馆文创产品开发（有创意，有特色；有设计方案图纸设计，有产品说明，有制作模型或实物）。 2. 相关专题活动体验（有主题，有体验，有探究）	80分钟	基地
主题班会	研学所见、所闻、所感、所悟	1. 聚焦主题，从"少年·立志""少年·求索""少年·奉献""少年·创新""少年·担当"中选择一个主题。 2. 结合自身实际，积极分享交流。 3. 加强组织，基地、学校教师共同参与	40分钟	基地

3. 拓展课程

拓展课程是在基地课程完成后，进入研学主题活动长周期探究的课程体系，包括如下四个方面：一是主题活动相关深度探究课程。二是研学资料的收集与整理。如研学日记、文献资料、问卷、实地考察报告、访谈调查结果、制作的模型成品、实验结果都是阶段成果材料，但这些材料都是孤立的，同学们要将其整理归类、去粗取精形成最后的研学报告。三是撰写研学体会。研学体会是在研学旅行中的感悟和收获（侧重情感上、价值观上的获得）。四是撰写研学报告。研学报告的一般内容包括研学旅行的主题，目标和任务，线路和行程，研学过程记录，研学成果和分析，研学体会和收获。

第三节 校社家协同育人研学精品线路课程开发

前面提到，在研学课程体系中，除了基地课程，还有一类就是精品线路课程，高中学段的研学大都以此类为主。线路研学课程与基地研学课程的联系与区别主要表现在如下几点：线路研学课程是从合理、安全的角度，围绕研学主题，选择较为合适的活动地点，可以是景点、基地、博物馆等，对行程进行设计、规定，确定距离合适，旅程连贯、紧凑，保证学生的安全、学习体验良好的线路而开展的研学活动。基地研学是在适合中小学生开展综合实践活动的优质资源单位开展研学活动，这些单位已开发不同学段（小学、初中、高中）与学校教育内容衔接的研学课程。线路研学课程与基地研学课程不一样，前者是侧重过程的完整性，后者是侧重层次的丰富性。线路研学课程侧重对研学线路的设计与规划，基地研学课程侧重对基地课程的开发与实践。基地也可以是线路研学中的一个研学点。目前基地的场馆设施与教学设施都越来越成熟，好的基地能够提供给学生独特的学习体验与最真实的学习环境，这些是景点和公共设施无法提供的。基地的行程能更加凸显"研学"的重要性，基地与旅游景点搭配，能让学习与旅行游玩达成一个平衡。因此，本节只对精品线路研学课程体系作简单介绍。

一、开发精品线路研学课程的原则

中国地域广阔，研学资源丰富，研学线路众多，但限于时间和精力，任何学校师生不可能走遍所有的研学线路。因此，选择性价比较高的研学线路尤为重要，所以一条精品线路研学应该具有以下特征。

（一）主题性

研学点紧扣研学主题，研学点涉及的研学内容真实典型。如地质考察线路中，针对典型的喀斯特地貌开展线路设计，首先要选择区域资源内典型的喀斯特地貌景区，然后针对喀斯特地貌中石林、石芽、天坑、地缝、溶洞、地下暗河、深"V"型石灰岩峡谷、溶蚀台地等各种典型的地表形态选择研学点和观察点。下面分享一个关于崀山丹霞地貌考察线路设计的案例。

【案例分享】

崀山丹霞地貌考察线路设计

研学活动一：攀登崀山，了解登山的注意事项，增强学生体质；探究崀山的地质地貌。

研学活动二：欣赏崀山自然风光，加强学子对祖国大好河山的热爱之情。

研学活动三：搜集崀山地质地貌图片，制作崀山地貌图集。

研学活动四：开展崀山旅游推广设计大赛，提升实践能力。

总结评价：研学成果整理汇报、呈现及评价。

延伸活动：开展"我为崀山来代言"的主题演讲活动，进一步增强对祖国大好河山的热爱之情。

（案例提供：杨巧玲）

（二）典型性

研学点的选取和线路的设计力争典型，同时线路的规划也要考虑恰当的出行时机，使研学效果达到最优。地理景观往往具有时空特点，同一个景观，不同的季节呈现的特点也不尽相同。根据不同的研学主题选择最佳的出行时机特别重要。如"世界水利灌溉工程之奇迹"线路中，紫鹊界梯田没有一口山塘、一座水库，山有多高，田有多高，水就有多高，这里也无需人工引水灌溉，天然自流灌溉系统令人叹为观止。紫鹊界梯田四季皆有美景，四季皆有特色，可是在研究"灌溉"主题时，应选择农作物正需要灌溉的季节前往才适宜。

（三）可行性

研学旅行活动具有研、学、旅多重功能，研学旅行线路沿线的景点要与研学的主题相适应；研学旅行涉及交通、食宿等方面，需要必要的基础设施和配套设施，沿线应有一定的接待能力。如考虑研学途中集中用餐时间不能太久，组织一次出行规模要控制在用餐点的接待能力之内等。又如在"湘江水电站"研学线路中，一些水电站周边无法提供食宿，在选择典型水电站研学点时，研学点要尽量靠近城镇，不要过于偏远。

（四）安全性

设计的考察线路应考虑安全性，确保开展活动时当地的地形、气候、水文等自然环境条件，旅游硬件设施情况及社会文化环境等方面不存在安全隐患。在野外漂流，或在高山无人区、湿地考察时，要密切关注天气预报，尽可能避免前往由暴雨引发的有水位上涨、落石、山体滑坡、泥石流等危险的地段。

二、精品线路课程设计基本步骤

合理的线路规划是活动高效开展的保障,可以从以下几个步骤开展规划设计。

(一) 搜集信息,初选资源

首先可将研学范围内的各研学资源纳入初选范围,包括自然人文景区、工业基地、农业基地、高等院校等。然后依据研学基本要求进行初选,标准是能够开展基本研学旅行,安全性有保障,包括资源特点、分布、交通、食宿等接待能力,当地的风土人情、社会治安等符合研学要求。为保障信息的真实可靠,在初选资源时需要多方搜集信息。一是网上搜集各初选资源的基本情况;二是联系当地的旅行社相关工作人员,听取他们的建议;三是参考学科教师的意见。通过信息的收集、汇总,基本可确定适合研学旅行的景点和基地。

【案例分享】

"舌尖上的广州"主题研学前资料收集与分析

这是一次研学旅行主题的选择和确立过程,其活动步骤如下:

通过对全校学生的旅行意向调查,得知大家最想去的城市是:广州。

通过文献资料查找,得知以下关于广州的资讯:广州,简称"穗",别称"羊城""花城",是广东省省会,国际大都市、国际商贸中心、国际综合交通枢纽。广州地处广东省中南部,珠江三角洲北缘,邻近香港、澳门,是中国通往世界的南大门,是粤港澳大湾区、泛珠江三角洲经济区的核心城市以及"一带一路"的枢纽城市。广州是国家历史文化名城,从秦朝开始,广州一直是郡治、州治、府治的行政中心,一直是华南地区的政治、军事、经济、文化和科教中心,是岭南文化的发源地和兴盛地。广州从东汉时期起成为海上丝绸之路的主港,唐宋时期成为中国第一大港,是世界著名的东方港市;明清时期是中国唯一的对外贸易大港,是世界上唯一两千多年长盛不衰的大港。

同学们通过分组讨论,列出以下参考主题:

1. 食在广州。考察广州的美食文化。可在品尝粤菜的同时,了解粤菜的相关知识，并学做经典粤菜；双皮奶、姜撞奶、肠粉、烧味、白切鸡、艇仔粥、虾饺等特色小吃亦是美食研学的范畴。

2. 文化之旅。可考察粤曲、广绣（粤绣之一）、广彩（广州地区釉上彩瓷艺术的简称）、广雕（牙雕、玉雕、木雕等具有岭南传统文化特色的雕刻工艺及其制品）等。

3. 建筑研究。如镬耳建筑群、西关大屋等传统民宅；从香港等地传入的骑楼建筑；东山洋房、石室圣心大教堂、沙面岛等的欧陆风情建筑等。

4. 革命史上的广州。广州是中国近代和现代革命的策源地。著名的三元里人民抗英斗争、黄花岗起义、广州起义均发生在广州。孙中山在广州创办了黄埔军校，曾经三次建立了临时政权。毛泽东在这里主办的第六届农民运动讲习所，培养了大批革命骨干力量。张太雷、叶挺、叶剑英等在这里领导了轰轰烈烈的广州起义，并建立了广州苏维埃政权"广州公社"。同学们还列出了探寻广州的历史人物、城市变迁、城市交通、港口经济等角度的研学旅行主题。

最终确立的主题为：舌尖上的广州。

（案例提供：罗品文）

（二）选定主题，确立方向

主题确定是整个研学过程中的一个极为重要的步骤，在整个研究性学习中有着举足轻重的作用。因为选题是研究的起步阶段，课题的选择、确定，直接决定了研学的质量，因此，如何准确地提出一个问题或确定一个研究方向是非常重要的。我们可以根据教材的内容或问题进行选择；可以根据学生的实际性需求来对教学中的内容进行一个整理和归纳后，再来选定研学主题；可以寻找和发现身边或周围的资源来选择研学的主题或内容。

【案例分享】

"理学寻脉·汝城行"研学主题确定

1. 教师创设情境：学习《爱莲说》一文后，"予独爱莲之出淤泥而不染，濯清涟而不妖"。千年前，周敦颐任"桂阳（今汝城）令"，创县学、兴教育、传理学，此后汝城文运昌盛，人文蔚起。九易其址的濂溪书院，几百座古祠堂，深深地印下了"崇理尚德"的烙印。汝城研学，我们可以从哪些角度设计研学内容？

2. 学生讨论后决定：汝城研学之旅，志在体验古代书院文化，寻脉千年理学，以宗祠文化探究为切入点，结合国学教育课堂，弘扬中国家风家训传统文化；通过"文武六艺"体验活动，缔造不一样的成长体验，打造探寻优秀传统文化的寻根溯源课程体系。

3. 教师引导：从宗祠到书院，从建筑到生活，我们纵横历史上千年，只是为了到汝城寻找当年的理学之源。我们紧扣"理学寻脉"这一历史文化主题，设计此研学旅行活动。同学们也可以按照宋明理学的发展脉络，精选地点，精心设计线路，开展主题研学旅行活动。

4. 学生讨论设计研学方案，如下表所示。

活动时间	活动内容
第一天 宗祠文化	由文物研究所研究祠堂文化专员，带大家穿行于祠堂之间，感受当时的文化和生活习俗，解读从国学文化的意义延展到现在生活中我们应该保持的优良生活习惯。古祠堂群落充分体现古人个体服务集体，局部服务整体，整体与自然和谐，和谐促进发展的设计理念
	晚餐后分享交流
第二天 濂溪书院	参观濂溪书院，在濂溪书院开展场景式课堂，再读《爱莲说》，现场背诵《爱莲说》，并邀请濂溪书院院长为大家讲"周敦颐在汝城"的主题故事
	"尊师重教"，举办小型仪式，着冠行拜师礼（所有学生穿汉服向老师和孔子像行礼）
	午餐，同时教授传统用餐礼仪
	在老师的教导下学习"小六艺"，并分组游戏（古式传统游戏）
	晚餐后交流分享

（案例提供：罗品文）

（三）串点成线，确定线路

研学点的串联、组合是选路规划的核心。不同的研学点在美学价值、科学价值、历史文化价值和经济价值等方面各具特色，研学旅行的功能各异，最佳的研学旅行时间也不同。精品研学旅行线路的设计应充分考虑各研学点的功能特色、游览价值和适宜的研学时间，要依据研学主题和目标、自身身心特点合理安排研学点空间顺序、日期行程，巧妙串联、组合，以避免线路重复，节省路上时间，并最大限度地激发集体的探究欲望，提高研学旅行的整体效果。一般来讲，能激发求知欲的研学点尽量在行程中靠前，质量高的点适宜放后面。

具体而言，研学路线规划我们要围绕以下几个方面思考：我们带着什么样的问题去研学，我们具体要解决些什么问题？每个研学点都可以给我们提供一些什么样的资源和协助，能够给我们带来哪些收获与成长？我们要考虑一条主路线下的各个点之间的联系与区别，每个点解决不同的问题，继而达到我们的研学目标。每个研学点又能产生新的问题和新的思考，为我们的后续活动及拓展延伸提供一定的思路。考虑时间、距离、安全、经费等问题的安排与处理。

在进行线路设计时，可以将研学大主题进行分解，分解出小主题后再选择与主题贴近的旅行站点。如进行以"乡村之旅"为主题的线路设计时，各地可从"古村古镇""休闲农庄""森林人家""民俗风情""水乡渔村""乡村度假"等不同维度设计研学旅行线路。

（四）深入分析，完善线路

初步确定线路后，师生代表可以深入分析，有条件的可先行实地考察，完善线路设计。以"新型农业领域下的'种植能手'职业体验"研学主题为例，通过前期调查了解，师生了解到长沙市关于植物范畴的研学点包括湖南省森林植物园、湖南省林业科学院、红星花卉市场、长沙石燕湖生态旅游景区、跳马苗木基地、湖南省林业科技示范园等。随后，师生根据各资源点的特点、特色进行交流讨论，最终确定了三个研学点：湖南省森林植物园、红星花卉市场、跳马苗木基地，产生学校研学线路，即学校—湖南省森林植物园—跳马苗木基地—红星花卉市场—学校。

在进行线路设计时，我们要考虑研学站点间的相互联系和内容梯度，要考虑如何通过研学的深入来循序渐进地达成研学目标。

（五）设计目标，制定方案

研学方案一般由研学地点、时间安排、研学内容、研学导师及任务、安全要求等方面组成，可以根据自己的实际需要来设计或是增减项目，每一项活动内容的安排尽量要具体详细，分工明确，过程清晰。

【案例分享】

"新型农业领域下的'种植能手'职业体验"研学方案

研学地点	时间安排	研学内容	方法学习
学校	第一天 9:00— 9:50	1. 导师通过课件展示带领学生走进"奇妙的植物世界",引出研学主题,即"新型农业领域下的'种植能手'职业体验" 2. 认真学习研学方案,明确此次研学之旅的目标和意义 3. 说明活动奖励情况,激发学生产生探索的兴趣 4. 发放研学旅行导游图,熟悉日程方案	撰写活动方案
	第一天 10:00— 11:30	1. 完成小组组建,制定研学活动策划方案 2. 学生汇报活动方案,导师点评方案是否合理,给予相应的绿森林植物勋章 3. 交代研学注意事项	自我认知
湖南省森林植物园	第一天 14:00— 15:20	1. 参观森林植物园,学习"赏树守则",感受植物园中盆栽、花卉、树木品种之多,认识不同的树种及其特点 2. 指导学生用科学的方法观察植物,带领学生学习怎样做好观察记录,并要求学生做好观察记录 3. 请植物园工作人员介绍各类树木的生长、培育所需条件及作用	实地参观考察,实验研究,上网查阅资料,学写观察记录
	第一天 15:30— 16:30	1. 学习互动:如何养护盆栽?栽种和移植盆栽的注意事项有哪些?适合盆栽生长的气候、土壤等条件是什么? 2. 请森林植物园讲解员为学生答疑解惑 3. 参观实验:显微镜下的植物。观察显微镜下不同植物的叶、花与肉眼所见有何不同? 4. "探树之旅":请学生在植物园内找到宣传册上介绍的十大树种(银杉、珙桐、南方红豆杉、水杉、绒毛皂荚、杂交马褂木、樟树、金钱松、樱花、枫香)	

（续表）

研学地点	时间安排	研学内容	方法学习
红星花卉市场	第二天 9：00—10：00	了解传统农业的种植特点及方法，学习盆栽种植方法，听种植专家讲解并熟悉种植的流程及注意事项	采访调查
	第二天 10：10—11：30	分小组亲自进行盆栽种植，体验种植过程，掌握种植技巧，并完成活动手册，争当盆栽种植小能手	种植体验，填写活动手册
	第二天 14：00—15：00	了解花卉的品种、种性、特点，种植要求及养护要求	研究观察
	第二天 15：10—16：30	分小组亲自进行花卉种植及养护体验，填写活动手册，争当花卉种植小能手	种植、养护体验
跳马苗木基地	第三天 9：00—11：30	1. 带领参观花卉苗木基地，各类种子、苗木主题园，观察不同成长期的种子、苗木，了解不同树种的生长周期 2. 采访基地站长：长沙市城市苗木的情况，树苗的价格以及城市绿化中树木需求采购情况等 3. 学习种子、树苗的种植技术及注意事项	采访调查，学习技术
	第三天 14：00—16：30	1. 动手实践：在基地工作人员的协助下，完成一些种子、一棵树苗的种植 2. 学习提高栽种成活率的办法，以及后期养护小窍门，争当种植和养护小能手 3. 完成任务卡，获得相应的绿森林植物勋章	动手实践，查阅书籍
跳马苗木基地	第四天 9：00—11：30	1. 了解一些新型农业的先进技术，感受高科技下的农业苗木种植特点，比如无土栽培、生产型温室栽种条件等 2. 查看新技术下各树种生长情况，完成活动手册 3. 学习大树种植及移栽的方式方法，并进行拍照、记录等 4. 采访种植人员了解新技术下种植注意事项	采访调查，拍照摄像

(续表)

研学地点	时间安排	研学内容	方法学习
跳马苗木基地	第四天 14:00—16:30	1. 动手实践：在基地人员的配合下，利用先进设备完成一棵大树的移植，让学生充分体验从种子一直到大树的栽种过程，当一名名副其实的种植小达人	动手操作
学校	第五天 9:30—10:00	1. 教师图片回顾本次研学活动情况 2. 以研学小组为单位对本次研学的收获进行汇报准备，形式不限，如主题报告会、演讲、座谈、社会调查成果汇报、文艺表演、技术操作、实物交流和经验介绍等	总结汇报，口头表达锻炼，电脑操作，文艺表演
	第五天 10:10—11:00	以研学小组为单位进行研学汇报	总结汇报
	第五天 11:00—11:40	1. 总结评价并且颁发绿林植物勋章 2. 根据获得的勋章数量及任务卡完成情况，颁发研学证书 3. 布置研学实践任务	—
安全要求		1. 按时到达集合地点 2. 其间以研学小组为单位，不得单独行动 3. 外出时，学员要听从老师或教官的指挥 4. 有事需要提前告知带队老师 5. 外出乘车时，请注意乘车安全	—

（案例提供：张静）

以上呈现的是围绕同类基地进行统一线路规划的精品线路研学课程设计案例。下面，我们再分享一个自然风景类精品线路设计研学课程案例。

【案例分享】

研学精品线路及指导策略设计方案

一、主题题目

邂逅森林——浏阳大围山自然探索

二、主要活动类型

本线路研学重点把握浏阳大围山极佳的自然生态环境及丰富的自然资源，带领学生开展动植物观察、露营及生态摄影活动。

三、研学对象

小学阶段三至六年级全体学生（分批次开展）

四、活动时间

4天

五、本研学主题的研学背景

大围山国家森林公园位于湖南省浏阳市东北部，距省会长沙148公里。它森林茂密，资源丰富，风景秀丽，气候宜人，被称为"湘东绿色明珠"。1992年经林业部批准为国家森林公园。

大围山国家森林公园面积7万余亩，顶峰海拔1607.9米。境内群山环抱，立峻挺拔，土地肥沃，雨量充沛，植被丰富，种类繁多。原始次生林和人工林浑然一体，形成一片绿色的海洋。植物种类有23个群系3000多种，列入国家一、二类保护物种的有17种；已发现野生动物60余种，列入国家一、二类保护动物达14种；森林中繁殖的彩蝶1200多种，堪称"天然动植物博物馆"。

大围山景区第四纪冰期地质遗迹较多，以冰川地貌的角峰、鱼脊峰、冰斗、冰窖、冰坎、冰桌、U谷、葫芦谷、悬谷、冰臼、羊背石等景观为主体，伴有花岗岩石蛋地貌地质遗迹等。

大围山国家森林公园以"秀"著称。在崇山峻岭和茂密森林之间，镶嵌着无数奇峰异石和100多处流泉飞瀑。由于山高林密的地理特点，构成"夏无酷暑，冬无严寒"的森林小气候，使大围山具有"天然空调""大氧吧"的优势。这里年平均气温11.4℃，年相对湿度85%以上，夏天平均气温20 ℃ ~28 ℃。

由于大围山地区空气质量好，海拔较高，夜晚露营可进行星象观测。经考察，该区域距离长沙市较近，各方面发展较为成熟，适合中小学生开展研学旅行活动。

六、研学目标

1. 走进大自然，了解特殊地质地貌成因，感受自然之美；
2. 在实践中体验科学研究的方法和思路，并学以致用；

3. 在旅行中理解保护自然环境的重要性，并能将这一理念传递给他人。

七、研学准备（前置课程）

（一）学校准备

1. 前期进行调查研究，确定研学旅行活动目的地，联系有资质的旅行社保障师生的食、宿、行等；

2. 广泛搜集社会资源，聘请专家指导研学旅行活动规划；

3. 设计活动开展前期的综合实践指导课（课例：如何开展科学数据采集与记录；动植物摄影；怎样写好观察日记；观星指导；野外自救常识）并制作活动手册（包括活动时间、内容、人员、收获、景区地图等方面）

4. 负责安全预案的设计与实施，并将本次活动向上级教育主管部门报备，取得许可后方可开展。在活动过程中，各班至少配备一名教师、一名导游负责保障全体学生在活动中的安全问题；

5. 活动前与活动时的家校沟通与本次活动的宣传、反馈。

（二）研学目的地相关资料

地理位置：大围山国家森林公园位于湖南省浏阳市东北部，距省会长沙148公里。它森林茂密，资源丰富，风景秀丽，气候宜人，被称为"湘东绿色明珠"。

生态环境：大围山国家森林公园面积7万余亩，顶峰海拔1607.9米。境内群山环抱，立峻挺拔，土地肥沃，雨量充沛，植被丰富，种类繁多。原始次生林和人工林浑然一体，形成一片绿色的海洋。植物种类有23个群系3000多种，列入国家一、二类保护物种的有17种；已发现野生动物60余种，列入国家一、二类保护动物达14种；森林中繁殖的彩蝶1200多种，堪称"天然动植物博物馆"。

特殊地貌：大围山景区第四纪冰期地质遗迹较多，以冰川地貌的角峰、鱼脊峰、冰斗、冰窖、冰坎、冰桌、U谷、葫芦谷、悬谷、冰臼、羊背石等景观为主体，伴有花岗岩石蛋地貌地质遗迹。

（三）主题分解并分组

根据本次活动的主题与活动开展的环节，将各班学生分成以下几个小组，并由学生自行为小组取名：

1. 活动开展前

（1）资料搜集小组：主要负责搜集"大围山国家森林公园"相关的资料，包括且不限于"大围山国家森林公园的历史""大围山代表性动植物的相关信息储备""第四纪冰川遗迹相关知识"等方面的内容。并将相关知识制定成册，以供活动开展时及时查阅。

（2）后勤保障小组：认真了解活动内容，通过组员的讨论确定并准备全班同学在本次活动中可能会用到的医疗用品、生活用品、学习用具等物资。搜集活动中可能会用到的手机软件，如植物识别软件"形色"、星空图谱"星图"等。

（3）宣传推广小组：对本次活动准备、开展、总结过程中各方面过程性资料的记录，并借助微信、美篇等手机软件工具对相关内容进行宣传推广。

2. 活动开展中、后期

（1）记录与采集小组：负责活动中动植物发现的文字记录与标本采集。

（2）影像记录小组：负责活动过程中视频、照片的拍摄与存档。

（3）活动主持小组：负责开展全体组员每日活动总结，并做好记录。

（4）后勤保障小组：在活动中负责相关物资的管理，负责与老师、活动负责人的沟通与联系。负责校级安全预案的严格执行。

八、活动安排

活动时间	活动形式	研学主要活动
第一天上午		全体活动成员集结，抵达浏阳大围山国家森林公园。
第一天下午	观察与记录	在导游带领下初步感受大围山国家森林公园的美景，了解周边环境。
第一天晚上	讨论与交流	全体集合，领队老师分解活动任务，各小组领取活动手册，确定第二天研学路线，并向领队老师报备。
第二天上午	观察与记录	各小组在领队老师的带领下，运用课上学习的观察鸟类的方法，探寻大围山"红嘴相思鸟"的踪迹并拍照记录，并对观察到的其他鸟类进行记录。
第二天下午	观察与记录	各小组跟随老师学习、运用科学的方法采集数据，调查森林植被的状况。通过植物样本调查，来研究植被、森林是否健康。

(续表)

活动时间	活动形式	研学主要活动
第二天晚上	观察与记录 交流与总结	如天气状况良好，可借助"星图"观察星空，初步认识较为明显的星座，并在活动最后对本周工作进行总结，写好本日活动记录。
第三天上午	观察与记录	前往大围山"猕猴谷"，开展对野生猕猴的观测与记录。（在学生开展这项活动的过程中，务必提醒学生注意安全，不要与猕猴过度亲近，以防被咬伤、抓伤）
第三天下午	观察与记录	继续在老师的带领下，对猕猴谷的自然环境和植被进行调查研究。分析猕猴的生存环境。
第三天晚上	摄影体验 交流与总结	领队老师对本次活动进行小结，并为所有学生讲解"第四纪冰川遗迹相关知识与观察要点"，随后各小组运用活动前所学知识，开展光绘摄影体验。
第四天上午	观察与记录	前往五指山进行"第四纪冰川遗迹"的观察。沿途的瀑布群、花岗岩石蛋也是观察重点。
第四天下午	观察与记录	运用储备的知识和老师给予的方法指导对冰川遗迹进行调查研究，对自己发现的事物及时记录。
第四天晚上		返程，回到学校。

注：本次活动将根据自然保护区的实际情况、天气状况及其他不可预知的因素进行调整。在园区活动遇雨时，将安排学生在室内活动，保证全体成员的安全。

九、研学活动总结评价（后续课程）

各班在活动开展后一星期内做好总结评价。要求活动过程性资料翔实，图文并茂，有影像资料最佳。具体内容如下：

1. 各班在综合实践教师的协助下，将所有资料整理汇总，并加以完善。形成各个小组的活动资料集锦。活动资料集锦包括且不限于活动计划、人员名单、物资准备、活动记录、活动小结、活动图片、活动视频、标本、手工作品等。

2. 各班组织开展综合实践活动成果展。遴选优秀的活动记录、摄影作品、标本、手工作品并评奖。

3. 学校召开全体师生的"研学旅行活动总结会",并在会上对本次活动中表现突出的学生、教师、班级进行表彰。

十、拓展深化

本次活动让参与的同学走出校园,走向大自然,感受到了我国森林物种的多样性和保护生态的重要性。在活动结束后,为了扩大活动影响,让研学旅行、生态保护的观念从学校走向家庭,学校将组织学生完成以下活动:

1. 组织开展"研学旅行成果展"校园开放日,将本次活动中的优秀作品向社会各界展出。

2. 综合实践教师组织学生分小组将本次活动中的精品资料制成电子文档,并由学校微信公众号进行推送,扩大活动的影响力,让社会各界对"研学旅行"有更深刻的认识。

研学旅行活动是融社会调查、参观访问、亲身体验、资料搜集、专家点评、集体活动、同伴互助、文字总结等为一体的综合性社会实践活动,对全面提高学生综合素质具有重要意义。"在研中学"必定能让全体学生获得更全面的成长!

(案例提供:黄冰雷)

第四节　例谈校社家协同育人研学基地课程开发策略

本节主要介绍研学基地课程开发的策略,以红色场馆课程资源开发为例。

一、提炼红色场馆主题

在提炼场馆主题过程中,主要遵循四个原则:一是活用并精心分析场馆资源,主题设计有代表性和典型性。二是内容与主题深度关联,充分挖掘资源的历史意义和时代价值。三是精心设计有思维价值和情感共鸣的问题,进行深度实践探究。四是设计拓展指向未来应用与实践。如笔者通过对长沙认定的红色场馆课程资源的分析、提炼,初步提炼了如下表所示的主题。其中每一个主题，都是在深入分析场馆资源的基础上，聚焦到其中一个点进行主题提炼所得。

模块	基地	主题
少年·立志	毛泽东与第一师范纪念馆	读好人生两本书
		野蛮体魄砺身心
	橘子洲头	橘子洲头鸿鹄志
	杨开慧纪念馆	峥嵘岁月新女性
少年·求索	楚怡学校	文化书社救国情
	《湘江评论》撰写及印刷旧址	《湘江评论》澎湃新思潮
	新民学会旧址	蓄力建造新世界
	中国共产党长沙历史馆	革命转身主浮沉
少年·创新	长沙县田汉文化园	革命文艺谱新篇
	湖南自修大学旧址	自修大学育群英
	许光达故居	科技兴军有传承
	花明楼红色文化教育营地	一切成绩归群众
	肖劲光故居	科技海防有作为
少年·担当	徐特立故居	教育救国育英才
	李富春故居	富国强民有良策
	秋收起义纪念园	文家市的英明政策
	胡耀邦故居	实事求是知民情
	王震故居	勇挑重担敢作为
少年·奋斗	何叔衡故居	一大先驱教育情
	谢觉哉故居	人民司法奠基人
	湖南和平解放秘密电台工作站旧址	永不消逝的电波
少年·奉献	中共湘区委员会旧址暨毛泽东杨开慧故居	小家大国载初心
	雷锋纪念馆	永做革命螺丝钉
	陈树湘故居	革命信念血染红

二、设计场馆主题课程整体方案

场馆开发方案主要是根据课程开发框架的要求，对场馆课程进行整体规划与设计，主要包括前置课程、开班仪式、参观课程、展教课程、体验课程、班会课程、拓展课程七类课程的目标的叙写、教学内容思路设计、教学时间安排及场地确立等，是教师进行具体教学设计的指南。如下面案例所示。

【案例分享】

肖劲光故居研学主题课程开发整体方案

课程类型	课程目标	课程内容	课程时间	实施场地
前置课程	价值体认：通过搜集肖劲光相关信息，了解中国革命历史和文化，感受革命先辈为民族解放、国家发展所作出的巨大牺牲和贡献，激发深厚的爱国情感。责任担当：在了解历史的基础上，结合现代海防发展历程，意识到传承红色基因的重要性，将革命先辈们的精神品质内化于心、外化于行，为中华民族伟大复兴贡献自己的力量。科学精神：深入了解革命先辈为国家进步所付出的努力和牺牲，学习他们不畏艰难、勇于探索的精神。激发学生对新时代科技海防的探究兴趣，在面对科学问题时，保持好奇心和求知欲，勇于创新和追求真理。	板块一：走近人物，整体感知 1. 视频播放，激发兴趣。 2. 教师总结。 肖劲光是一位具有丰富军事经验和卓越领导能力的军事人物。从少年求学到加入中国共产党，再到中华人民共和国成立后担任重要职务，他为中国的海防事业作出了巨大贡献。 板块二：交流分享，汇报收获 1. 学生交流分享。 课前完成了学习任务单，请同学们选择感兴趣的资料与大家分享。 2. 梳理整合信息。 通过大家的交流讨论，再将关键信息进行进一步梳理、整合，最后筛选出主要聚焦的4个问题，为后续的任务分组做准备。 板块三：任务分组，活动策划 1. 教师总结：结合前面聚焦的	40分钟	学校

（续表）

课程类型	课程目标	课程内容	课程时间	实施场地
前置课程	创意物化：结合肖劲光故居的特色元素，如海军舰艇、革命旗帜等，创意设计开班仪式上的签名墙，创意设计舰艇模型。	4个问题，我们分别从肖劲光的革命足迹为国出征、突破自我创建海军、现代海防保家卫国、第三艘航母再创新高四个方面开展小组探究。 2. 学生自主思考后，按照喜好确定好探究方向，完成组队。 3. 小组合作完成活动策划表。 板块四：安全教育，拓展思考 1. 师生合作共同梳理在研学活动中安全、礼仪、纪律等方面要注意的事项。 2. 拓展作业。 拓展作业1：根据小组主题，分别记录小组任务，在参观课程中深入思考或小组讨论。 拓展作业2：第三艘航空母舰"福建舰"已震撼亮相，它不仅展示了中国海军的强大实力和创新能力，更让世界看到了中国在国际舞台上的重要地位，相信大家一定会为此骄傲，课后请继续深入了解"福建舰"，还可以创意设计航母舰艇，并说说自己的设计思路。	40分钟	学校
开班仪式	价值体认：研学基地见证了革命先辈们的坚定信念和崇高理想，通过一个充满仪式感和启发性的开班仪式，激发学习热情，培养团队合作精神。	板块一：教师寄语 带队老师发言，主要是阐明本次研学活动的意义，希望同学们铭记历史，不忘初心，以革命先烈为镜，继承和发扬他们坚定的理想信念、无畏的牺牲	15分钟	基地

（续表）

课程类型	课程目标	课程内容	课程时间	实施场地
开班仪式	责任担当：面对新时代的挑战和机遇，明确自己的历史使命，勇于担当时代重任，为实现中华民族伟大复兴的中国梦贡献青春力量。科学精神：保持对未知世界的好奇心和探索欲，勇于挑战自我，不断追求更高的科学成就。法治观念：传承和弘扬红色精神，包括革命精神、奋斗精神、牺牲精神等，将红色精神与法治观念相结合，为新时代法治建设注入新的动力。	精神和不懈的奋斗情怀。板块二：学生发言 学生代表发言，呼吁大家在参观学习的同时，缅怀革命人物的丰功伟绩，以实际行动践行初心使命，以担当作为给队旗添光彩。板块三：齐读誓词 少先队代表领誓，队员齐读誓词，在队旗下庄严宣誓。板块四：签名留念 以小组为单位在签名宣传墙上签下自己的姓名，留下研学的足迹。	15分钟	基地
参观课程	价值体认：通过参观学习，深入了解中国革命历史和文化，对肖劲光的光辉人生有较全面的认识，同时提高历史文化素养，拓宽知识视野。责任担当：通过了解中国革命的历史，特别是肖劲光等革命先辈们在艰苦卓绝的条件下为国家和民族独立所作出的巨大牺牲和贡献，铭记历史，认识到今天的幸福生活来之不易。科学精神：通过参观活动，更直观地了解历史事件和人物故事，加深对知	板块一：确立信仰，投身革命 1920年，肖劲光加入了由毛泽东等创办的湖南俄罗斯研究会。同年8月，他进入上海共产主义小组创办的"外国语学社"学习，当年加入社会主义青年团。1921年，他和刘少奇等一同赴苏入莫斯科东方劳动者共产主义大学学习后入军事学校学习。1922年底，他转为中国共产党员，成为中共旅俄支部的重要成员之一。板块二：北战南征，战功卓著 肖劲光是我军第一个专业学过军事指挥的军事家，参加了中国共产党领导的中国革命战争	30分钟	基地

(续表)

课程类型	课程目标	课程内容	课程时间	实施场地
参观课程	识的理解和记忆。保持严谨的态度，尊重历史事实，不虚构、不夸大，以科学的眼光看待历史。法治观念：了解革命先辈在法治建设中的努力和贡献，深刻认识到法律在国家治理中的重要性，树立法律至上的观念，尊重法律的权威性和不可侵犯性。	全过程，参加指挥过"四保临江"、衡宝战役等许多重大战役战斗，卓有成效地开展了统一战线和瓦解敌军工作。特别在留守兵团期间，他组织开展拥政爱民活动，把1943年2月定为"拥政爱民月"，创立了人民军队的拥政爱民光荣传统，延续至今。板块三：创建海军，巩固国防新中国成立后，肖劲光奉命组建中国人民解放军海军领导机关，并任中国人民解放军海军司令员，后任国防部副部长。他从新中国成立初期的实际情况出发，提出"以空、潜、快为主，以潜艇为重点"，"建设一支现代化富有攻防力的、近海的、轻型的海上战斗力量"的海军建设方针，并致力于海军武器装备建设，积极探索人民海军海上的作战方式，为共和国海军的建设和发展整整奋斗了30年，是世界海军史上任职最久的海军司令员。	30分钟	基地
展教课程	价值体认：航母作为现代海军的重要力量，是国家海上战略的重要组成部分。学生了解航母的构造、功能及其在国防中的作用，有助于增强他们的国防观念，认识到国家安	板块一：司令借船，责任勇担故事导入，肖劲光一生都在为建设海军而努力，直至临终前还在挂念着中国航母的建设发展事业。板块二：前路漫漫，航母发展通过视频了解中国目前的航母	40分钟	基地

（续表）

课程类型	课程目标	课程内容	课程时间	实施场地
展教课程	全的重要性，从而培养他们的爱国情感和责任感。责任担当：学生了解航母，可以加深对军民融合的理解，认识到军事科技与民用科技相互促进的关系，为未来的科技创新和产业发展提供启示。科学精神：航母是现代科技的结晶，集成了众多高新技术。学生了解航母，可以深入了解现代科技的应用和发展趋势，提升他们的科学素养，培养他们的科技兴趣和探究精神。创意物化：用多种方式自制航母部件，激发学生对国防科技的兴趣，通过亲手操作将课上内容转化为实际作品，培养学生创新思维和解决问题的能力。	建设情况，并请学生分享在前置调查中了解到的关于中国航母的基本情况。板块三：创新未来，设计巨舰学生阅读资料，首先分析目前航母建设发展的相关资料，并自主分析，未来航母可以往哪些方向发展。然后小组合作，根据资料袋提示，小组进行航母装置设计，以解决目前航母存在的问题。最后，留下思考任务与手工挑战，学生在课后也可以不断地去提升思考建设航母的路径，完善自己的想法，以及通过扫描二维码学习如何制作航母装置模型。	40分钟	基地
主题班会	价值体认：学生能够理解并认同肖劲光在不同历史时期所体现的核心价值观，并着重理解和学习其身上的担当精神。责任担当：学生能够认识到作为新时代少年的责任与使命，以及学会在日常生活中践行这些责任，成为有担当的人。科学精神：探讨肖劲光在研究工作中严谨的态度和	板块一：战乱年代学担当以小组为单位，选定组长，在组长带领下，制作参观肖劲光故居的研学任务表，并展示研学成果。学生在缅怀先烈的同时，教师注意引导学生学习肖劲光身上的担当精神。板块二：和平年代寻担当在海防事业的发展中，涌现出一大批优秀的爱国青年。通过小组合作，学生们自主学习分析卓越海防人物的事迹，进一	40分钟	基地

（续表）

课程类型	课程目标	课程内容	课程时间	实施场地
主题班会	对未知领域的探索精神，激发学生对科学的兴趣，培养他们的探究和实践能力。 法治观念：学生能够树立正确的法治观念，和平年代更加要增强法治意识，学会依法办事。	步了解中国海防精神，并通过演一演、讲故事、诗朗诵等多种方式展示传播卓越海军人物的故事，从中学习他们勇于担当，坚守奉献的美好品质。 板块三：小小少年勇担当 学生联系生活实际，思考讨论自己能为建设祖国或国防事业作出哪些贡献。 板块四：吾辈少年誓担当 共读肖劲光给海军建军40周年纪念大会撰写的贺词，引领全体学生共宣誓言。 板块五：书信传意话未来 结合班级情况，发挥学生的美术特长，制作贺卡，送给戍边战士，表达我们的担当精神，并留下课后任务，鼓励学生继续了解海防科技的情况。	40分钟	基地
体验课程	价值体认：在合唱《人民海军向前进》时，认识到国家安全的重要性，传承海军的责任感与使命感，并勇于承担责任，为国家和社会的发展贡献自己的力量。 责任担当：学习航母海军手势舞，感受海军的日常生活，理解海军的使命与职责，增强国家意识，培养爱国情感与保卫国家的责任感。 科学精神：分享自制的具	板块一："智"造航母，守护海疆 学生以小组为单位，分享亲手设计的未来航母的装置，介绍航母的特色。 板块二：蓝海启航，歌声嘹亮 学生学唱《人民海军向前进》，教师进行重难点指导。 板块三：蓝海启航，舞影飞扬 学生了解航母上不同颜色马甲的战位和工作内容，饰演不同角色，学跳海军手势舞。	80分钟	基地

（续表）

课程类型	课程目标	课程内容	课程时间	实施场地
体验课程	备特色功能的航母装备，继承并发扬先辈们敢于创新的精神。 创意物化：制作出具备特色功能的军舰。	—	80分钟	基地
拓展课程	价值体认：学生通过进一步研究中国海防的发展历程及其重要性，深刻理解海防建设对于国家安全和民族复兴的深远意义，增强国家意识和民族自豪感。 责任担当：鼓励学生将肖劲光的担当精神转化为实际行动，积极参与社会活动，如设计文创产品、担任海防讲解员，培养责任感和使命感。 创意物化：通过实践活动，学生能够将创新思维和创造力应用于解决实际问题，设计出具有肖劲光精神特色的文创产品，并举办线上展览活动，展示自己亲手制作的军舰和文创产品。	以4年级至6年级学生为主体，设计如下课程活动： 板块一：小小文创设计师 根据对肖劲光事迹和其精神的了解，以小组为单位设计肖劲光故居红色文创产品。（要求：选择具有代表性的元素进行设计，设计产品可以是徽章、帽子、小背心、书签、明信片等兼具实用性和纪念意义的物品，好的作品可以批量生产售卖给游客，学生也可以穿戴自己设计的产品进行志愿活动。） 板块二：小小海军讲解员 去近代海军装备展陈馆担任小小海军解说员，让更多人了解中国海防的发展历程和海防科技发展历程，进一步感悟肖劲光身上的担当精神，并传承发扬。 板块三：童心系海防，共筑中国梦 举办校级学生作品展，设置军舰区和文创区2个展区，展示学生在系列课程中的作品。	时间根据实际情况而定	校社家

（案例提供：常洁）

三、根据课程方案进行分类教学设计

分类教学设计是根据场馆主题课程整体方案中的前置课程、开班仪式、参观课程、展教课程、体验课程、班会课程、拓展课程七类课程进行细化教学设计。如下面案例为七类课程之一的"展教课程"设计。

【案例分享】

肖劲光故居研学主题展教课程教案设计

教学模块	具体内容
教学目标	1. 价值体认：航母作为现代海军的重要力量，是国家海上战略的重要组成部分。学生了解航母的构造、功能及其在国防中的作用，有助于增强他们的国防观念，认识到国家安全的重要性，从而培养他们的爱国情感和责任感。 2. 责任担当：学生了解航母，可以加深对军民融合的理解，认识到军事科技与民用科技相互促进的关系，为未来的科技创新和产业发展提供启示。 3. 科学精神：航母是现代科技的结晶，集成了众多高新技术。学生了解航母，可以深入了解现代科技的应用和发展趋势，提升他们的科学素养，培养他们的科技兴趣和探究精神。 4. 创意物化：用多种方式自制航母部件，激发学生对国防科技的兴趣，通过亲手操作将课上内容转化为实际作品，培养学生创新思维和解决问题的能力。
教学重点	了解航母的研发史，了解中国航母的基本情况，并增强国防意识、国家认同感。
教学难点	根据资料袋的提示，用图表等多种形式创新设计航母的部件，并分享展示。
教学过程	环节一：司令借船，责任勇担 1950年，作为一名"旱鸭子"的肖劲光被毛泽东任命为海军司令，他前往刘公岛视察时，为了渡海，肖劲光只能向渔民借船，可当渔民了解到他是海军司令的时候，不可思议地说道："海军司令还要跟我借渔船吗？"这句话深深地烙印在肖劲光的心里。他暗暗发誓，一定要建立一支强大的中国海军！于是，他在这个岗位上一干就是30年，他为人民海防事业呕心沥血。他主持制定了关于海军建设的一系列方针、政策；克服重重困难，在短时间内让中国海军实现了从0到1的突破，直到他缠绵病榻时仍不忘呼吁："中国必须有自己的航母！"

第三章　校社家协同育人研学社会资源与课程的融合开发 | 091

（续表）

教学模块	具体内容
教学过程	环节二：前路漫漫，航母发展 1. 大家知道目前我国有几艘航空母舰吗？它们分别叫什么名字呢？ （辽宁舰、山东舰、福建舰）我们通过一则视频来看看它们吧！ 2. 为什么肖劲光一生都在追求航空母舰呢？它们有什么作用呢？ 孩子们说得都很有道理，我们一起来看看吧！（播放视频） 3. 航母的发展 |	舰名	舷号	满载排水量	动力	甲板	起飞方式 | |---|---|---|---|---|---|---| | 第一舰 | 辽宁舰 | 16 | 6万吨 | 常规动力 | 滑跃甲板 | 滑跃起飞 | | 第二舰 | 山东舰 | 17 | 6.5万吨 | 常规动力 | 滑跃甲板 | 滑跃起飞 | | 第三舰 | 福建舰 | 18 | 8万吨 | 常规动力 | 平直通长飞行甲板 | 电磁弹射 | （1）学生分享展示。课前，大家以小组为单位对我们国家目前的三艘航空母舰进行了调查研究，现在想请小组汇报员进行分享汇报。 （2）教师点评。从大家的分享中，我发现大家对航母有了充足的了解，中国航空母舰的发展史是一部从无到有、从弱到强、不断突破与创新的壮丽史诗。辽宁舰、山东舰和福建舰的相继问世与成长不仅见证了中国海军的快速发展与壮大，也为中国在国际舞台上发挥更加积极的作用奠定了坚实基础。通过一个短片，我们来了解一下中国建造航母奋斗的十年吧！ 环节三：创造未来，设计巨舰 1. 小组合作 虽然中国的航母一直在稳步发展，但是依然存在着可进步的空间，请大家阅读资料一，你能找到什么信息，说说航空母舰存在着什么问题？ 是的，航母可是海上霸主，庞然大物啊！要想隐藏起来确实有难度。那我们能设计一些装备来解决这个问题吗？请大家小组合作，领取资料袋（资料二），试着合作来创作设计吧！（合作要求：①阅读资料，轮流发表看法。②记录员进行记录与绘制。③汇报员进行分享汇报） 2. 汇报与点评 学生们从创意设计、合作共研、表达交流等方面对合作成果进行互评。 3. 课后拓展与思考 思考：在研究过程中，有小组提出了使用强磁干扰的技术，但这个技术真的可行吗？

(续表)

教学模块	具体内容
教学过程	利用强磁干扰来隐蔽航母不仅可能违反国际法和相关军事准则，还可能对海洋环境和其他船只造成潜在的安全风险。在实际操作中，这种行为可能会导致严重的后果，包括外交争端、经济赔偿甚至军事冲突。 思考：在研究过程中，我们除了要满足科技发展的需要，还要符合国际法律与法规，我们的设计真的可行吗？请你们课后去收集资料，再完善自己的设计吧！ 在今天课后，老师想请你们小组继续合作，将你们绘制出来的装置做出来。扫描二维码，可以观看教程。

（案例提供：常洁）

四、场馆课程体系整体建构

一是结合场馆资源提炼主题，二是根据主题聚焦建构主题内容体系，三是根据内容体系开发具体项目，四是根据具体项目设计执行方案。下面笔者以韶山军博园课程体系开发为例进行阐述。

（一）结合场馆资源提炼主题

韶山军博园地处韶山市，以园区展陈了丰富的退役军事装备，如歼-6战斗机、火炮、坦克等，这些退役装备，彰显了新中国军事科技发展的历程。为了利用好园区资源，结合韶山这一独特的红色地域资源，笔者在设计课程时，确立了"毛泽东军事思想及其新时代的价值"主题。一是站在弘扬传承毛泽东军事思想的角度深入，通过挖掘毛泽东军事思想形成的历程，探究其时代价值，培养学生形成科技兴军的国防意识和时代担当；二是通过园区展陈资源，密切联系所学学科知识与新时代军事前沿科技，引导学生在丰富的实践体验基础上，深度探究相关项目，激发学生的创新精神与实践能力。

（二）聚焦主题建构主题内容体系

围绕"毛泽东军事思想及其新时代的价值"主题，韶山军博园设计了四类课程：军事课堂、参观课程、体验课程、拓展课程。军事课堂为集中主题讲座，主要宣传毛泽东军事思想的核心内涵及时代价值；参观课程主要是沿途参观园区三个军事装备区，在介绍展区装备的同时，重点介绍展区三类军事装备的前沿军事科技及未来发展趋势，激发学生的自豪感和探究激情；体验课程主要结合园区资源设计项目，把每个项目分成两部分，一为视频课程，介绍本类装备在我国的最新研究及发展趋势，二为实践体验，引导学生在实践体验中探究原理，展开创新思考；拓展课程，则是布置学生返校后开展深度探究的实践课程，该类课程结合高一学生学科内容，从不同学科角度切入主题设计探究作业若干个，每个学生可自主选择其中一个完成。以上课程具体方案如下。

1. 军事课堂

课程主题	课程内容	课程实施
毛泽东军事思想与时代价值	集中课堂主要围绕两个方面：（1）"毛泽东军事思想"的核心内涵及形成过程；（2）结合习近平强军思想，探讨毛泽东军事思想的时代价值；（3）拓展课程1（布置返校后的实践作业，任选其中一个开展探究，具体详情见教学设计）	集中在大礼堂，结合课件集中讲解（开发了本专题录像资料，可播放观看）

2. 参观课程

参观韶山军博园退役火炮、退役坦克、退役歼-6战斗机三个退役装备展区。

课程主题	课程内容	课程实施
中国火炮发展历程与未来发展趋势	参观园区退役火炮，从四个方面讲解：（1）介绍园区退役火炮；（2）我国火炮的发展历程；（3）当前先进火炮类型及未来火炮的发展趋势；（4）布置拓展课程2（布置返校后的实践作业，任选其中一个开展探究，具体详情见教学设计）	沿途听讲
中国坦克的发展与未来发展趋势	参观园区退役坦克，从四个方面讲解：（1）介绍园区退役坦克；（2）我国坦克的发展历程及当前先进坦克类型；（3）未来坦克的发展趋势；（4）布置拓展课程3（布置返校后的实践作业，任选其中一个开展探究，具体详情见教学设计）	沿途听讲
中国战斗机发展历程与未来发展趋势	参观园区退役歼-6战斗机，从四个方面讲解：（1）介绍园区退役歼-6战斗机；（2）我国战斗机的发展历程及当前先进战斗机歼-20；（3）未来战斗机的发展趋势；（4）布置拓展课程4（布置返校后的实践作业，任选其中一个开展探究，具体详情见教学设计）	沿途听讲

3. 体验课程

根据园区资源，设计体验项目。

课程主题	课程内容	课程实施
现代枪械的技术进阶	1. 微讲座视频：（1）枪支的类别与构造；（2）我国枪械发展的前沿科技；（3）布置拓展课程5（布置返校后的实践作业，任选其中一个开展探究，具体详情见教学设计） 2. 枪支拆卸实践体验	1. 枪械前沿科技微讲座视频观看（开发了本专题录像资料，可播放观看） 2. 实践体验课程
现代战争中的手雷	1. 微讲座视频：（1）早期手雷的发展；（2）手雷的使用及攻击原理；（3）现代手雷中的前沿科技；（4）布置拓展课程6（布置返校后的实践作业，任选其中一个开展探究，具体详情见教学设计） 2. 手雷投掷实践体验	1. 现代战争中的手雷微讲座视频观看（开发了本专题录像资料，可播放观看） 2. 实践体验课程
现代无人机的军事应用	1. 微讲座视频：（1）无人机对现代战争的影响；（2）无人机的类型与作战方式；（3）未来无人机的发展方向；（4）布置拓展课程7（布置返校后的实践作业，任选其中一个开展探究，具体详情见教学设计） 2. 无人机项目实践体验	1. 现代无人机的军事应用微讲座视频观看（开发了本专题录像资料，可播放观看） 2. 无人机实践体验课程
毛泽东诗词中的英雄形象	1. 微讲座视频：（1）毛泽东诗词所描绘的英雄群像；（2）布置拓展课程8（布置返校后的实践作业，任选其中一个开展探究，具体详情见教学设计） 2. 军事模拟类户外体验活动	1. 毛泽东诗词中的英雄形象微讲座视频观看（开发了本专题录像资料，可播放观看） 2. 军事模拟类户外体验活动

4. 拓展课程

根据不同项目，结合学科内容进行整合设计，设计不同学科视角切入研究的项目多个，供学生自主选择其中一个项目开展探究活动。

拓展课程	实践作业
专题听讲：毛泽东军事思想及其时代价值	1. 收集毛泽东亲自指挥的以少胜多的著名战例，分析毛泽东怎样从敌我双方实际出发，力争主动、力避被动，按照战争的客观规律去指导战争的。这对当今现代战争具有什么重要启示？写一篇500字左右的研究报告。 2. 毛泽东以无产阶级革命家高瞻远瞩的眼光，为了打破帝国主义和修正主义的威胁，在我国经济还很困难的时期，排除一切干扰，坚持上马"两弹一星"，才使得我国能有长久的和平环境进行建设，成为世界上有分量的大国。"两弹一星"精神的内涵是什么？新时代我们怎样继承和弘扬"两弹一星"精神？怎样落实习近平强军思想？开展一次"两弹一星"精神宣讲活动。
退役火炮展区项目	"更加积极主动地瞄着明天的战争来加快发展武器装备"，为加快构建信息化战争和履行使命要求的武器装备体系，需明确设计武器装备就是设计未来战争。请针对你喜欢的武器装备，结合现代信息、物理、生物、化学、美学等多学科，根据未来新概念火炮的特征，提出一款未来火炮的设计思路（附项目设计图、设计说明）。
退役坦克展区项目	"强军之道，要在得人"，当代中学生是国家未来的生力军。请你结合历史上的、现代的战争案例，结合多因素，探讨现代战争中人与武器的关系。
退役战斗机展区项目	针对现代战斗机新科技，结合现代信息、物理、生物、化学、美学等多学科，开展诸如战斗机电磁技术、电子技术、动力技术等某个角度的深度探究。
手雷投掷体验区项目	1. 除了给手雷装上"眼睛"和"翅膀"，你们还能想到哪些改造方法呢？结合仿生技术，可以将手雷做成什么样子？这种样子的手雷又适合在什么条件下使用呢？大家在纸上构思一下。（如仿生鸟手雷、仿生鱼手雷） 2. 结合化学技术，手雷中填充不同爆炸物，又可以实现怎样的功能？大家在纸上写出两种不同的填充物，以及其能实现的作用。（如烟幕弹、燃烧弹、闪光弹） 3. 结合手雷引爆方式，如何设计引爆方式，可以达到出人意料的效果？①噪声引爆：达到不同分贝起爆；②热能起爆：环境热量达到设定值起爆。

(续表)

拓展课程	实践作业
枪支拆卸体验区项目	跨学科应用探究（选一个方向） 1. 结合物理学知识，分析枪支射击时涉及的力学原理（如牛顿运动定律、动量守恒定律）。 2. 利用化学知识，探究火药燃烧产生的能量如何转化为动能，进而推动子弹发射。 3. 借助历史学知识，研究枪支的发展史及其在战争中的作用，分析枪支对社会进程的影响。 4. 结合地理学知识，探讨不同地形和气候条件对枪支选择和使用的影响。 实践报告撰写： 撰写一份关于枪支拆卸和跨学科应用的实践报告。（跨学科枪支的应用探究的详细分析，包括物理、化学、历史、地理等方面的内容。报告应图文并茂，可附加照片、图表等辅助说明材料。实践报告应独立完成，内容真实、准确、完整。报告字数不少于1500字，格式规范，条理清晰。）
无人机体验区项目	1. 写一写：通过刚刚所讲的内容，大家再回忆一下，你还记得我国有哪些先进的无人机？ 2. 深度探究：关于无人机在未来战场的应用，你还能设计哪些发展方向呢？ （比如说：设计一款自杀式无人机，不用考虑返航问题，可以最大限度装载弹药，实现突破和定点清除的效果。再比如说，通过在军舰或航母上搭载大型无人机，可实现超远距离的无人侦察、打击任务，隐蔽性极强。）
专题学习：毛泽东诗词中的英雄形象	1. 请结合毛泽东的《沁园春·雪》，分析毛泽东评价历史人物的语言艺术，并写一篇500字左右的短文。 2. 比较毛泽东在《沁园春·雪》和《七律·长征》中所展现的英雄形象的异同，不少于500字。 3. 诗歌是诗人主观情感的产物，因此必然带有诗人个体的痕迹。请结合你熟悉的毛泽东诗词，简要分析毛泽东的形象特点。 4. 假设你要向国际观众发表一篇关于毛泽东诗词中英雄形象的演讲。请用英语准备一份演讲大纲。 5. 从历史背景的角度，阐述毛泽东创作《渔家傲·反第二次大"围剿"》和《蝶恋花·从汀州向长沙》的原因。

(续表)

拓展课程	实践作业
专题学习：毛泽东诗词中的英雄形象	6. 结合当时的历史情况，分析黄公略领导的红军在赣西南地区的活动对革命根据地发展的重要意义。 7. 毛泽东诗词中的英雄人物为了民族复兴和人民幸福不懈奋斗，体现了怎样的价值观？请结合具体诗词进行分析。 8. 探讨毛泽东诗词中所反映的革命精神对当今社会发展和实现中国梦的启示。 9. 结合地图，指出红军在《七律·长征》中所经过的山脉、河流等地理区域。 10. 分析《沁园春·雪》中所涉及的地理区域的气候特点及其对历史发展的影响。

五、场馆研学课程深度开发

（一）明晰项目开发基本内容

在场馆研学课程体系建构中，我们在整体规划的基础上，还要逐一进行主题项目开发。每个项目开发包括认知理解、实践体验、深度探究三个部分。教师在认知理解讲授中，重点引导学生探讨相关前沿科技及未来发展方向，从中理解"两弹一星"精神、北斗精神；实践体验则是充分利用基地资源进行参与体验，激发兴趣与思考；在拓展课程中，引导学生研学返程后，结合所在年级所学的学科知识，选择自己感兴趣的方向，利用综合实践活动课程，开展深度探究与实践。如下面案例所示。

【案例分享】

"现代战争中的手雷"研学主题拓展课程设计

研究的问题	具体教学内容
问题一：早期手雷的发展	手雷又被叫做手榴弹，在战场上，手雷和枪支一样，是单兵必备装备，在近距离战斗时能给敌方造成很大杀伤作用。 中国手雷的发展，从宋金战争时期的震天雷、霹雳火球，抗战时期仿制的木柄手榴弹，到51式、59式普通木柄手榴弹，再到现代常见82-2式、77-1式手榴弹，已和国外手雷技术相差不大。

（续表）

研究的问题	具体教学内容
问题二：手雷的使用及攻击原理	手雷的主要攻击方式，是战斗人员通过将手雷扔出去的方式，使手雷做抛体运动掉落在敌人附近引爆而对敌方造成杀伤作用。这种运动方式使得手雷落地距离与出手速度、出手方向有很大关系，所以对士兵的投掷能力有很高的要求。另外，这种作战方式意味着敌我双方相距较近，战斗已进入超短距离作战阶段，我方战斗人员所遭受风险也极大增加。
问题三：现代战争中的手雷	那有没有办法让手雷的作战半径更大，投掷范围更远，投掷准确度更高呢？答案是肯定的，那就是给手雷装上"眼睛"与"翅膀"，让手雷飞起来。 随着现代化作战要求越来越高，我国各类武器都在不断创新。在第13届中国国际航空航天博览会上，中国军工研发的飞行手雷彩虹817正式亮相。这款飞行手雷分为两部分：上半部分为共轴双旋翼微型飞行器，提供飞行动力；下半部分为战斗部，即炸药携带位置。飞行手雷总重800多克，载荷200～300克，每秒可飞行18米，支持15分钟飞行，理论上能飞行至16公里外轰炸目标。接下来让我们一起看看这款新型手雷。 科技的创新赋能，让手雷这种较为古老的武器，仍可在现代战争中继续发挥着作用。单个战斗人员最多可携带15枚飞行手雷，其总重量不超过15千克；也可搭配运载无人机，进行超远距离精确投放。
拓展课程	除了给手雷装上"眼睛"和"翅膀"，我们还可以结合仿生技术，将手雷改造成仿生鱼、仿生鸟，在战场上达到出其不意的目的；结合化学技术，将手雷内部填充不同爆炸物，制造出燃烧弹、催泪弹、烟幕弹等等。除此之外，大家还能想到哪一些拓展方向呢？请大家积极思考。 相信今天的课堂探究，大家对现代战争中的手雷有了初步的了解。老师布置几个探究的问题，同学们回去根据自己感兴趣的方向择其一开展深度研究。 探究作业一：除了给手雷装上"眼睛"和"翅膀"，你们还能想到哪些改造方法呢？结合仿生技术，可以将手雷做成什么样子？这种样子的手雷又适合在什么条件下使用呢？大家在纸上构思一下。（如仿生鸟手雷、仿生鱼手雷） 探究作业二：结合化学技术，手雷中填充不同爆炸物，又可以实现怎样的功能？大家在纸上写出两种不同的填充物，以及其能实现的作用。（如烟幕弹、燃烧弹、闪光弹） 探究作业三：结合手雷引爆方式，如何设计引爆方式可以达到出人意料的效果？①噪声引爆：达到不同分贝起爆；②热能起爆：环境热量达到设定值起爆。

（案例提供：林俊）

（二）深挖场馆中红色文化基因

目前的红色研学课程设计，主要问题是面面俱到，聚焦挖掘红色文化基因不够。因此，我们应在已有资源的基础上，围绕其中的资源逐一进行专题开发，深挖其中教育内涵，形成一个深度研究的课程体系。以湖南第一师范学院这一红色场馆为例，围绕毛泽东在湖南省立第一师范学校读书期间"野蛮体魄"的故事开发主题展教课程。

【案例分享】

"健康体魄砺身心"研学主题展教课程设计

教学模块	具体内容
目标设计	1. 深化学生对毛泽东体育思想的理解，培养他们对社会主义核心价值观的认同。 2. 激发学生继承和发扬革命先辈的革命精神，增强他们的责任感和使命感。 3. 使学生通过参与互动式教学活动，提高其对于体育的实践操作能力和团队协作能力。 4. 鼓励学生形成终身学习的习惯，不断追求知识和个人成长。通过展教课程，促进学生对不同学科领域知识的融合和理解。
展教过程	1. 故事导入：毛泽东在湘江游泳的故事。 2. 题材讲解 青年时期的毛泽东非常重视体育教育，他认为体育不仅是强身健体的手段，更是培养人的意志和精神的重要途径。他在实际生活中，形成了自己的体育教育理念。 全面发展：毛泽东在青年时期就提出了"德、智、体"全面发展的教育思想。他认为体育是教育的重要组成部分，与德育、智育同等重要。 增强体质：毛泽东本人非常注重体育锻炼，他通过游泳、登山、跑步等活动来增强体质。他认为强健的体魄是进行革命工作的基础。 培养意志：体育活动可以磨炼人的意志，毛泽东认为通过体育锻炼可以培养坚韧不拔、勇往直前的精神。 团队协作：体育往往需要团队合作，毛泽东强调通过体育活动培养团队精神和集体主义观念。

(续表)

教学模块	具体内容
展教过程	促进心理健康：体育锻炼有助于调节情绪，缓解压力，毛泽东认为体育对于促进心理健康同样重要。 革命精神的培养：毛泽东认为体育是培养革命精神的有效途径，通过体育锻炼可以培养敢于斗争、敢于胜利的革命精神。 体育与劳动结合：毛泽东提倡将体育锻炼与劳动结合起来，认为劳动人民通过体育活动可以更好地适应劳动的需要。 体育教育的普及：毛泽东主张体育教育应该面向全体人民，特别是青少年。国家应通过体育教育提高整个民族的身体素质。 体育与军事训练结合：在革命战争年代，毛泽东还强调体育与军事训练的结合，通过体育锻炼提高军事素质和战斗能力。 终身体育：毛泽东提倡终身体育的观念，认为体育锻炼应该伴随人的一生，不断增强体质，提高生活质量。 3. 思考讨论： (1) 了解了毛泽东的体育理念后，你有什么样的启发？ (2) 你认为毛泽东的哪些体育理念是你认同的，说说原因。 (3) 你对于现在小学生的体育能力如何评价？ (4) 你平常做了哪些运动提升自己的体育能力？
实践拓展	做"毛氏六段操"。

（案例提供：杨亲云）

（三）提炼核心红色文化基因

每个场馆的资源丰富，内容覆盖面广。红色研学课程的设计，要在学生参观展览的基础上，聚焦某个点的内容进行深度挖掘。如在肖劲光故居课程开发过程中，重点围绕肖劲光在海军建设方面的贡献进行深度研究。而在李富春故居课程开发过程中，聚焦李富春在我国经济建设方面的卓越成就，如下表所示。

教学模块	具体内容
目标设计	1. 抓住一个"富"字，深入了解李富春在经济建设方面的卓越成就。 2. 探讨李富春发展经济的诀窍，明白经济发展要尊重规律，因时因地制宜。

(续表)

教学模块	具体内容
教学过程	故事导入： 《南泥湾》歌曲脍炙人口，你知道它背后的故事吗？ 题材讲解 1. 了解当时中国贫穷落后的时代背景。 2. 了解李富春当时任国务院副总理兼国家计委主任后做出的经济发展举措及成就。 思考讨论： 李富春发展经济的诀窍是什么？（重视调查研究，尊重经济规律，注意总结经验；经济建设要从实际出发，对生产、建设、生活统筹兼顾，全面安排；重视经济效益和经济核算；注意综合平衡；积极探索；等等。）
拓展实践	"我"为长沙经济腾飞出个招。（请同学们为长沙经济发展出谋划策。）

（四）选取典型历史材料

红色场馆资源十分丰富，一般将革命人物的一生史料都陈展出来，如何在全面了解革命前辈事迹的基础上，聚焦典型历史事迹，开发专题化深度研学课程显得很重要。笔者曾经看到一个展馆开发的关于"八角楼"的课程，题目为"八角楼的三根灯芯"，表现毛泽东勤俭节约的革命品质。为了挖掘这一红色史迹的典型史料，建议题材紧扣毛泽东这一时期在八角楼所写的两篇重要著作，将主题定为"八角楼灯下写文章"，随后，笔者对这次展教课程进行设计，如下表所示。

教学模块	具体内容
目标设计	1. 了解八角楼这个革命遗迹的独特价值。 2. 领会毛泽东在八角楼写的两篇文章的意义，体会毛泽东对中国革命道路的思考：在井冈山革命斗争时期，毛泽东总结了井冈山革命根据地斗争经验，阐明了中国革命发展的规律，红色政权能够存在和发展的基本条件，提出了"工农武装割据""从农村包围城市"的光辉思想，为中国革命道路指明方向。这是毛泽东思想开始形成的一个标志，是马克思主义中国化的理论成果。

(续表)

教学模块	具体内容
教学过程	课程导入：1. 播放革命老歌《八角楼的灯光》。2. 提问：歌中唱到了"八角楼的灯光照四方，我们的毛委员在灯光下写文章"，当年毛泽东在八角楼写下了哪些著作？ 课堂讲解：毛泽东在八角楼的两篇代表著作的内容及思想价值。 1.《井冈山的斗争》分为湘赣边界的割据和八月失败、割据地区的现势两个部分。从军事问题、土地问题、政权问题、党的组织问题、革命性质问题、割据问题共六个方面介绍湘赣边界斗争的方法策略、存在的问题和取得的经验。 2. 在《中国的红色政权为什么能够存在？》中，毛泽东指明了在反动统治薄弱的农村积聚力量，实行工农武装割据，以农村包围城市，最后夺取城市取得全国政权的道路。 在井冈山革命斗争时期，毛泽东总结了井冈山革命根据地斗争经验，阐明了中国革命发展的规律，红色政权能够存在和发展的基本条件，提出了"工农武装割据""从农村包围城市"的光辉思想，为中国革命道路指明方向。这是毛泽东思想开始形成的一个标志，是马克思主义中国化的理论成果。 思考讨论：为什么说这些著作指出了胜利的方向？
拓展实践	1. 学习并传唱歌曲《八角楼的灯光》及当年红军在井冈山传唱的歌曲。 2. 宣讲故事：收集、编讲毛泽东和革命队伍在井冈山的故事。

（五）建立红色资源与学科及实践的关联

研学实践作为综合实践活动课程的一个部分，具有整合应用学科知识的特征。在研学课程设计中，要建立研学课程与学科教学内容的关联，使之成为学校课程内容的重要组成。

1. 前置课程、基地课程、拓展课程联动

红色资源与学科课程深度关联，首先是建立前置课程、基地课程、拓展课程之间的关联。在红色研学课程实施中，根据不同学生的年龄特征建构实施体系，整合资源与学科内容，由简渐繁，由学校到基地，符合学生的认知规律。我们可以通过前置课程植入知识背景，建立与历史、思政等学科的关联，植入方法知识，建立与科学、理化等学科知识的关联，植入技能学习，建立劳动课程的关联等。在拓展课程中，更是要建立和每一个学科的关联。学校可利用综合实践主题确定课、活动策划课、方法指导课、交流评价课等方式进行课堂行前、拓展活动的集中指导，与红色基地、场馆要形成有效互动关联，实现课程育人目标。

2. 学校、社会、家庭教育联动

在红色研学课程实施中，我们要建立校社家协同育人体系。学校层面，将红色文化资源与思想政治课等教学相结合，找准红色文化与教学内容之间的契合点，做好红色文化知识的迁移，引导学生将红色精神内化为担当的自觉，外化为实际的行动；社会层面，以场馆基地为核心，带领学生亲身体验并接受红色精神洗礼，使爱国主义情感深入学生的心灵；家庭层面，支持红色研学与实践活动，为学生追寻伟人的革命足迹，自觉树立起为强国建设、民族复兴伟业而努力奋斗的爱国情怀提供支持与帮助。

3. 参观学习、实践、生活应用联动

以红色课程为依托，建立价值体认、责任担当、科学精神、法治意识、公共参与五者之间有机联系。在"价值体认"中，通过参观学习毛泽东等老一辈无产阶级革命家的革命事迹，增强对国家、对民族文化的认同感，树立为国奉献的理想信念。在"责任担当"中，通过学习毛泽东等老一辈无产阶级革命家立志求索的故事，学习他们坚如磐石的理想信仰、艰苦奋斗的优良作风与淬火成钢的精神品质，进一步明确历史与时代赋予青少年学生的社会使命。在"科学精神"中，通过学习毛泽东探索中国革命道路的历程，懂得毛泽东思想是马克思主义基本原理与中国具体实际相结合的精神结晶，从中学习实事求是的科学精神，并学习实践应用社会调查等社会科学研究方法。学生在社会环境中针对感兴趣的社会现象进行调查和访谈，能够对调查数据进行多层次的整理和分析，初步学会根据调查数据分析问题的现象和本质，提出有意义的建议。在"法治意识"中，增强高中生的法治思维和法治观念，进而自觉形成保护和传承红色文化的良好行为。在"公共参与"中，学生形成融入社会的能力，尤其是将现代前沿科技与创新能力培养目标融入其中，在对红色文化进行考察探究中，在观察、记录和思考中，形成理性思维和勇于探究的创新精神。下面是主题研学课程模型构建的案例分享。

【案例分享】

"红军播撒革命种　代代相传勤耕耘"主题研学课程模型设计

课程设计	具体内容
背景分析	湖南第一师范学院第二附属小学（后文简称"一师二附小"）始建于1903年，具有悠久的历史和光荣的革命传统。毛泽东、任弼时、何叔衡等一大批无产阶级革命家在这里学习工作和从事革命活动。1920年夏，青年毛泽东担任一师二附小主事（相当于现在的校长），在"万般皆下品，唯有读书高"旧思想的笼罩下，毛泽东独辟蹊径，力主实施劳动教育。他经常教育学生要热爱劳动，尊敬劳动人民，还开辟了一些菜地、花圃，饲养了20多头猪。师生以班为单位每周轮流开展劳动。毛泽东、陈章甫还带动了全校师生养成自己洗衣的习惯。学校还组织了"工学互助团"，办起了印刷室，师生一道动手，利用课余时间轮流做工，形成了人人爱劳动的好风气。 红色劳动精神已深深植根于历代附小人的基因中。学校经常会利用无作业日和双休、节假日引导学生尝试各种各样的劳动实践活动。可学校场地小、学生人数多，劳动教育场地缺失的问题，限制了劳动综合实践项目的实施。基于新时期劳动教育具有开放性、实践性、综合性等特征，我校通过考量，将传统特色与时代要求相结合，选择了综合主题下学校基地互动研学模式深入研究，构建了校内外劳动教育综合主题"红军播撒革命种　代代相传勤耕耘"课程。
顶层设计	（一）开发原则 1. 多学科融合 2. 家校协同育人 3. 劳动教育与红色基因结合 （二）课程目标 1. 提高学生的劳动能力、团队协作能力和沟通能力，培养创新精神。 2. 转变教师的教育理念，提升课程开发能力，促进学科教学方式的变革。 3. 将学校革命传统教育与现代劳动教育相结合，创新新时代劳动教育。 4. 促进师生树立正确的劳动观。培养实事求是、敢闯新路的井冈山精神，乐于吃苦、不惧艰难的长征精神，自力更生、艰苦奋斗的延安精神。 （三）框架构建 1. 整体框架构建，让思路更明晰 本项目组研究了学校的红色历史，根据一师二附小名人所生活的年代，根据学校历史文化变迁，最终选择了最具特色的三个历史时期建构课程体系，分项目组命名由此而生，分别为"井冈山"组、"长征"组、"延安"组。

(续表)

教学模块	具体内容		
顶层设计	之后，项目组老师继续思考，认为这样的框架似乎少了点什么，我们只关注到了革命历史时期，没有将新时代背景融入课程框架里，于是项目组命名就更改为"井冈山+"组、"长征+"组、"延安+"组。其中"+课程"寓意着新时代，用意是将革命精神传承与新时代的劳动精神、劳模精神、工匠精神培育结合，体现劳动实践综合育人的价值。 2. 项目组框架构建，让内容更充实 有了整体框架的思路，各项目组就开始了个性化构建。		
	项目组	精神提炼	课程主题
	井冈+组	实事求是 敢闯新路	红色井冈润心田
	长征+组	乐于吃苦 不惧艰难	红军不怕远征难
	延安+组	自力更生 艰苦奋斗	延安精神广传承
	接下来，三个项目组分组收集可种植的作物，充实活动主题，确定活动形式和活动场所，商讨物化成果，最终完成框架构建。 3. 关联点构建，让设计更科学 在建构课程时，我们不仅做到了思路明晰，内容丰富，更重要的是我们找到了传统红色文化教育与劳动教育的关联点，将多学科进行了深度融合，从课程框架中能看出，我们构建的课程内容纵向有深度，横向有广度，结构完整，体系呈螺旋上升序列。充分体现出课程内容设计的科学性。		
课程实施	前置课程、基地课程、后拓课程三个板块		
	阶段	参与主体	实施路径
	前置课程	学校	1. 多学科参与 2. 多角色参与 3. 多方位探究
	基地课程	基地	1. 构建基地劳动场景 2. 开展劳动实践活动 3. 基于问题优化课程
	后拓课程	学校 家庭	1. 构建家校小场景 2. 劳动成果深加工 3. 分享推广促交流

（续表）

教学模块	具体内容
价值意义	1. 实践成效 （1）学生层面：树立了正确的劳动观；提高了劳动能力、团队协作能力和沟通能力；提供了一种新的求知方法和路径，培养了学生的创新精神。 （2）教师层面：转变了教育理念，提升了开发课程能力，促进了学科教学方式的变革。 2. 理论成效 （1）打造了具有学校特色的，"一校一品"结构完整、序列上升的课程体系。 （2）探索了新时期劳动教育五育融合、家校协同的课程实施模型。 教育家苏霍姆林斯基说过："离开劳动，不可能有真正的教育。"教育的最终目的是让学生拥有一生幸福的能力，我校通过校内外劳动实践课程模型构建，以劳赋能、以劳树德、以劳启智、以劳育美，探索新时代劳动教育的新方向。

（案例提供：刘娴）

第五节　例谈校社家协同育人研学精品线路课程开发策略

本节将以麓谷岳兴小学教师邓婷指导班级开展的一次精品线路主题研学活动"走进古城古村，领略古风古情"为例，分享教师在研学活动中的指导策略。

研学是综合实践活动课程的重要内容，以问题为驱动，学生主动参与，在真实情境中体验、探究。一次完整的研学活动经历三个阶段，即研学前，研学中，研学后。在这三个阶段中，教师都发挥着重要的指导作用，但每一个阶段教师应为的和可为的都各有不同。接下来让我们一起走进案例，感受教师指导策略的不同。

一、第一阶段：研学前期

研学课程特别注重学生的主体地位，主题源自学生，学生合作制订活动方案，教师在这个过程中给予指导：提前多方了解与主题相关的资料，全面评估指导线路课程设计，评估出行安全系数，及时反馈指导。

（一）评估修正活动主题

我校向来对学生假期开展实践活动推崇备至，鼓励学生读万卷书行万里路，学生也会把自己的活动过程记录在我校自主编订的"小鹿探世界"实践手册上。在开学第一周的综合实践活动课上，同学们主动分享自己的假期实践活动，其中一名同学分享她在凤凰古镇游玩的经历激发了全班同学对古镇强烈的探究兴趣。有同学说："听说凤凰的建筑很有特色，我想去看一看。"有同学们提出疑问："我们湖南还有其他的古城古村吗？其他地方又有怎样的特点呢？""我对这里的雕窗很感兴趣，很想去体验一下。"既然有兴趣，我便引导孩子们多方搜集古镇的相关资料。从收集结果来看，靖港古镇、凤凰古镇、黔阳古城、高椅古村纷纷进入孩子们视野。经过多次讨论后，我们确定了"走进古城古村，领略古风古情"的研学旅行活动主题。

在这个过程中教师也应搜集资料对主题进行评估。其实在主题确定课上，学生想要探究的主题很多，如"走进江永女书""研究寻根文化""研究湖南美食"……但这些主题或太大，或缺乏探究价值，或难以分解，或需要关联探究。如"研究寻根文化"活动，这个主题非常有价值，包括了宗族文化、孝悌文化、乡村文化等，这其实和古城古村的主题有一定的关联，可以结合形成主题。

所以，就笔者来看，教师在帮助学生最终确定主题之前一定要充分搜集资料，深入思考各主体之间的关联性，主题本身是否有价值，分解的小主题是否具有探究性和体验性，思考探究的过程中是否容易有新的话题生成等。

（二）评估指导课程设计

确定了研学主题，接下来我们就要开始研学线路课程设计，这也是研学前置课程阶段的重中之重。在课程设计环节，教师仍要充分搜集资料，明确研学目标，确定研学目的地，聚焦研究角度，规划研学线路。

1. 明确研学目标

经过师生讨论，我们从四个维度设计了活动目标，围绕古城古村的建筑特色开展专题探究活动。

价值体认：了解古城古村的建筑文化，领略古风古情，增加对传统文化的了解。激发对古城古村的热爱之情，传承发扬中华优秀传统文化。

责任担当：培养合作探究意识，提高自我管理、团队合作能力，在体验与探究中获得文化认同感。

问题解决：了解古城古村的现状，发现问题，并尝试利用活动过程中的研学所得为古城古村的保护与发展提出切实可行的建议。

创意物化：通过制作电子相册等方式将研学所得汇报展示，形成既科学又能起到宣传作用的研究成果。

2. 确定研学目的地

有了活动目标，我们便开始进行研学目的地的选择。湖南省内，包括长沙市在内的古城古村很多，到底去哪里研学呢？学生通过查找资料等方式提供了多个研学目的地，研学点的选择决定了内容构成，教师仍然要充分搜集资料，有条件的最好要实地考察，对接当地资源，这样才能更好地引导学生选择研学点。评估研学目的地时应充分考虑到以下几点：

古城古村不分好坏高下，我们要引导学生选择最具典型、最契合研学目标的站点。在活动策划课上，同学们提供了永州龙溪李家大院等多个目的地，但它们在建筑文化方面都不够有特色，难以根据研学目标设计研学活动或者体验性欠缺，活动探究性不够。

黔阳古城、洪江古商城、高椅古村都有少数民族在此居住聚集，都保留着较为完整的古城风貌，民风民情相似度高，但是黔阳古城作为边陲重镇，相对来说更恢宏大气。洪江古商城保留着较为浓厚的商业气息，而高椅古村更多的是结合地理位置保留了较优美的生态环境和富有哲理化风格的建筑布局。三个目的地之间相互协同，互为依托与补充。

研学目的地要考虑到活动开展时间，具体项目时间的安排是否适合设计主题相符合的实践活动，还要考虑到当地的接待能力与基础设施情况，确保研学活动的质量。

综合考虑，邓婷老师和学生们最终确定了他们的研学目的地——洪江古商城、高椅古村、黔阳古城。

3. 评估聚焦研究角度

确定了研学目的地，聚焦每一站的研究角度顺理成章。针对这三个地方的特色，教师继续引导提问，并帮助学生梳理出以下研究角度。

洪江古商城：古城历史、古城建筑特点、古城商业文化、古城现状。黔阳古城：古城历史、古城建筑特点、古城街道布局、古城民俗、古城现状。高椅古村：古村历史、古村建筑、古村民俗、古村装饰文化、古村现状。

研究角度在一定程度上决定研学内容的质量，故教师一定要从多方面进行评估，主题是否集中又相互关联，是否具有研究价值，是否能设计出体验活动。

4. 规划研学线路

清楚每一站的研究方向并不代表我们研学前置阶段的课程设计结束，此次我们的研学地点有三处，线路设计也很重要。学生一筹莫展。我启发孩子们要想清楚以什么样的方式先去哪里，再去哪里，去了之后希望有什么收获。孩子们开始讨论起来："这三个地方都在怀化，坐高铁应该会很快，我可以回去查查时间……"孩子们兴致盎然，他们通过网上查找资料，并请教家长，设计出合理的活动线路。

（三）评估安全系数

安全重于泰山，在研学旅行活动中教师要更注意进行安全评估，如对交通安全、饮食安全、住宿安全的评估。教师事先进行评估，才能和学生制定出更为完善的安全预案。只有全方位地评估学生研学的安全预案，并在前置课程中进行进一步的指导，才能让外出研学更扎实、更有效、更安全。

二、第二阶段：研学中

有了周密的策划，邓婷老师和学生们于2021年9月21日到23日去了怀化，开展"走进古城古村、领略古风古情"的研学活动。在这个过程中，孩子们收获颇多。在此，笔者重点从五个方面谈谈研学课程实施过程中教师的指导策略。

（一）指导策略一：仔细观察，记录发现点

黔阳古城是孩子们的第一站。一下车，这群好奇宝宝们就冲进古城，他们一边睁大着眼睛打量着这个他们从未踏足过的小城，一边吃着从未品尝过的美食。兴趣是最好的老师，看来，孩子们必定能有所收获。但是没过多久，孩子们便开始百无聊赖地走着了，嚷嚷着转向下一个目的地。这时，我便把大家召集在一起，提前进行第一阶段的分享交流，请孩子们说说自己所见所得。有的孩子说房子很有特色，当追问孩子们特色在哪里时，孩子们纷

纷摇头。这完全没有达到研学旅行的目的。于是，我告诉孩子们，要想真正了解一座城，一定要用眼睛去观察，用心灵去感受，用语言去建立与这座城市的联系点，并要求孩子们随时记录发现的问题。

在我的建议下，孩子们再次走入了这座古城。这次，他们没有走马观花，有学生采访了在路边清洗生姜的老奶奶，询问奶奶所住房子的情况，有学生记录了经过的每个景点的相关情况，还有同学还惦记着一开始吃过的柚子糖，直接跑过去向老板请教做法。

学生们有了感兴趣的事物，就有了深入探究的问题。

（二）指导策略二：挖掘主题，明确探究点

在研学过程中，孩子们渐渐发现了黔阳古城、洪江古商城、高椅古村这三个地方都有一种特殊的居民建筑——窨子屋。发现了这个"新大陆"，孩子们欣喜若狂，我便引导孩子们挖掘主题，探究窨子屋的建筑特色，孩子们纷纷开展各种探究活动。

有的孩子通过实地考察，发现这三个地方的窨子屋有很多的不同点，尤其是洪江古商城的窨子屋具有明显的商业性质，外墙上还有嵌着会馆烙印，屋内有地下通道，以应对匪患和其他危机，可见当时商人的艰辛。有的孩子通过查阅景点资料，了解到窨子屋的高墙也称为"封火墙"，可防匪防盗防火。有的孩子询问当地居民，知道了窨子屋内为木质房舍，冬暖夏凉，住着可舒服了。而高椅古村的窨子屋门内有门，要有贵客来了才会开。

窨子屋历史悠久，文化深远，是古城古村的代表作，是传统特色建筑。于是，我引导孩子们根据自己的兴趣，从各个角度画一画所见到的窨子屋。孩子们兴致盎然，其中殷怡恒同学还画了两幅呢。由此可见，这些古色古香的建筑在他们心底留下了美好而深刻的记忆。

（三）指导策略三：积极体验，深究疑问点

随着研学进程的发展，孩子们的探究更细致了，雕窗、格扇进入了孩子们的视野中。尤其是在高椅古村时，孩子们认真聆听着导游给他们讲解雕窗上的图案，知道了倒挂着的蝙蝠意味着"福到"，梅花寓意"喜上眉梢"，鹿的嘴中衔着花寓意"一路发"。孩子们眼中闪烁着光芒，迫不及待想去了解建筑上的雕窗文化，可导游所知有限，在走向一间雕窗上贴有剪纸窗花的民居时，发现一位老奶奶坐在门边，我鼓励孩子们深究心中的疑问，去向这位充满生活智慧的奶奶取经。求知若渴的孩子们纷纷请教：请问这个雕窗上的图案是什么，是否有什么特殊寓意？龙鹏宇的提问更是让我大为欣赏：请问雕窗上的图案可以随意雕刻吗？通过杨奶奶的回答，孩子们了解到：一般农户会雕刻鸡鸭猪狗，寓意六畜兴旺；有文化有地位的人雕刻麒麟、狮子、龙凤、牡丹等，寓意富贵绵长、子孙兴旺……因社会分工不同，雕窗类型也多种多样，雕窗文化映射出此地的耕读文化。

（四）指导策略四：广泛涉猎，放大兴趣点

在了解雕窗时，孩子们知道了剪纸窗花也有丰富多彩的内容，戏剧人物、历史传说、花鸟虫鱼、山水风景都可以成为其表现内容，看着孩子们意犹未尽的神情，我便与杨奶奶沟通，让孩子们跟着她学学剪纸窗花。孩子们纷纷去选取自己喜欢的窗花图案开始学起来。看着孩子们专注的眼神，我想，教师的作用不应只是教学问，而应在于培养学生有爱好学问的兴趣，并且要运用各种方式，让孩子们获得多种体验。

一路走来，孩子们有着很多的思考。如有同学发现了黔阳古城几乎每家每户都摆放了很多石头，百思不得其解，于是老师带着孩子们走进奇石馆，了解到这些石头多是沅江的冲击石，收藏奇石是这里流传许久的习俗，居民们因为由衷喜爱而收藏，奇石点缀这房子，丰富了这里的建筑文化。

又比如，在对比分析古城古村的建筑之后，有孩子产生了疑问：为什么这些房子要一户紧挨着一户？为什么要花钱修马头墙防火，直接建远一点自然防火就好了啊？于是，就此话题，孩子们采访了高椅古村村民委员会主任，并得到了问题的答案。

在体验基础之上的专题研究活动中，学生们广泛涉猎，不断拓宽视野，生成新的话题，可谓精彩不断。

（五）指导策略五：总结升华，建立情感点

活动结束后，我便引导学生就研学过程中的收获、体验进行梳理、总结，使之条理化、序列化、规范化，并重点引导孩子们建立体验与情感之间的联系点。一方面，我鼓励孩子们就古城古村的保护开展力所能及的活动，另一方面我引导孩子们对古城古村落璀璨的文化艺术进行广泛宣传，从而进一步激发对古城古村的热爱之情，对中华优秀传统文化的热爱之情。

三、第三阶段：研学后

外出研学回来后，同学们继续整理归纳阶段交流所得，在总结交流课上进行了总结交流，教师、学生、家长对此次活动进行相互评价。

那么在研学后置阶段，教师除了指导交流评价，还有什么可为的呢？带着学生复盘此次活动，完善线路课程设计，进一步巩固研学思维成果，仍具有重大意义。

黔阳古城作为当地的大气恢宏的古建筑群，作为当地的经济中心，文化更多元，牌楼更多，建筑布局非常有讲究。洪江古商城的商业建筑样式颇有深意，七冲八巷九条街的商业布局值得一探究竟。而高椅古村的地势偏远，平添了神秘色彩，建筑文化映射出耕读传承的思想。以五通庙为中心的建筑布局颇有哲学思考。三地建筑既有共同点，又承载着不同的功能，充分体现先人因地制宜的智慧。对三地的了解越深，我们的探究之路指向更为集中明确——建筑文化。

研学后，学生围绕建筑文化更加细化了研究角度：

洪江古商城：古城历史、古城现状、古城建筑构造、古城建筑布局、古城建筑作用、古城建筑复原与保护。

黔阳古城：古城历史、古城建筑构造与建筑布局、古城牌楼文化、古城排水系统、古城商业会馆、古城奇石文化、古城根雕文化。

高椅古村：古村历史、古村现状、古村建筑构造与建筑布局、古村装饰文化、古村耕读文化、古村雕窗文化。

这时，学生提出的问题也更为有深度：名人文化、宗庙文化、民俗文化是如何体现在黔阳古城的建筑布局的？洪江古商城七冲八巷九条街布局怎样服务于商业？高椅古村以五通庙为中心的五个自然村落又有着怎样的内涵？

完善后的课程站位更高，更加宏观，内容更为实在丰富，在开展文化考察类研学活动时都可借鉴迁移。

回顾这次活动，教师坚定这是应为之事，故在整个过程中行可为之事，活动结束后，自然有效果，师生有所作为。

于学生而言，他们的核心素养得到提升，这在后来一次又一次的古城古村系列研学活动中得到不断印证。后来，我们去了绥宁的大园苗寨探访古建筑群，在上堡古国讲述着上堡故事，在武冈的古村落体验民风民俗。我们继续走进古城古村，继续构建着我们古城古村的线路课程体系。

于教师而言，成长更是看得见。

（一）研学融合，转变理念

教师从研学前到研学中再到研学后，敏感地捕捉指导方向，给予针对性指导。尤其是在研学过程中，学生们发现点的记录、探究点的明确、疑问点的深究、兴趣点的放大、情感点的建立，都是在教师跟进学生、观察学生的过程中发现契机并随时指导的。这一过程有效提升了教师的课程开发能力和课堂驾驭能力，极大转变了教师的教学理念，让教师对教学方式的改变有了更深的理解。

（二）自省求索，拓展深度

此次活动中，教师和学生们一起领略到古风古情，被中华传统文化的魅力深深吸引。作为教师，其自身素养得到提升，知识结构在活动中得到重构，也让其认识到"知行合一"才能更好地引领学生们领略、传承与发扬大美中华的优秀传统文化。

（三）合作探究，增强情感

在这次研学活动中，笔者了解到邓婷老师和学生们同吃同住同研，无形之中增强了教师和学生之间的情感，教师不仅仅是教师，还是学生的朋友，是他们的同路人。在领略古风古情时，教师也对古城古村产生了深厚的情感。后来邓婷老师再一次重走当年的研学路线，发现洪江古商城通过更新商业运作模式（如晚上开启投屏小电影），宣传古城文化，黔阳古城想方设法修复道路与建筑，高椅古村又挖掘了新的研究点，她想如果再去开展这条线路活动，古城古村的课程体系又能得到更新，她会再带着新一届的学生继续在古城古村中领略建筑之巧、民俗之妙、文化之美。他们的古城探究之旅会一直走下去。

第四章
校社家协同育人研学课程实施模式与路径

本章主要从全新的角度，阐述与学科深度融合的综合性研学主题基地课程、精品线路课程组织与实施的基本过程与指导要点。

第一节 跨学科整合的校社家协同育人常态化研学模式

二十多年来，笔者一直潜心研究综合实践活动课程体系建设。自2014年以来，笔者在获得国家级优秀教学成果奖的基础上，逐步建立综合实践活动课程先进理念引领下的学校跨学科综合育人体系，建构了跨学科整合的校社家协同育人常态化研学模式。

一、建设跨学科整合的研学课程新体系

研学课程建设，我们将其放在综合实践活动课程框架下来讨论。为探究学校建立德智体美劳五育融合的研学课程体系的基本方法，笔者在实践中主要采取如下措施与步骤。

（一）确立开发原则

研制学校研学主题课程开发的六大原则，即因校制宜，一校一品；因时制宜，系统建构；因地制宜，独具特色；多段覆盖，梯级上升；统一主题，五育融合；校内校外，一体设计。原则的确立，为学校综合主题课程体系建设提出了要求和规范，也提供了方向和方法。

（二）设计开发工具

设计学校整体开发课程内容的工具，即从四级结构"领域—模块—主题—项目"进行工具的开发，为学校提供了综合主题体系开发的路径和课程形态。

（三）设计开发路径

笔者在研究学校课程规划设计时，总结了四步开发路径：第一步，分析学校资源及需求；第二步，提炼学校课程特色与主题；第三步，建构特色主题与学校育人理念之间的联系点；第四步，设计富有层次的课程内容体系。

在序列开发课程体系层面，内容要具有进阶性、递进性、关联性。第一方面是区域层面，要整合课程内容结构，通过研究建立方法体系，形成研学课程体系框架。第二方面是学校层面，保持课程内容在时间上的连续性和系统性，要处理好学期之间、学年之间、学段之间活动内容的有机衔接与联系，构建科学合理的活动主题序列，如社会优质资源的多方利用、研究主题的多方涉猎、活动方式的全面观照、长短主题的结合安排、校社家协同育人路径的统一规划等。深入分析学生的年龄特征和发展要求，结合学校的办学理念和办学特色，将学校研学课程内容进行系统建构，可以是不同学段不同主题的构建，也可以是同一主题在不同学段中进行层级性的序列建构。小学阶段一到六年级、中学阶段七到九年级进行序列化安排，由易入难、由浅入深，循序渐进，螺旋上升，体现课程的连续性，反映学生成长需求，促进学生的综合素质持续发展。如宁乡市五里堆中学选用长主题"指尖上的面点艺术"课程分为"探包之源""研包之技""食包之味""创包之型"四个模块，根据低、中、高三个学段的不同学情设计有层次、有梯度的课程。这一课程体系，涵盖了研学课程、智育课程、美育课程等，体现五育融合，注重研学活动类型的多样性，包括考察探究、设计制作、职业体验、社会服务等，通过校、社、家多方联动，运用多样的学习方式，让学生在开放、动态、主动的实践环境中健康快乐成长。第三方面是教师层面，指导学生经历主题完整的探究过程，活动内容由简单走向复杂，使活动主题向纵深发展，不断丰富活动内容，拓展活动范围，促进学生综合素质的持续发展。第四方面是学生层面，在经历基于问题解决的主题探究过程中，学生应掌握过程中的关键。

(四) 提炼开发策略

整合主题体系策略具体为：第一，建构研学与学科课程深度整合的课程体系，建立研学主题与各年级学科内容的关联。如"植物探究"主题，将小学一至六年级的科学学科内容中关于植物的内容整合在主题中；第二，构建研学与劳动教育主题项目群融合的主题体系，一方面将劳动教育十大主题群统一到综合实践主题中整体设计，另一方面，围绕"日常生活劳动实践""农林劳动实践""工艺技术实践""工业制造实践""创新劳动实践""职业体验实践"六大模块建构主题内容体系；第三，建立研学融合实践活动与各类专题整合的主题体系，如以红色文化为核心领域的主题序列建构，以民俗与食育文化为核心领域的主题序列建构，以社会主义先进文化为核心领域的主题序列建构等。以长沙市为例，结合周边基地和自然资源，建构了游美丽乡镇、学工业智造、承革命传统、探特色农业、赏湖湘文化、览魅力古城、寻名人故里、习非遗绝学、探美好河山、做科技创客、研国际理解、寻文明足迹等多个主题课程模块。此外，在学校课程开发路径层面，学校研学课程内容规划，应立足研学课程文化建设，探索综合育人、实践育人、文化育人、活动育人的规律和特点。在课程规划时，建构其与各类优质资源整合、与各专项教育整合、与研学旅行整合、与党团队教育活动整合，与劳动教育、各学科课程高度关联，不同要素彼此渗透、融会贯通的序列化课程内容体系。

二、建设校社家协同育人新机制

在研学协同育人机制形成过程中，政府、学校、社会、家庭将课程资源有效整合，并通过课程实施的方式，开展联动育人研学活动。

(一) 深化校社家联动实施模式

一是发挥学校主导作用。学校根据学生年龄特点，对综合实践活动进行整体设计、系统规划，制订综合实践活动实施方案，探索了同一主题开展过程中，纳入常态课时计划、与研学统一规划、与学科教学深度融合、与三点半课程整体设计、与学校文化活动协调一致、与家务劳动及亲子活动联动安排的实施路径。二是将家务劳动纳入学校主题课程管理范畴，制定与主题统一的家务劳动指南，布置家庭劳动任务、寒暑假劳动作业。三是发挥社会支持作用。强化政府统筹作用，充分调动社会力量，积极引导企业、公司、工厂、农场等参与综合实践活动资源开发，开放实践场所；鼓励工会、共青团、妇联等群团组织和各类公益基金会、社会福利组织创造条件，为学生参加志愿服务和参与社区治理提供更多的平台与机会，共同营造了关心和支持综合实践活动的社会氛围。

【案例分享】

岳麓区实验小学学校基地互动研学模式四步路径

在高效互动实施的过程中，我们走出了这样一条路径："走出去"——对接基地资源；"迎进来"——将基地资源投入课程开发中；"齐步走"——学校基地共同实施课程，对学生进行评价；"回头看"——学校基地进行经验提炼和项目迭代升级。

一是"走出去"——对接基地资源。确定好项目主题后，学校项目组织团队和基地进行密切对接，了解基地可提供的课程资源，进行课程前期设计准备。基地团队了解学校师生需求，根据学校需求制作研学手册，制定了学校专属的体验项目，并在研学过程中融合了调查学习、实践体验的环节，让学生们初步掌握制定参观计划、亲身体验、实验操作等研学的方法。

在"香气飘飘"课程开发过程中，我带着学校项目组团队成员前往长沙县飘峰一所自然学校进行考察。在基地负责人的带领下，我们考察了香料种植情况，了解了香料的不同种类和种植环境，明确了在学校劳动实践基地"香乐园"可以种植的香料品种。同时也和基地专家对接了香料基地课程，如提取纯露、香茶制作、香料饰品制作等。基地的香料专家还来校对孩子们的项目研究进行专门指导。

二是"迎进来"——实施前置课程。我们邀请基地教师参与学校前置课程设计，共同研发了"三大课型+两类活动"的学校基地互动研学模式课程实施模型。其中，三大课型包括了知识储备课、行前准备课和后续拓展课，两类活动是指实践体验活动以及产品推广活动，共14课时。这些课程也是分时段有序实施的，前置课程在学校完成，活动课程在基地进行，循环往复，多轮互动。

在"鲜花有礼"课程中，以二年级"花饼有礼"课程为例，我们实施了为期一个月的前置课程。在百花齐放常识课上，孩子们在教师的指导下搜集资料，初步了解鲜花的基础知识；在感恩礼仪课上，我们了解礼仪常识，撰写情意动人的感恩词；在包装设计课上，孩子们自主设计花饼包装礼盒；在花饼的制作课上，我们掌握花饼的制作方法与操作流程；在行前准备课上，我们策划活动细节，掌握研究方法，熟悉活动方式，进行出行策划、安全宣讲等。

在"碳中和"课程中，一年级的研究主题是举办一场幼儿园"碳中和"宣讲会。孩子们和项目组教师一起进行头脑风暴，商定了这些流程：制作宣讲会课件、扎染作品；通过基地研学实验，填写好家庭碳排放量表；设计一份宣讲会方案、学习一首碳中和问答歌、创作一个情景剧剧本。在前置课程上，教师需要提供必要的教学支持来帮助学生获取内容、技能和资料。在数学课上，学生进行生活中的碳排放分类学习；在语文课上学习《问答歌》；在综合实践课上进行宣讲会准备；在美术课上，进行宣讲会的海报设计。

三是"齐步走"实施研学课程。研学是课程实施的重要载体。在基地体验符合学情和实际的项目，可以将素质教育实体化可视化，填补学校教育中的空白。在这个过程中，学校和基地遵循"放手"的原则。

依旧以"碳中和"课程为例，一年级的研究主题是举办一场幼儿园"碳中和"宣讲会。为了了解碳排放量，孩子们来到洋湖沃野自然学校，制作自然笔记，并参观碳排放量专题展览，了解到要吃本地蔬菜的原因是外地运输的蔬菜在运输过程中会产生很多的碳排放量。孩子们经过前置课程的学习后，再次来到基地，进行扎染制作。采用天然染料制作的扎染作品减少了碳排放量，在基地制作出的产品也成了幼儿园"碳中和"宣讲会中的最佳奖品。

通过前期的对比调研，同学们选择在邴原文化园开展实践活动。在开营仪式上，基地教官既强调了研学课程的纪律，又明确了学习任务，同时让学生认识到本次研学的重要意义，令人充满期待。教师、教官、家长和学生一起明确学习任务，在基地导师的带领下，分小组开展提取纯露实验，制作可口的鲜花饼，创作美丽的扎染作品，家长学生参与互动。等待成品的间隙，孩子们拿出家长协助准备的各种材料，精心设计礼物外包装，创意十足。在制作过程中，孩子们既分工又合作，在实验中仔细观察，耐心记录。一份份鲜花饼的出炉、一滴滴纯露的汇聚都令孩子们雀跃不已。在闭营仪式上，家长、教师一起对孩子们进行过程性和表现性评价。这次基地研学，培养了学生团队合作、考察探究、实验设计、沟通表达等多个维度的能力。

四是"回头看"——进行课程反思。基地课程结束后，师生们对花儿的探寻热情达到了新高峰，纷纷探寻鲜花食品的制作工艺。学校可食用花卉培育种植的后拓课程也如期展开。孩子们把后拓课置课程和研学活动中对花的探究成果综合起来，把研究面拓展至花卉的种植和应用层面。学生在基于真实需求调研的基础上，在具体的情境中，以任务驱动，探究、解决真实问题。例如，学校门口天桥建设要对天桥周边绿化带和学校围墙进行绿化设计。请你结合学校文化，设计一个花卉种植方案。孩子们将再次前往基地，进行土壤的配比，不同花卉种植季节、种植技巧的探究。

正是这些"走出去—迎进来—齐步走—回头看"的关键路径贯穿课程研发设计、实施的全过程，让学校和基地的联系真正"建"了起来，让研学互动有了统一的理念，指向了不同的任务，落实了实践的方法。

（案例提供：吴静）

（二）创新校社家协同育人教师资源

协同育人教师资源建设，要建立特聘制度，动员社会力量积极参与，聘请高校教师、劳动模范、能工巧匠、非物质文化遗产代表性项目传承人和有一技之长的学校优秀教职工、社会人才等担任劳动实践特聘教师或指导老师。如开福区新竹二小、岳麓区实验小学、岳麓区博才白鹤小学等一大批学校聘请校外专业人士组建综合实践活动师资团队，开福区金鹰小学根据课程教学内容给校内、校外教师定岗，确定了基础型岗位、技能型岗位、综合型岗位、工匠型岗位、生产劳动型岗位，且每个岗位都有各自的能力目标和评价方式，并对教师队伍进行有针对性的培训，为综合实践活动的师资提供有力保障。

（三）建构校社家协同育人常态实施的模型

笔者结合研学课程目标及特征，结合研学五育融合的内容体系，构建了以研学为抓手的综合实践活动校社家实施多类模型："学校基地互动研学模式""学校、家庭、社会、基地四方联动模式""学校社区互动模式"。以上三类协同育人模式充分挖掘家庭、社区、社会的优质课程资源，将优质资源课程化后纳入学校育人课程体系，形成了以学校课程为依托的，以学校为组织主体的校社家协同育人体系。三类协同育人模式具体分类与路径描述情况如下表所示。

模式类型	模式分类	实施路径	特征
学校基地互动研学模式	方式一：主题某环节双向互动模式	学校+家庭—基地—学校+家庭	统一主题下单个主题基地一次互动
	方式二：主题精品线路联动模式	学校+家庭—基地1—基地2—学校+家庭	统一主题下的多基地互动
	方式三：长主题双向多轮互动模式	学校+家庭—基地（第1次）—基地（第N次）—学校+家庭	统一主题下的一个基地多轮互动
学校、家庭、基地、社会四方联动模式	方式四：项目引领，多方联动模式	主题活动、项目前置课程、后拓课程由家庭、学校完成，基地进行一次实践体验活动项目，制作的产品开展社会服务活动。	围绕一个主题或项目的四方一轮联动
	方式五：长线主题，多轮互动模式	长主题，同一主题不少于4次活动，围绕同一主题运用3种以上研究方法	围绕一个主题或项目的四方联动多轮
学校社区互动模式	方式六：主题某环节双向互动模式	学校+家庭—社区—学校+家庭	统一主题下单个主题社区一次互动
	方式七：长主题双向多轮互动模式	学校+家庭—社区（第1次）—社区（第N次）—学校+家庭	统一主题下的社区多轮互动

上述每类联动模式中，学校、社会、家庭多方主体共同参与课程建设、实施、评价全过程。每个主体分别担任不同阶段的指导任务，共同参与综合实践主体指导全过程。以学校基地互动研学模式为例，家校基地三方联动方式如下：第一步，学校梳理特色课程文化，建构特色课程体系，确立本校综合实践活动主题系列；第二步，学校进行基地考察，遴选基地与学校契合的课程资源；第三步，基地、学校共同设计课程，研制执行计划，包括前置课程、基地课程、后拓课程；第四步：家庭、学校执行前置课程；第五步，基地指导基地实践实施课程；第六步，家庭、学校指导后拓课程，继续深度研究。学校社区互动模式只是主体不同，其他同理。

又如四方联动育人模式，以"感恩一路有您"主题研学课程开展为例，本主题实施流程包括如下几个步骤：第一步，学校完成前置课程，通过调查访问与交流，学生确定感恩对象；第二步，学校组织学生根据感恩对象的需求，进行项目策划，设计感恩礼品品类；第三步，家庭参与前置课程，通过亲子交流，亲子共同完成感恩词，设计礼品包装等；第四步，基地（优质资源单位）执行课程，包括结合学校前期的策划进行文化植入，结合具体项目开展整合了"实验研究""创意设计""劳动体验""艺术创造"等课程因素的礼品制作和礼品包装活动、送达礼品的礼仪学习活动；第五步，学生将制作的感恩礼品送至社会方，社会机构及个人则通过有仪式感的礼仪规范接受学生送达礼品，给予活动评价等。

以上模式的共同之处：一是以综合实践长主题课程体系为载体，在全部主题开展的过程中，校社家三个主体在不同阶段参与各自指导任务，通过主题课程形成学校、社会、家庭联动实施课程的纽带，建立起三者的关联，解决了以往校社家协同育人不能常态化的问题。该体系突破了以往校社家协同教育中主体不明确、没有学校课程为支撑、无法纳入课时计划常态实施等问题，探索了在综合主题综合实践活动实施过程中，社会、家庭分别参与主题实施不同阶段的联动实施新路径。

（四）分类建立各类模型指导工作细则

为帮助学校理解各类校社家协同育人实施模式，笔者分类建立了工作细则。以长沙市为例，下面是学校基地互动研学与综合实践一体化模式和校社家多方联动育人模式的工作细则，如表所示。

实施模式	工作细则
学校基地互动研学与综合实践一体化模式	1. 学校研学与综合实践活动课程主题高度融合，研学前置课程、基地课程、后拓课程过程完整
	2. 学校严格按照《成果推广指南》及《长沙市中小学校研学实践管理办法（试行）》要求组织研学活动
	3. 研学与综合实践活动课程高度融合，三种学校基地互动模式都要有示范学校实施的典型经验
	4. 各地教育局理顺研学管理机制，成果推广示范校研学报批严格按照《成果推广指南》要求进行
	5. 学校研学课程规划严格按照以下步骤且过程资料完整：第一步，梳理学校特色课程文化，建构特色课程体系，确立学校综合实践活动系列主题；第二步，学校考察基地，遴选与学校课程特点相契合的资源基地；第三步，学校、基地共同设计课程计划，包括前置课程、基地课程和后拓课程；第四步，落实课程计划，推进课程实施；第五步，及时总结典型案例
	6. 每学年提供一个完整的典型经验
校社家多方联动育人模型	1. 全市围绕"感恩一路有您"大主题开展系列感恩活动
	2. 明确活动各参与主体的责任。学校：重构育人模式，整合多方资源，形成多方教育资源良性互动，让优质资源进入学生成长过程；家庭：让家长把握实践育人价值，认识盲目补课的危害，积极参与到体验活动之中，懂得孩子的兴趣爱好，陪伴孩子成长，建立良好的亲子关系；基地：让优质资源课程化，在与学校互动过程中，提升优质资源的教育与课程功能，结合学校课程与育人目标，可让学生满足个性化需求；政府及社会机构：参与教育活动，形成互动机制，形成三全育人环境
	3. 在感恩活动中，感恩对象的确立，感恩礼品的制作与设计，感恩礼品的送达等环节植入深刻教育内涵与学校课程因素，将道德养成、文化植入、科学探究、设计制作、艺术创造、礼仪规范等教育内容深度融入主题之中，变革教育方式，实现五育并举

（续表）

实施模式	工作细则
校社家多方联动育人模型	4. 规范主题实施流程。学校：第一，通过调查访问与交流，确定感恩对象；第二，进行项目策划，确定制作礼品类型。家庭：亲子交流，准备礼品制作材料，如利用废旧物品制作包装等。基地（优质资源单位）：第一，结合学校前期的策划进行文化植入，明确价值意义；第二，结合项目植入实验研究、创意设计、劳动技能、艺术创造等课程因素，提升礼品品质。社会机构及个人：学习规范礼仪，接受送达礼品，建立与学校的联动机制
	5. 及时总结，每学年提交至少一个按照要求撰写的典型案例
	6. 进行广泛社会宣传。采取在线展示、会议交流、媒体报道等方式，及时报道活动情况

第二节 校社家协同育人研学基地课程实施

建设好基地课程体系后，我们还要建立学校基地常态互动机制。主要工作可围绕两个方面展开：一是建立长线主题引领常态互动机制，基地课程设计围绕同一个主题，分别设计多轮互动课程，设计学校、家庭、基地共同完成不同阶段的学习任务，通过基地课程延展到学校、家庭、社会，形成教育合力，实现良性互动。二是明确每个阶段的实施步骤和主要路径。

一、学校基地常态互动研学机制建立

要建立学校基地常态互动研学机制，一是研学课程必须是项目体系化基础上的长主题。研学实践主题课程包括前置课程、基地课程、拓展课程三个阶段。二是建立学校基地双方活动沟通机制，双方共同参与研学课程研发与实施。三是将亲子活动融入长主题体系中，引导学生家长利用周末、法定节假日时间带领孩子参与长周期研学实践。如下面的案例所示，"中草药香囊制作与探究"这个主题呈现了将学校基地常态化模式实施中各方主体在研学中的职责，研学融入学校课程体系的措施，各学科参与情况。

【案例分享】

"中草药香囊制作与探究"主题研学课程设计

教学进度	主体及课题	主要内容及措施	整合学科
第1课时	学校 香囊历史文化	香囊演变历史、寓意内涵、种类用途	语文、历史
第2课时	学校 香囊配伍	意义、原则、禁忌、配方	科学
第3课时	学校 药材加工	称量、剪碎、研磨、过筛	劳动
第4课时	学校 香囊设计	受众、形状、图案、装饰	美术
第5课时	学校 香囊缝合	选材、打版、裁剪、锁边、封口	劳动
第6课时	学校 香囊装饰	湘绣、珠绣、贴布绣、吊穗	美术、劳动
第7课时	学校 制说明书	从香囊命名、功效介绍、佩戴方法、使用期限、安全警示、存放条件等方面撰写	语文
第8课时	学校 爱心义卖	在校园爱心义卖活动中,策划香囊主题场馆进行宣传售卖	思想品德
第9课时	学校 制定研学方案	明晰方向、确立目标、商定内容、小组组建、小组分工、活动安排	综合实践活动
第10课时	社会 基地研学准备	研学准备(知识、方法、物质、安全提示)	综合实践活动
第11课时	社会 基地研学活动	研学出发—基地课程实施—研学手册完成	综合实践活动
第12课时	社会 基地研学拓展1	社会服务行(将自制香囊赠送给需要的人)	思想品德
第13课时	社会 基地研学拓展2	拓展延伸(考察香囊生产厂、走进香囊博物馆、寻访制香囊匠人等)	劳动
第14课时	校社家 亲子互动	制作手工特色香囊(可小队或个人,可家里或基地完成)	劳动
第15课时	校社家 总结交流	成果展示、交流评价、拓展活动(中草药气味疗法再探究,如中草药香薰、中草药纯露等)	综合实践活动

(案例提供:余忠萍)

二、学校基地常态化实施基本路径

学校基地常态化实施基本路径主要包括以下三个阶段。

（一）前置课程阶段

本阶段分为如下几个步骤：第一步，学校、教师根据学校研学课程实施需要，遴选周边课程资源，选择课程实施基地；第二步，结合研学实践主题，确立基地活动项目；第三步，学校与基地共同研究活动主题和开展项目，突出主题性与整合性；第四步，基地根据学校要求，设计学生基地执行方案；第五步，基地研制学生活动记录评估手册；第六步，学校将活动主题、基地地点等通知家长，准备相关资料与材料；第七步：学校与基地沟通后，进行主题活动前置课程教学设计与实施。下面分享的是前置课程内容设计的案例。

【案例分享】

前置课程内容设计应注重整体性

前置课程设计要注重课程的整体性设计。内容设计应基于学生可持续发展的要求：第一，设计长短期相结合的主题活动，使活动内容具有递进性；第二，处理好学期之间、学年之间、学段之间活动内容的有机衔接与联系，构建科学合理的活动主题序列。比如长沙市岳麓区实验小学"花果飘香 感恩有您"课程，第一层次即"感恩教育"这一核心领域。第二个层次即模块设计。模块可以分为若干个，根据感恩对象和感恩礼品的类型决定，我们以鲜花、果实、香料三种类别，设计了"花儿朵朵""果实累累""香味飘飘"三个模块。第三个层次是主题，每个模块又分若干主题，每个主题指向不同的角度。如"花儿朵朵 感恩有您"模块下，设计了"花饼有礼""花染有礼""花香有礼"等6个主题。第四个层次是每个主题下的项目，即每个主题下的具体活动，如了解鲜花常识，学会提取花香纯露，创意设计纯露包装等项目。

学校综合实践与研学课程内容的一体化设计，一是要立体丰富。每个主题在认知层面，要有文化植入，提升学生的认知力与思考力；在科学层面，突出科学探索，与生活实际相联系，掌握科学原理和准确的实验操作步骤；在技能层面，突出劳动实践，在思考中劳作，贵在革新；在艺术层面，突出艺术创造，不只是读读背背写写唱唱，学习下相关的诗词歌赋，而是立体地去感受和体验艺术的美。回归生活层面，要突出精神的引领，所有的创造、研究、学习活动都是为了帮助自己更精彩、更幸福地生活。二是内容不能平面叠加，不是为做活动而活动，多个项目并非多个活动的平面叠加，活动内容由简单走向复杂，是横纵推进，既要有体验的广度，不断丰富活动内容、拓展活动范围，又要形成对主题内涵的深度认识。

每个项目都是打开孩子认识和体验世界的一扇窗。综合实践教师要有健康的体魄，人文的气质，劳动的身手，科学的头脑，艺术的兴趣，改造（服务）社会的精神，要热爱生活，投入沸腾的真实生活当中，才能设计好精彩的课程。

1. 内容设计强调真实，突出整合

一是面向真实的情境。21世纪倡导连接式学习，把书本知识与生活实际相结合。重视知识学习的丰富情境，课程内容面向学生实际生活世界，不能将生动的知识采用形而上学方式进行思辨、论证和灌输。要突出综合性，强调经验课程的特征，围绕以科学探究为核心的方法论体系建构，而不是学科逻辑知识系统。忽视真实的生活与现实世界的挑战，就如同在黑板上教孩子们种白菜，在棋盘上培养纵横战场的将军。二是关注学生的学习过程。综合实践活动与基地研学活动是一个学习历程，需要经历问题情境、实践体验、总结表达等系列环节，具有自主性、实践性、开放性、整合性、连续性等特点，有主题、走步骤、遵规范才能出成果，学校与基地在课程设计前，先要分析育人理念、发展需求、活动资源，在设计中突出实践探究、问题意识、创意设计、互动整合。学生以问题为驱动、以任务为驱动开展自主、探究、合作学习。学校综合实践、科学、美术、语文、少队活动等教师与基地导师、学生家长都是课程设计与实施的主体，承担不同的育人任务，奔向共同的育人目标。研学实践与学校综合实践活动、劳动教育、社会服务活动、亲子共创活动进行深度融合，真正关注学习的过程，发挥课程的综合育人功能。

2. 内容设计强调因时制宜、因地制宜

如"花儿朵朵 感恩有您"课程中，二年级学生确定了"花饼有礼"这一主题。长沙桂树繁茂，秋季桂花飘香，在学校的综合实践活动中，孩子们通过识桂、寻桂、咏桂，对桂花有了全面的认识，了解桂花还可以用于"美食"，除了桂花茶、桂花羹，还根据秋季时令和家乡人的口味，选择制作桂花饼来表达自己的感恩之情。桂花饼是江南地区传统菜式中独具特色的中式甜品，以其香甜、清脆、桂花香气浓郁而享有口碑。孩子们在观察感知、动手操作、亲身体验中获取"食"的知识，提升"食"的能力。将新鲜出炉的桂花饼经过精美的包装设计，送给自己的感恩对象品尝。

六年级学生看到秋季各种花材丰富，选择已经开过的花儿作为研究对象，将提取的花香纯露作为礼物，根据生活中不同人群的需要来选择不同的花香纯露。有的孩子选择用玫瑰花提取纯露送给妈妈，帮助妈妈改善晚睡而导致的肤色不佳；有的孩子选择桂花纯露送给自己，舒缓进入青春期引发的不良情绪；有的选择用迷迭香纯露，给自己的弟弟妹妹驱蚊等。这些课程的设计很好地把握了因时制宜、因地制宜、因人制宜的原则，贴近生活，激发了孩子的研究热情和感恩之心，很有生命力。

3. 内容设计强调培养能力，掌握方法

育人意图的实现是一门艺术，如同盐溶于水，食之有味，却不留痕迹。学生的素养生成非一日之功。素养是从能力来的，而没有知识不可能长能力，教师把知识教好最关键，用一个主题下的多个项目，带领学生广泛掌握知识，进行深度学习、高效学习，从而帮助学生增长知识，强化能力。研学活动注重长周期的主题活动设计，在活动中掌握文献法、观察法、访谈法、实验法等研究方法，培养学生的搜集与处理信息的能力、观察的能力、动手操作的能力、创造性思维能力、沟通与交流的能力、合作与交往的能力、组织与规划的能力等。

以"花儿朵朵 感恩有您"课程内容设计为例，教师根据低年级学生认知特点，选择制作花饼这一课程内容。主要是让学生学习观察法、访谈法、考察法等几种方法。中年级学生的思维方式能够更好地理解花染过程中的科学原理，因为教师选择的是草木染（大自然的染料）这一课程内容。通过花染手帕的制作，学生对比感受天然染料与人工染料的不同，发展了调查访问、组织策划、创新设计、劳动实践等几种能力。高年级学生选择学习提取花香纯露这一课程内容，对学生来说，需规范操作实验器材，具备相应的操作能力。实验过程也对学生在团队合作分工、信息搜集、采访调查、实验报告撰写等方面有相对较高的要求。学生重点学习了实验法、文献法、调查法等。

（案例提供：周泉）

（二）基地活动阶段

本阶段分为如下几个步骤：第一步，基地按准备阶段的计划安排学生亲身经历与现场深度探究体验的各类场景。第二步，基地带领学生围绕主题经历多样化的活动方式，如现场考察、实验探究、设计制作、劳动体验等，让学生在活动中围绕主题体验和感受学习与生活之间的联系。但基地要避免缺乏统一主题及深度探究的活动项目罗列。第三步，指导学生完成基地活动记录评估手册。下面来看看具体案例。

【案例分享】

研学基地课程"探究有机肥料的制作方法"的具体实施过程

本次研学课程我们围绕有机肥料的制作、存放、使用效果等方面来进行项目的设计。我们本次的研学课程是学习有机肥的制作，因此制作堆肥就是我们本次学习的首要任务。为了方便将在基地制作好的堆肥带回家进行后续的使用，方便同学们在学校、家里自行制作堆肥，我们还需要学会制作堆肥箱。学会了制作堆肥的方法之后，为了验证堆肥在植物生长过程中起了作用，我们开展了小小的种植体验。由于堆肥腐熟和植物生长是一个长期的过程，我们需要与基地进行后期的对接，对堆肥腐熟和植物生长进行持续的观察记录。基于此，我们设计了以下四个项目："我是堆肥小达人""我是创意小木匠""我是种植小能手""我是记录小行家"。

项目一　我是堆肥小达人

做好了充分的准备之后，我们开始学习制作堆肥。主要有以下四个活动：分门别类备材料，堆肥地点慎选择，处理材料有讲究，堆肥制作有方法。

活动一：分门别类备材料。要制作有机肥，必须有充足的材料。制作堆肥一般需要以下几种材料：第一种是厨余材料，包括孩子们在家里准备的鸡蛋壳、果皮、蔬菜、骨头等。第二种材料是杂草。第三种是透气材料。第四种是水、土等辅助材料。

在前置课程中，孩子们收集了很多果皮、蛋壳等厨余材料，并且带到了基地。当然，制作堆肥，除了这些材料还不够。来到基地后，同学们看到了一大片菜地，里面还有一些杂草，孩子们兴奋极了，这些杂草就是很好的堆肥材料。我们不仅找到了堆肥材料，还可以给菜地除草，真可谓一举两得。

在拔草前，基地老师先教孩子们区分红薯藤与杂草，担心大家拔错了。大家千万不要觉得这是多此一举，对于平时很少参加农作的城市孩子来说，还真有不少同学不认识红薯藤。接着，老师教孩子们学习了拔草的方法。为了确保红薯藤无损伤，我们需要用一只手拨开红薯藤，另一只手尽量抓住杂草根部，用力连根拔起。另外，老师强调，拔草时要站在沟里，避免踩伤红薯藤。

孩子们戴好手套出发了。基地老师首先进行了示范，同学们迫不及待开始了分组拔草，现场热火朝天。很多同学第一次拔草，不得其法，只拔出了杂草尖。孩子们不断尝试、摸索，慢慢找到方法，把杂草连根拔出。孩子们或蹲下来，或弯着腰认真拔草，有模有样，并将拔出来的草用袋子装起来。

堆肥除了需要草作为材料，还需要一些透气的材料，让堆肥在发酵的过程中能更好地"呼吸"。接着，孩子们开始了透气材料大搜索。基地到处都是宝，这些枯枝、高草就是非常适合的透气材料。堆肥还需要很多的土，于是，大家一起挖土、运土。基地老师挖土，孩子们排着队装土，合作运土。

活动二：堆肥地点慎选择。堆肥的地点不能太靠近屋子，这是为了避免有机物发酵产生的难闻气味影响你的日常生活，堆肥的地点可以在阳光下，也可以在阴暗处。太阳光照射下的堆肥降解速度更快，但要添加更多的水。此外，因为需要经常翻动肥料，所以堆肥地点周围要有充足的空间。为了便于翻动和转移肥料，肥料最好堆放在距离植物几米远的土地上。针对上述条件，孩子们选择了地势较高、背风向阳、离水源较近、运输施用方便合适的堆肥点。然后，师生齐心协力用箢箕将材料运送到堆肥点。

（教师指导策略：指导学生因地制宜，就地取材，学会变废为宝。）

活动三：处理材料有讲究。我们对材料进行初步处理，清除碎石子等杂物，一定不能有重金属和有毒物质等。我们将杂草厨余材料剪碎，约为6至10厘米长，有利于加快腐熟。孩子们拿起剪刀咔嚓咔嚓地剪起来，动作熟练，老师在旁边适时指导。

活动四：堆肥制作有方法。万事俱备，准备堆肥。这是本次活动的重中之重，主要有以下两个活动：1. 有无微生物菌群堆肥制作对比实验；2. 制作堆肥标牌。下面，请看孩子们的堆肥视频。为了更好地进行对比实验，我们制作了不加微生物菌群的堆肥。大家还为堆肥制作了标牌。这些都是孩子们丰硕的劳动成果。

（教师指导策略：指导学生严格按步骤和要求，科学合理进行堆肥制作。）

此项目完成后，孩子们一起填写研学手册，及时对活动进行总结和反思。凌誉同学这样写道："通过学习，我掌握了堆肥制作的知识和技巧。我们可以利用树叶、秸秆、干草、草屑等高碳或高氮的材料进行堆肥；为了促进堆肥分解，我们可以用工具将材料切碎，并定期开盖搅拌。如果在发酵期间堆肥很干燥的话，可以适量加点水。我还有许多收获，如我学会了科学制作堆肥的方法，掌握了许多关于有机肥的知识，学会了和同伴团结协作，动手实践。虽然忙碌了一天，很辛苦，但非常充实、快乐。"

项目二　我是创意小木匠

我们已经学会了科学制作堆肥的方法，并且制作了堆肥，接下来我们一起动手制作堆肥箱。

活动一：材料准备很重要。同学们在基地老师的带领下，一起探讨用身边的常见材料制作堆肥箱的方法。纸板堆肥箱：材料易得、制作简单，但使用寿命不长，不能循环使用。木板堆肥箱：这种堆肥箱制作稍难，但透气性好、非常牢固，可以循环利用。柳树枝简易堆肥箱：用柳树枝简单编织而成。废旧轮胎堆肥箱：将废旧轮胎简单处理，多个重叠，形成一个简易堆肥箱。透明圆筒堆肥箱：需使用电缆扎带、镀锌电焊网、网格布、一块木板完成制作。

因为研学基地木材很多，所以我们决定制作木板堆肥箱。我们准备了木板、钉子、螺丝帽、锤子等材料及工具。基地老师与同学们一起探讨安全注意事项：1. 使用木匠工具时务必聚精会神，使用锤子钉钉子的时候不要砸伤手指等身体部位。2. 小组成员之间保持安全距离，以免砸伤他人。3. 在操作时会有很多的木屑，不要让木屑入眼口鼻，要保护好自己眼睛、呼吸道等不受伤害。

活动二：着手制作步步详。接下来，基地老师耐心地教我们制作堆肥箱。先将木材切割成合适的尺寸，钉好方形箱的其中一个面，用同样的办法，将箱子的四个面都钉好，然后，制作方便打开的箱盖，便于后期观察记录。同学们分小组合作，成员团结协作，把堆肥箱做好了。平时，很少做木工的孩子们，用力锤锤打打，虽然戴着手套，但仍磨红了手掌，累得满头大汗，体验到了木匠的不易。（请看孩子们动手制作堆肥箱的视频。）看，孩子们团结协作，戴着手套边观察边动手，生怕钉子钉歪了，他们认真选取木材，现场热闹非凡。

最后，孩子们一起填写研学手册。殷俊杰同学分享了他的学习心得，他说："通过研学，我知道了如何制作堆肥箱。首先要将木板分类，然后打好内部支架，接着把最外侧的木板钉好，最后制作盖子，这样一个结实的堆肥箱就做好了。同时，学习制作堆肥箱让我收获满满。通过两个小时的合作，在基地导师的指导帮助下，我学会了制作一个完整的堆肥箱，同时也知道了劳动的不易，以后我会更加珍惜他人的劳动成果。我圆满地完成了任务，虽然过程很辛苦，但与小组成员一起合作，最后做出了一个格外坚实的堆肥箱。我们还帮助其他小组完成了任务呢！"

（教师指导策略：指导学生选择适合的工具和材料，小组通力合作制作木板堆肥箱，学习工匠精神。）

项目三　我是种植小能手

为了验证我们制作好的堆肥的神奇作用，下面让我们一起来体验一下种植的乐趣吧！

活动一：实验田地精心选。我们选择了已进行有机肥改良的土壤，基地菜农帮我们松了土。

活动二：种植方法学牢靠。基地菜农给同学们进行了简要的种植培训。第一步是挖坑。第二步是在两块试验田做对比实验，1号试验田的同学们在土坑里加入微生物菌群，2号试验田的同学们不加入微生物菌群。第三步是将幼苗放入小坑，1号试验田的同学们在土坑里放入花菜幼苗，2号试验田的同学们在土坑里放入包菜幼苗。第四步是盖土。第五步是浇水。

活动三：领取材料齐帮忙。我们领取了工具锄头，还有幼苗、水、微生物菌群等材料，开始种植。

活动四：对比种植学问深。为了更好地研究微生物有机肥对植物生长的影响，我们选择了种植包菜和花菜两种幼苗开展种植活动。我们分别种植两块试验田，进行对比实验，在植花菜幼苗时，加入了微生物菌群，种植包菜幼苗时，没有加入微生物菌群。同学们使劲挖土、小心翼翼地放入幼苗，盖土浇水，一个个化身成了种植小能手！

活动五：种植标牌妙手制。最后，我们给种植试验田做好了标牌，便于后期观察记录，对比研究。

基地研学活动结束了，基地老师组织同学们举行了闭营仪式，对研学活动进行总结，对研学活动中表现优异的个人和集体给予表彰奖励。

孩子们在研学活动后认真填写了研学手册。胡昊同学写道："在进行种植时，我们可以在植株周围筑一层土坡，这样更利于植株生长。在种植时，用一只手握住植株的茎部，另一只手刨开土壤，这样可以更好地保护植株。通过学习种植，我学会了科学种植甘蓝、包菜等植物的方法，获得了满足感和成就感。"

（教师指导策略：指导学生进行科学种植，并进行微生物菌群是否促进植物生长的对比实验，培养学生的科学探究精神。）

项目四　我是记录小行家

一天充实而有意义的基地研学已经结束，但我们的研究仍在继续。我们还需要对有机肥的腐熟和植物的生长过程进行持续的观察记录。

活动一：腐熟进度勤记录。我们将在基地制作的有机肥、堆肥箱，以及培育的幼苗带回学校，在堆肥箱底铺上一层报纸，把有机肥小心地倒入堆肥箱。同学们充分发挥创造，给堆肥箱穿上了漂亮的新衣裳。不仅如此，孩子们还会每天从家里带来一些厨余材料添加到堆肥箱里，并坚持每周对堆肥箱里面的有机肥搅拌一次。定期翻拌堆肥非常有必要，如果新添加了厨余垃圾材料，就要经常翻拌，否则材料混合不均会令肥料堆散发异味。翻拌堆肥材料能帮助有益的细菌生长，促使肥料堆散发出香甜的气味，加速生物降解。孩子们定期搅拌堆肥并坚持观察记录。

老师带领同学们一起了解判断堆肥腐熟程度的方法。可以根据堆肥的颜色、气味、秸秆硬度、浸出液、体积、碳氮比及腐质化系数来判断。1. 从颜色气味看，腐熟堆肥的秸秆变成褐色或黑褐色，有黑色汁液，具有氨臭味，用铵试剂速测，其铵态氮含量显著增加。2. 从草秆硬度来看，用手握堆肥，草秆应温湿柔软而有弹性。如果草秆过干时就会很脆，易破碎，有机质失去弹性。达到上述指标的堆肥，是肥效较好的优质堆肥，可施于土壤和作物。（请看加入了微生物菌群的2号堆肥视频。）

根据 2022 年 10 月 17 日的记录，左边的是无微生物菌群参与的 1 号堆肥，右边的是有微生物菌群的 2 号堆肥，从图片上可以看出 2 号堆肥的颜色更深一点，腐熟更快一些。这是 10 月 26 日的图片。从图片上可以看出来从 10 月 10 日到 10 月 29 日，随着时间的推移，堆肥在不断腐熟，颜色逐渐变深。看，这是孩子们填写的微生物参与有机肥对比实验观察量表和堆肥观察记录表。孩子们对堆肥的颜色、温度、高度、发酵程度等进行了详细的观察和记录。我们发现随着时间的推移，加入了微生物菌群的 2 号堆肥高度在逐渐变低，颜色在逐渐变深。根据记录表的数据分析，我们得出初步结论：1. 微生物菌群可以促进有机肥的腐熟；2. 堆肥发酵过程中，温度会慢慢升高，一个星期左右达到最高，然后逐渐回落；3. 在发酵过程中，有微生物菌群的有机肥比普通有机肥，温度稍高，对比不明显。

活动二：植物生长细观察。同学们用基地带回的幼苗和有机肥在家进行种植，并坚持观察记录。这是同学们的观察日记，这是一个同学从基地带回的幼苗，1 号使用了有机肥土壤，2 号是院子里的普通土壤，一个月后，1 号幼苗明显高于 2 号。大家请看，2022 年 10 月 17 日，菜苗长出了新芽；10 月 23 日，菜苗长更高了；10 月 29 日，11 月 11 日，1 号加了微生物菌群的花菜明显高于 2 号。于是，通过一段时间的认真观察与记录分析，我们得出初步结论：有微生物菌群的有机肥能促进植物的生长。

同学们及时填写研学手册，总结活动经验。王诗语同学这样写道："我们分别对有微生物菌群的有机肥、普通有机肥腐熟的进度进行观察记录。同时分别对用有微生物菌群的有机肥土壤和普通土壤种植的农作物生长情况进行观察记录。在老师的指导下，我学会了用自己喜欢的方式进行观赏记录，还感受到了有机肥料给农作物生长带来的神奇作用。"

（教师指导策略：指导学生选择采用拍照、填写观察记录表、撰写观察日记等自己喜欢的、多样的方式进行观察记录。）

研学基地课程的总结反思

以上是本次"探究有机肥料的制作方法"研学课程的全过程。我们在活动中不断反思整理，总结经验及不足，以便以后更好地开展活动。此次研学活动，主要有以下几个亮点：

1. 传统与现代有机融合。我们在传统有机肥料制作的基础上进行创新，加入了微生物菌群进行研究。我们分别制作了加入了微生物菌群和未加微生物菌群的两种堆肥,以更好地开展对比实验,研究微生物菌群对有机肥发酵的影响,巧妙地将传统农耕与现代技术进行了有机融合。

2. 学校与基地有效对接。此次研学,前期学校教师与基地教师就学校特色、学生情况、课程要求等方面进行深入的沟通,与基地商定活动流程及方法指导,反复多次修改后,确定了研学方案。基于此,基地教师结合实物,通过实际操作,向学生介绍材料,展示各种工具的使用方法,指导学生通过实践掌握制作要领。学校教师引导学生根据行前准备课的知识储备,分工合作,完成研学课程。而后,基地教师提供数据支撑,学校教师指导学生进行观察记录、分析统计,形成初步结论。平时,我们一般的研学都是一日或者两日的短期活动,但是,由于家庭支持配合,学校、家庭与基地的有效对接,我们把本次研学活动做成了一个多月的长线研究课程,让活动过程更扎实,让课程更有深度,更有广度,也更有意义。

3. 教师与学生密切协作。本次研学课程,教师在拔草,选择堆肥地点,制作堆肥箱,观察记录各环节的指导细致有效,学生在制作堆肥,动手做堆肥箱,对比种植等方面进行了自主深入的探究。在这个过程中,学生积极参与,仔细观察,认真记录,收获满满,师生密切协作,取得了良好的效果。

当然我们此次研学活动也存在一些不足,如种植对比实验时,因为选择了两种不同的幼苗,包菜和花菜,而且,影响植物生长的因素可能还存在很多,比如阳光照射、雨水等,因此,导致了我们的对比实验可能不够科学严谨。

另外,由于我与基地的衔接过程中不够细致,没有要求基地教师对孩子们制作的有机肥料以及基地试验田种植全过程进行温度的监测,只从10月29日开始记录,留下了小小的遗憾。

在我们的共同努力下,"探究有机肥料的制作方法"研学课程有序开展,孩子们收获满满。下一阶段,孩子们将在教师们的带领下,进一步探究有机肥的推广与应用,开展更多丰富多彩的活动。

(案例提供:王谢平)

(三) 拓展课程阶段

拓展课程分为如下几个阶段。第一步,学校教师根据学生在基地的发现及进行项目后感兴趣的方向,引导开展进一步深层次的探究活动,使之与学校综合实践活动融为一体，并设计有家长参与的活动项目延展活动；第二步，引导学生根据基地评估手册对活动过程和活动结果进行系统梳理和总结，可指导学生学会通过撰写活动报告、反思日志、心得笔记等方式，反思成败得失，提升个体经验，促进知识建构，明确进一步的探究方向，深化主题探究和体验。如以某学校"可食用花卉研究"主题中"花饼知多少"项目开展为例，学校前置课程开设了百花齐放常识课、花饼包装礼盒设计课；基地实践课程则指导学生现场进行鲜花饼制作，种植可食用花卉等活动；后拓课程则是家长带领学生将鲜花饼送给感恩对象，开展社会服务。

我们要科学合理利用丰富基地资源，将基地资源进行综合主题课程化开发，与学校课程深度融合，并以学校为桥梁，形成主题统领下的学校、家庭、基地、社会多主体多轮深度常态互动模式，激活基地课程设计和实施能力，让基地优质资源进入学生成长过程，让学生通过上述各类基地课程发挥的作用，传承中华优秀传统文化核心思想，学习红色革命历史，了解新时代建设成就，树立国家国防意识，提高学生科学素养，激发爱党爱国情感。

三、研学课程常态化：社会研学实践基地建设

新时代，我们应健全学校积极主导、家庭主动尽责、社会有效支持的育人机制，推动形成学校家庭社会协同育人新格局。研学课程面向学生的整个生活世界，要促进课内与课外，学习与生活，学校与社会的有机联结。其课程实施方式具有开放性、实践性特征，学生要根据同一主题切入不同实践角度，运用不同方式开展多样的实践活动。研学课程开展的不同阶段应分别在自然、社会场景中开展。本课程是推动形成学校社会家庭协同育人新格局的重要课程载体。

一直以来，笔者认为优秀的主题课程设计是建立校社家协同育人的关键，以高品质主题课程带动，联动育人机制很快形成。然而，经过多年的探索实践发现，由于家长、学校往往基于学生外出活动安全因素的考量，课程实施仍以学校场景为主，课程实施方式以课堂教学为主。可见，再好的课程设计，如果没有优质社会场地资源作为支撑，仅仅靠课程为纽带建立校社家三者的关联还远远不够，尤其是社会有效支持的育人机制建立，更是难上加难。因而建立能保障课程规范开展的，安全而有实践性、社会情境化特征的社会研学实践基地学习显得十分重要。

综观当前安全而有实践性、社会情境化特征的社会研学实践基地，比较好的是各类基地。据笔者调研了解，当前各地实践基地数量众多、类型多样、基础硬件设施齐全，为研学社会实践基地建设提供了良好的场地基础，但普遍存在缺乏优质的课程体系及与学校、家庭深度关联的常态实施长效保障机制。具体可采取如下措施逐步建立研学社会实践基地。

(一) 引导基地，提质实践育人学习基地主题课程体系

第一步，以当前各类优质基地资源为依托，分类进行学习基地的认定。遴选、评估、认定要经过自主申报、组织评审、评估认定的严格过程。对目前的基地等课程资源单位的资源、课程、设施、安全、管理、教师等方面进行分类评估。以长沙市为例，针对革命传统教育、优秀传统文化教育等五类基地进行评估，分别设计了完整的评价内容、评价标准、评价方法及认定流程。以优秀传统文化教育基地评价为例，评价内容包括七个方面的指标体系：具备一定观众人群和文化内涵丰厚的文化载体，准确把握传统历史与文化的深刻内涵，根据文化载体的不同特点提炼出其独特文化品质特征，具有专业教师与指导团队，开发了丰富的优秀文化实践育人课程内容体系，有开展文化传承活动的经验，有确保活动需要的基础设施及有良好的学习环境等；第二步，依据学习基地各自资源特色，因地制宜、因时制宜、因校制宜建构完整的实践课程框架，提质基地课程体系。明确综合实践校外学习基地的主要学习活动必须是"实践"，包括：工具性实践活动（工具利用、方法应用、技术学习等）、交往性实践活动（访问与调查、倾听与互动等）、探究性实践活动（策划与设计、观察与实验等）、认知性实践活动（自然认知、社会认知、文化认知等）。明确综合实践各类实践活动必须统一在某个主题框架下开展活动。

(二) 引导基地，建立联动育人学习基地课程实施路径

一是明确研学课程的教学情境与方式。应有别于学科课程以课堂教学为主渠道的教学方式，开展以社会实践基地为主阵地，学校、家庭为辅助的学习方式。学习基地是学生实践课程规划的主体，应与家长、学校共同商议策划，对实践课程进行整体设计，将参与学校的办学理念、特色、培养目标、教育内容，以及基地资源、时令特色等融入其中。要做好主题开展过程中的统筹规划与管理，包括规划主题或项目开展过程中学校、学习基地、家庭各自任务及互动环节：家庭方面，激发家长对学生教育的潜能。通过实践作

业，布置"寓教于乐"的亲子互动活动，让家长发现孩子的兴趣方向，促进亲子关系健康发展。通过合力完成任务，形成共同话题，建立长效沟通机制，保证孩子心理健康发展。学校方面，学校通过前置课程引领教学，后拓课程深化活动探究，使其与学校文化课程结合，提高学生自主学习的能力。校外学习基地方面，整合各方资源，通过专业团队设计精细化课程，引领各方形成教育合力，让学生在立体化教育方式下各方面的能力得到全面提升。

（三）制度建设，提供校外学习基地建设的保障

以往基地与学校互动方式比较单一，往往是在学生开展研学活动、单次劳动实践活动中提供场地，没有形成常态的长效互动机制。建立常态的长效互动机制，一是学习基地要通过主题引领，以"茶文化探究"课程为例，制茶技术学习活动、泡茶茶艺学习活动、研茶成分功效学习活动、茶文化推广宣传活动都可在专业的学习基地分多轮次进行；而品茶味、知茶学等活动分别可在家里、学校完成；二是各地教育行政部门要与有关部门统筹协调，建立校外学习基地常态实施保障机制，包括明确管理部门，分级落实安全责任等。

第三节 校社家协同育人研学精品线路课程实施

上一节主要阐述了基地课程实施的基本过程及规范，本节主要介绍研学精品线路课程实施。

一、研学精品线路课程的特点

（一）目标素养的综合性

一方面，在研学过程中，学生并不是局限于某一学科知识的运用，而是综合了各个学科中的知识，在实际的活动中巩固并运用这些知识来解决研学问题；另一方面，在研学精品线路课程中，学生可以学习到更多的课外知识，而这些知识包含了语文、数学、科学、美术等学科，有利于克服传统学习课程的封闭性。

(二) 内容的开放性

研学精品线路课程超越了教材、课堂和学校的局限，面向自然、面向学生生活、面向社会领域。研学课程使学生身处自然与社会之中，不断与自然和社会"沟通"。同一个地点，不同的研学角度或不同学生群体都可能生成不同的研学收获和体验，因而研学课程的内容具有开放性。同时，由于学生个体经验的差异，研学课程为学生的个性发展提供了开放的空间。

(三) 方法的探究性

探究伴随着研学的整个过程。在研学准备阶段，同学们就要探究如何选题。在研学实施过程中，会生成许多问题，可能是学生不曾预料到的，这就要求我们引导学生深入思考，探究解决问题的办法，形成探究问题的能力。

(四) 情境的真实性

研学是一种更具真实性的教育形式，它通过研究性学习与旅行相结合的方式，真真正正让学生与自然接触、与社会接触、与他人接触、与自我接触。研学课程完成了知识学习与生活意义的结合，使教育最大限度地回归生活世界，让同学们在旅行中更自由地进行知识的综合学习和运用。这是"回归生活世界"的教育追求。

(五) 活动过程的体验性

相比学校学习以间接经验学习为主，研学旅行过程更多的是直接经验的形成过程。在研学活动中，学生通过与自然、社会的直接接触，通过亲身经历、亲眼观察、实地考察等方式获得第一手知识。学生的知识获得和积极情感获得都离不开研学过程的亲身体验。

(六) 学生的自主性

在研学的准备阶段，学生们会根据自己的兴趣点，并结合当地的资源特色进行自主选择和整合，自主确定研学主题，再通过小组间的合作交流，充分讨论，制订研学旅行路线，进行旅行经费的预算，同时对活动的纪律与组织进行重要规定，明确每个人的任务分配与角色承担。在研学活动实施过程中，各组组长带领组员进行各项活动，自主完成研学任务，并在研学过程中发现问题、发掘自己感兴趣的方向。研学结束后，各小组会根据研学中的发现，开展拓展活动，并自行组织小组成果展示活动。由此可见，在研学课程实施的前期、中期、后期，学生始终都是主体。

二、研学精品线路课程实施基本过程

研学精品线路课程实施大致包括如下几个基本步骤。

（一）研学前期准备

研学是一项有计划、有目的的集体活动，出行之前，务必从各方面做好准备，才能保证研学顺利。行前准备是研学实践的重要阶段，这一阶段的主要活动任务有：确定研学活动的主题，设计研学实践的线路，考察和确定研学线路，制定研学实践的方案，制定安全及应急预案，做好各方的沟通工作，编制好研学活动手册。

（二）确定研学的主题

选择和确定研学主题的依据一般有以下几种：一是学生自我感兴趣的主题。研学作为综合实践活动的一种形式，同样是在学生感兴趣的前提下选择主题，开展活动。二是符合当地域风情的主题。要了解当地的教育资源和实践基地的情况，选择合适的资源选题。三是体现学段特点的主题。同学们要根据自己学段的层次水平选择适合自己开展的研学主题。

以笔者主编的八年级研学手册为例，依照考察活动的架构，从确定考察项目、做好考察准备、开展考察活动到考察研学活动的总结与拓展，引领学生掌握考察研学的一般步骤和方法；结合红色革命传统、祖国美好河山、传统历史文化、现代科技发展、时代社会变迁五种研学内容，进行考察研学活动，增强学生对各类社会角色的体验感，培养学生的社会责任感。全册设计了五个精品线路研学主题，分别是"秋风古韵看神都"，是一次传统历史文化与考古探秘相结合的研学之旅，通过考察河洛文化区域的遗迹、文物等，开阔视野，提升文化修养；"侗乡廊桥追梦"，选择湘西土家族苗族自治州地区的风雨桥，考察风雨桥的前世今生，关注研学中的科学，提高实践创新能力；"紫云得路从天出"，追随贵州喀斯特地貌形成的脚步，见证大自然的鬼斧神工，为祖国美好河山而惊叹；"寒泉煮茗好谈诗"，沿着千年茶马古道，寻找茶旅结合的人文胜景，感受时代与社会的变迁；"红色云岭绿明珠"，考察"彩云之南"丰富的自然资源，在接受革命传统教育的同时，树立为环境保护和生态文明建设作贡献的目标。而笔者主编的高中学段研学活动精品线路分别划分为：地质考察线路、风俗民情线路、生物考察线路、古城古风线路、非遗绝学线路、名人史事线路。相对应的精品线路研学主题分别为：赤壁丹崖，自然之壮美——丹霞地貌考察；返璞归真——乡下人家之旅；走进大自然，探究珍稀动植物；访常德澧县古城遗址，寻新石器时代踪影；行走瓷都醴陵，探究瓷艺魅力；井冈山上红旗飘。下面是"探究湘江新区之智慧梅溪湖"研学主题线路设计案例。

【案例分享】

"探究湘江新区之智慧梅溪湖"研学主题线路设计

地理课上，教师谈到智慧城市的概念。智慧城市是运用互联网、云计算、大数据、空间地理信息集成等新一代信息技术，促进城市规划、建设、管理和服务智慧化的新理念和新模式。运用"智慧城市"这一概念和模式的地方在哪里？通过资料查询得知，离我们最近的是湘江新区梅溪湖片区。"探究湘江新区之智慧梅溪湖"的研学主题就这样产生了。

研学活动安排（每条线路需用一天时间完成）：

1. 线路一：智慧交通篇。在这条线路里，我们将会以金茂览秀城购物中心为起点，往周边沿途进行调研，我们将分别从智能道路交通系统，例如交通诱导屏、智能公交系统、智能停车系统、智能慢行系统四个方面来进行问卷调查，得出的数据结果以饼状图、条形图展示为主，为大家展示智能化交通系统所带来的便捷。

2. 线路二：智慧旅游篇。"望得见山，看得见水，让大城市融入大自然"，在这里，我们以桃花岭公园为中心，跨过龙王港河道与银杏公园连成一条绿轴，梅溪湖人工湿地、梅岭公园位于两旁，实现了河道、湖泊、景观的衔接。

3. 线路三：智慧环保篇。这条路线里，我们以实地考察、走访为主，通过了解智能生态水系统的运作，知晓梅溪湖是如何退耕还湖，如何进行区域水资源改造，同时进一步深入了解植物种类、垃圾分类的措施的。

4. 线路四：智慧建筑篇。梅溪湖出名的建筑很多，我们以梅溪湖国际艺术中心、梅溪湖中国结步行桥、节庆岛为重点进行人文艺术类探究。

5. 线路五：智慧社区篇。在这条线路里，我们一起走进梅溪湖金茂悦、晟通牡丹舸、梅溪湖壹号，采用实地考察、思维导图的形式，最大化地展现出手机软件实现的 24 小时网上物业服务功能，如洗衣、点餐、装修、储物。

（案例提供：吴敏）

(三) 选择研学场景

研学基地选择是基于我们研学主题及课程资源情况决定的。

1. 确立地点和主题

第一，研学地点的选择要切合主题。围绕前面确定的研学实践主题，研学地点是符合研学主题的地点，是开展研学的基地。第二，要代表典型。在诸多符合主题要求的研学地点中，要选择典型的、具有代表性的研学点。第三，要适合自身。研学点的外部环境要适合同学们开展研学活动，不能选择缺乏安全性和尚无法达成研学目标的地点。主题确定经历了解意向，查找文献，分组讨论确立主题，筛选和表达主题这样系列的过程。研学的主题确定过程不尽相同，但主题的来源、主题筛选和确立的原则及正确表述主题是研学主题确定过程必不可少的因素。

2. 规划研学线路

研学主题确定后，还要将研学大主题进行分解，分解出小主题后再选择与主题贴近的旅行站点。如进行以"乡村之旅"为主题的线路设计时，各地可从"古村古镇""休闲农庄""森林人家""民俗风情""水乡渔村""乡村度假"等不同维度设计研学旅行线路。而以"从文之旅"为主题进行实践活动线路设计时，可粗略从追寻沈从文先生足迹，了解沈从文先生生平，领略沈从文先生笔下的风土人情，了解沈从文先生的文学贡献等维度设计研学线路。

在设计研学线路时还要考虑以下几点：第一，贴近主题。从设计上看，研学线路要围绕主题，设计沿途较为合适的活动地点，可以是景点、基地、博物馆等。所选地点要在格调上与主题具有一致性，不偏离主题太远。第二，安排合理。根据交通、食宿的需要，做到劳逸结合、张弛有度。第三，距离合适。研学的地点最好不要定得太远，路线不能拉得太长，要根据活动的时间长度来合理安排。要保障有充足的时间进行研学，避免出现走马观花的情况。第四，经费预算。应充分考虑交通费用、门票、实验仪器费用等相关费用不超出经费预算。第五，安全保障。要制定切实可行的安全保障预案。下面具体来看庐山研学线路设计的案例。

【案例分享】

庐山研学线路设计

我们根据2018年长沙市中小学生研学旅行课程方案5个方面的课程内容之一"感受祖国大好河山"选定学生研学地点为庐山景区，师生共同收集相关资料。庐山以雄、奇、险、秀闻名于世，素有"匡庐奇秀甲天下"之美誉，地貌景观特殊，如断块山构造地貌景观、云雾景观，有著名的瀑布云。在内外力共同作用下，山体多峡谷，峡谷中多瀑布跌水，如著名的三叠泉。庐山文化内涵深厚，有司马迁、陶渊明、李白、白居易、苏轼等文坛巨匠登临庐山，留下数量巨大的诗词歌赋。庐山景区是世界文化遗产、世界地质公园、国家重点风景名胜区。学生通过探究庐山特殊的地质地貌，观察植物、动物，了解独具特色的庐山文化。确定研学主题，做到"胸藏锦绣怀若谷"。行前编制研学手册，落实师生分工。学生应在研学前做足功课，牢记"关键事件"，有目的、有针对性地将疑问带到考察中，埋下探究的种子；在研学中勇于动手动脑，参与劳动实践。研学导师应在研学前做足功课，具备基本的学术能力，适当地聘请当地专家；以问题为导向，围绕眼前问题展开讲解、讨论、总结；指导学生动手动脑，鼓励学生参与劳动实践。此外，庐山研学资源多样，我们从安全、经济、时间、兴趣、育人效果等方面选择线路。具体研学主题和线路如下表所示。

日期	地点	分主题	项目
第一天	鄱阳湖、石钟山、多宝沙山	植被观察	石钟山、多宝沙山植物观察
第二天	观音桥、秀峰	地质地貌植被观察	观音桥植被观察，秀峰瀑布观察
第三天	牯岭街、锦绣谷、花径	地质地貌、植被、动物观察	路途中昆虫的捕捉识别，锦绣谷地貌观察
第四天	五老峰	地质地貌观察	五老峰地貌观察
第五天	植物园	植被、动物观察	路途中昆虫的捕捉识别，植被观察

（案例提供：吴敏）

3. 设计研学任务

研学不同于传统的旅行活动，其中还有一个重要的特点就是要完成具体的研学探究任务。研学旅行的品质的高低并不在于经过的景点和风景区的多少，而在于研学过程中学生是否基于一系列实践项目获得了深度有意义的体验，这些体验往往落实在系列任务中。当然，研学旅行过程中，也并不是项目任务越多越好，过多的项目任务会影响学生参与研学旅行的兴趣，每次研学旅行可围绕不同主题选择有层次的项目序列，保持学生研学旅行学习的连续性。研学任务的设计要遵循如下几个原则：一是联结性。基于自身的年龄阶段和相应的认知水平，有效地联结学科学习，让知识连接真实的世界，联结体验与思维。二是趣味性。在开放多元的场景中展开，通过趣味性的探究，用翻转的方式重构学习流程。三是意义感。有明确的目标指向，探究任务设计清晰，有逻辑。四是实践性。用动手的方式解决问题，有一定的复杂性，涉及多学科知能整合，挑战高阶思维。五是成果性。项目任务有明确要求，能够在完成探究任务的过程中与社会、人、自然产生多维生动的互动，并生成可分享的成果。

（四）研学方案的设计

确立主题和选择好基地以后，学校要根据自己的主题，进行研学方案设计。研学方案是指导活动开展的重要文件，也是准备工作中非常重要的一个环节，方案的内容包括：本次研学活动的参与人员与分工，研学任务与目标，行程安排，经费的预算和筹措等。方案没有固定的格式，只要把基本内容表达清楚即可，起到计划和指导的作用。

关于分工，在研学活动中研学组织方和承办方、研学指导老师、研学学生等一起参与，所以在方案中会有各方的分工。这里仅介绍学生分工。关于任务和目标，研学的任务和目标是贯穿整个研学过程的，学生根据研学主题开展活动，尤其要关注拓展活动及研学中的生成性问题。关于时间地点安排，行程安排要具体到某天、某时、某地，研究什么内容、完成什么任务都要记录清楚，越详细越好。

制定方案后，各方还需要做好沟通工作。学校和学生都要向家长说明研学实践的情况，征得家长同意和支持，最后，主办方和组织方要向相关部门报备，得到批复许可后研学活动才能正式开始。下面是一个赴湘西土家族苗族自治州（以下简称"湘西州"）研学的方案（节选）。

【案例分享】

"探秘魅力湘西"研学方案（节选）

中华民族上下五千年历史，给我们留下了丰富的文化宝库。在这个文化宝库里，中华文明起源与发展、学习和融合、传承与创新，最终汇集成了具有民族特质和风貌、历史悠久、内涵博大精深、传统优良的文化。

"探秘魅力湘西"研学内容：

1. 参观湘西土家族苗族自治州博物馆（中国民族博物馆湘西分馆、湘西土家族苗族自治州非物质文化遗产博物馆），了解湘西州建立多年来取得的成就，了解民族融合的重要性，了解湘西州的非物质文化遗产代表性项目和文化。

2. 参观德夯苗寨，了解苗族的风俗民情，尤其是服饰文化和迎客习俗。

3. 体验农耕项目（打豆腐、做蜡染、酿酒、榨油等），参观种植园林，掌握各项活动的制作方法，了解不同民族饮食文化。

4. 参观乾州古城，如乾城古街、观音阁、文庙、文昌阁、笔架山、小桥烟雨、仙镇山、美王湖等地，了解古城的建筑艺术风格和特色，以及各处的相关典故。

5. 参观特大悬索桥"矮寨大桥"，了解现代桥梁的建筑技术。

6. 调查湘西州普通话使用情况。参观"十八洞村"，了解"精准扶贫""乡村振兴"战略，了解当地的地质情况。

7. 参观边城茶峒，感受沈从文先生笔下的边城风光。

8. 参观沈从文先生故居，了解一代文学大师的生平事迹。

9. 攀登南方古长城，了解中国古代的军事防御建筑、军事制度和相关民族变迁发展情况。

"探秘魅力湘西"的研学课题及任务清单

研学课题（节选）	研学实地调研内容清单（节选）
凤凰古城河中藻类生长对周围生物的影响及水质污染对藻类影响研究	对河中生物、水进行取样、观察
边城河流上层水的污染主要来源及水污染对当地居民生活的影响	对河中生物、水进行取样、观察

（续表）

研学课题（节选）	研学实地调研内容清单（节选）
探究湘西州民族风俗建筑的特色	湘西州民族风俗建筑拍摄、观察，实地采访当地居民，观察吊脚楼与籽蹬屋
现代文明与湘西州民族文化的冲突和融合	实地调研采访湘西州居民的吃穿住行生活方式及语言文化等
吊脚楼建筑结构及设计原理探究	实地考察拍摄记录吊脚楼影像，采访居民以便了解吊脚楼
湘西州部分地区教育落后的原因及教育扶贫的措施和影响研究	实地采访了解当地教师、居民对当地教育情况的看法
凤凰苗族水牛角银饰文化研究	实地访谈，深入了解水牛角银饰的款式、颜色、背后历史文化及制作方法
湘西州传统民居成因分析及其实用性研究	实地探究传统民居的原理、实用性和历史文化等
湘西州不同地区方言发展与差异对比	实地访谈当地居民，了解方言的历史发展、习俗文化，学习典型方言
湘西州旅游发展迅速的原因——以凤凰古城为例	采访景区工作人员，深入景区走访，实地调查分析，发放调查问卷给游客
土家族哭嫁文化研究	走访调查哭嫁文化的普遍性，不同地域哭嫁文化差异，不同年龄段哭嫁文化的差异
"精准扶贫"和"乡村振兴"战略在湘西州十八洞村的落实反馈调查	实地调查十八洞村贫困人口数量、旅游资源分布情况
精准扶贫效果与扶智扶志的关系研究	走访当地居民、政府，发放调查问卷
湘西州土家族、苗族服饰研究	当地土家族、苗族服饰欣赏观摩，采访当地百姓
凤凰古城中学生近视情况调查研究	调查表发放，填写收集汇总数据
湘西州山区猕猴桃种植方法研究	询问当地农民培养猕猴桃的方法，动手种植
湘西州传统饮食文化初探——社饭、糟辣子、腊肉	当地美食试吃，学习美食的文化内涵、制作方法
关于湘西州湘泉酒的历史发展探究	采访当地居民关于湘泉酒的由来、文化内涵、制作方法等

（案例提供：罗品文）

（五）研学过程中探究方法的选择

研学是融社会调查、参观访问、亲身体验、资料搜集、集体活动、同伴互助、文字总结等为一体的综合实践活动，因此，在研学过程中应灵活使用综合实践活动的研究方法。在研学中，不应停留在仅用观察法和文献法的层面，而是应加强独立思考和深度探究方法的综合运用。学生可采用访谈法、问卷法、实验法进行更广泛、深入、科学的探究；可采用实地体验的方法获得属于自己的体悟和经验；可通过设计制作，将自己研学过程的创意、方案付诸现实，转化为物品或作品。常用方法如下表所示。

研学活动常用研究方法

- **观察法**：在现场用感官及其辅助工具（如笔、本子、录音机、摄像机等）去了解、观察、记录研究对象的调查方法。观察法是研学旅行活动中的常用方法。观察法分结构式观察法和非结构式观察法。结构式观察又称有结构观察、有控制观察或系统观察，是根据事先设计好的观察项目和要求进行观察的类型。非结构式观察也称无结构观察，无控制观察或简单观察，是没有先期具体设计要求的观察类型。它一般只要求观察者有一个总的观察目的和要求，或一个大致的观察内容和范围，但是并没有很明确的研究假设和具体的观察内容与要求。

- **实地考察法**：应用客观的态度和科学的方法，对某种社会现象，在确定的范围内进行实地考察，并搜集大量资料以统计分析，从而探讨社会现象的方法。使用该方法要注意选择好考察地点，确定好考察时间，做好考察记录，写好考察报告。

- **访谈法**：调查者根据预先的计划，围绕主题，与调查对象面对面地直接交谈而获取信息的方法。访谈时一定要做好记录，可在征得对方同意后，用辅助工具（如录音机、录像机）辅助记录，以便整理使用。

- **问卷法**：调查时应用最广的收集资料的方法之一。调查者通过事先设计好的问卷来收集所需要的资料信息，被调查者通过回答问卷的问题来提供信息。

- **实验法**：根据研究目的，利用仪器、设备，人为地控制或干预研究对象，使某种事件或现象在有利于观测的条件下发生或重演，从而获得科学事实，进而研究自然规律的研究方法。

- **设计与制作的方法**：运用各种工具手段、工艺技术（包括信息技术）进行产品或系统设计，并动手操作，将自己的创意、方案付诸现实，转化为物品或作品的方法。如大家可以把研学过程中的趣事制作为动漫作品，也可制作成微电影、简报等。

- **职业体验的方法**：在实际工作岗位上或模拟情境中见习、实习，体认职业角色的方法。有条件的话，学生可以亲身体验在研学过程中接触到的职业。

（六）制定安全及应急预案

安全及应急预案一般有主办方、组织方和承办方制定，但是，学校一定要指导学生认真学习安全知识、方法、技能，遇到问题积极开展自护与自救，熟悉和掌握遭遇紧急情况时的处置措施。下面分享一个关于研学安全预案的案例。

【案例分享】

关于组织赴长沙窑开展研学活动的安全预案

中小学开展研学活动是创新校外教育、深化社会实践的重要途径，更是全社会齐抓共管青少年健康成长的联合行动。开展研学活动首先要把好安全关，让学生在安全的前提下学习更多的知识，为保证赴长沙窑开展地理研学活动的安全有序开展，特制定此安全预案。下面具体来看赴长沙窑研学战略设计的案例。

一、成立突发事件应急处理领导小组

小组全面负责活动安全工作，指导相应应急处理工作。

组长：×××（人名）

组员：×××、×××、×××、×××、×××（人名）

二、认真做好安全教育及组织工作，夯实安全工作责任

1. 制定研学活动方案，经学校审定后方可实施。

2. 在研学活动开始前对所参加活动的学校相应教职工和学生进行安全教育，明确教职工的各项责任及主要任务，使得教职工以高度的责任心对学校每个学生的安全负责，做好安全管理，确保外出活动万无一失。

3. 出发前再集合做安全教育并宣布活动安排。

4. 活动时中层干部、年级组长、班主任、随班老师以及家长共同管理学生，对学生安全问题负责。

5. 实践基地事前实地勘查，禁止学生到危险地方开展活动。

6. 实践基地提供有营运资格证的交通工具，协助老师组织学生有秩序地上车，教育学生不要争先恐后，安全坐好不得随意离开座位等。

7. 到达目的地后组织和开展活动，不可随意离队。

8. 分散自由活动时，要求学生按小组活动，不允许个别行动，教育学

生发现问题或发生事故时要及时报告。老师与工作人员要加强巡视，分管领导要做好监控，发生事故要采取应急措施。

9. 每个活动结束后，要按时在规定的地点集中，清点人数。当天活动结束老师及工作人员跟车回校，待学生离校后，才能离开。

三、现场组织与指挥

（一）现场成立突发事件应急处理领导小组，负责突发事件的应急处理工作。

（二）突发事件应急处理工作小组履行下列主要职责：

1. 指挥有关人员立即到达规定岗位，采取相应的应对措施。

2. 安排老师、工作人员、随车医务人员开展相关的抢险排危或者实施求救工作。

3. 根据需要对师生、工作人员进行疏散，并根据事件性质，报请旅行社、学校领导，迅速依法采取紧急措施。

4. 根据需要对事件现场采取控制措施。

（三）突发事件发生后，现场突发事件应急处理领导小组应当根据"生命第一"的原则组织，决定是否启动突发事件应急预案，并在第一时间内向学校安全工作领导小组报告。

（四）应急状态期间，必须保证随行人员通信畅通。活动的各班级应当根据突发事件应急处理领导小组的统一部署，做好本班级的突发事件应急处理工作，配合、服从突发事件应急处理工作要求。

四、紧急事件处理程序

（一）处理交通事故应急预案

1. 如遇发生事故，记住肇事车的车型、车牌、颜色，随行老师拨打110报警电话，并及时向学校报告出事地点及详细情况。同时组织老师及工作人员实施自救。

自救措施：

（1）有学生受伤情况时，先由随行医务人员进行诊断，如不能就地抢救，应尽快由老师、工作人员送往离出事点最近的医院进行抢救，或直接拨打120。

（2）其他老师将车上剩下的学生带离出事点，转移到安全地带。

（3）在高速路上无论是车祸或车辆故障一律由安全员马上把学生带离

车辆到达安全地带，以免发生不测。

2. 工作人员指挥保护现场，按有关领导指令开展下一步工作。

3. 交通事故发生后，工作人员应做好团内其他旅行者的安抚工作，继续组织安排好参观游览活动。事故原因查清后，要向学校老师说明情况。

4. 交通事故处理结束后，工作人员写事故报告。内容包括：事故的原因和经过；抢救经过、治疗情况；事故责任及对责任者的处理；旅行者的情绪及对处理的反应情况等。

（二）处理饮食卫生应急预案

1. 各组建立严格信息报告制度，若发生类似食物中毒症状，要求随队班主任立即通知工作人员及随行医务人员。

2. 医务人员进行诊断，如需送患者医院治疗则由班主任及工作人员护送前往。

3. 立即组织其他班级班主任对所有学生进行调查，以免造成多人发生中毒事故。

4. 组织人员查明中毒原因，并对每种食物留样检查。

5. 事发及时向旅行社及学校汇报详细情况，后以书面材料呈递学校。

（三）处理人身意外伤害及疾病应急预案

1. 如遇绑架抢劫事件首先要镇静，要机智应对，巧妙周旋，尽可能赢得时间，报告旅行社及学校有关领导，同时迅速查明情况，并拨打110报警。

2. 发生突发事件班主任及工作人员应始终站在学生身前以避免学生受到任何人身攻击或其他伤害。

3. 如遇溺水事件，立即组织有水性的老师进行现场抢救直至抢救成功为止，抢救后及时将溺水者送医院治疗观察。抢救同时第一时间上报旅行社及学校，并根据现场水域情况拨打110报警。

4. 学生出现摔伤、扭伤、撞伤或疾病，先由医务人员进行诊断，伤情较重应马上由班主任及工作人员送医院治疗，并及时上报病由、病情。

五、学生安全须知

1. 班主任组织召开班会强调相关安全工作要求。

2. 告知家长研学活动的内容、地点、时间、活动线路及班主任的联系电话。

3. 活动过程中要听从工作人员及老师安排，要积极参加集体活动，学生不得随意离队。

4. 要遵守交通规则，行人走人行道，横跨马路走斑马线，公路上不要追逐打闹。

5. 每个学生要告知班主任备用家庭电话和家长手机号，便于紧急联系，学生应记住班主任的联系电话，以便及时联系。

6. 学生参加研学活动时要穿校服，便于辨认和管理。

7. 学生不要随便与无关的陌生人交谈交往。

8. 随身携带物品要轻便，自己要保管好贵重物品（如手机、手表、照相机等）。

9. 学生不得携带火柴、打火机、刀具等危险物品，避免安全隐患。

10. 学生自身携带的食品应干净新鲜、包装完好，自制食物应由家长确认后打包装好。

（案例提供：罗品文）

（七）编制研学手册

研学手册既是行中活动的指南，又是行中活动记录的主要载体，也是研学实践评价的重要依据。不同的研学活动有不同内容的研学手册，研学手册既是对研学实践中所见、所闻、所想的记录，又为学生开展研学提供方向性的指导和提供必要的基础性资料，研学手册紧扣研学任务和目标进行设计。研学手册编制的基本要素如下表所示。

研学手册编制的基本要素		
研学活动基本信息	研学活动过程记录	研学活动成果记录
研学方案	研学探究活动记录	研学报告
研学申请书	研学日记	个人小结
家长告知书	研学活动照片	研学活动物化成果记录
研学装备清单		研学活动评价表
乘车、食、宿的相关安排		研学活动赠语
安全工作方案及应急预案		
研学注意事项		

三、研学物资准备

研学物资准备有以下几个方面。生活必需品的准备：根据研学日程和行程，学生选择性地携带生活必需品，比如洗漱用具、水杯、防晒物品、证件、笔记本、头梳、纸巾、鞋子以及为应对天气突变而准备的衣服、雨具、面包饼干类充饥的食品等。小药包的准备：学生准备一些晕车药、清凉油、创可贴之类的常备药品，若感觉身体不适要立即向老师和工作人员寻求帮助。可适当携带零花钱和一些益智娱乐用品，要以轻便、易携带为主，比如象棋、围棋，方便开展休闲娱乐活动。

四、研学开展

精品线路课程是研学中最重要的部分。在研学课程实施过程中，我们需要在基地内通过亲历考察、亲身探究、亲自体验、亲手发现、创意设计、动手制作等方式展开活动，进行有设计、有思考、有发现的探究式学习。对于同学们来说，在课程实施过程中要做的是发现和设计探究活动，进行探究活动，完成探究活动并做好相应的记录和总结工作。

五、研学总结

研学结束后，学生要开展与学科课程深度融合、指向实践应用的拓展活动。在整个研学主题项目完成后，要进行研学主题活动的总结、交流、评价。总结阶段的主要内容包括研学任务的完成情况、研学成果的整理展示和研学成绩的认定等内容。

（一）研学后的总结和资料整理

一是整理研学成果。在研学实践过程中，研学日记、文献资料、问卷结果、实地考察报告、访谈调查结果、制作的模型成品、实验结果都是阶段成果材料，但这些材料都是孤立的，同学们要将其整理归类、去粗取精形成最后的研学报告。二是撰写研学体会。研学体会是在研学实践中的感悟和收获，侧重情感上、价值观上的获得。三是撰写研学报告。研学报告的一般内容包括研学实践的主题，目标和任务，线路和行程，研学过程记录，研学成果和分析，研学体会和收获。

(二) 研学成果交流与评价

成果交流是研学经验的分享，是研学成果的互动。同学们可以在交流中成长进步。

一是研学成果交流的形式。成果交流的形式多种多样，可以采用电子媒体，如在网页、微信平台传播展示成果，也可以通过传统平面媒体，如板报、手抄报等展示成果。还可以通过交流会、汇报会、答辩会等形式展示交流成果。二是研学评价。关于研学评价后面将有专门章节介绍，在此提供研学评价的参考标准，如下表所示。

评价指标	评价内容	得分		
		个人自评	小组互评	教师评价
情感态度投入情况	你能非常积极地参加学习活动，而且能主动组织或参与活动			
	在活动中你能与小组内其他同学很好地进行合作，并且互帮互助			
	在参加学习活动时非常认真，能够坚持到底，不半途而废			
	在学习过程中，你能勇敢地克服各种困难			
知识技能运用情况	在学习过程中，你很会查阅各种资料中的相关内容			
	在学习过程中，你能仔细地进行实地观察，并且较全面地记录相关内容			
	在学习过程中，你还能开展与探究内容相关问题的调查研究			
	在学习活动中，你很会将获得的相关资料进行科学整理			

（续表）

评价指标	评价内容	得分		
		个人自评	小组互评	教师评价
完成任务合作情况	在学习过程中，你还会运用各种工具（如书籍报刊、电视、广播、手机、相机以及互联网络等）来进行研究内容的资料收集			
	在学习过程中，你学会与他人交往，并能清楚地表达自己的意图和见解			
	在学习过程中，你能快速分析出问题，并准确总结出正确结论			
	在学习过程中，你在各个环节的任务完成效率都很高			
总评				

第四节　例谈校社家协同育人研学基地课程实施策略

本节以"长沙少年行"研学项目中"橘子洲头鸿鹄志"主题组织教学为例进行研学基地课程实施策略的详细介绍。

一、前置课程教学设计

前置课程一般是学生在教师指导下于学校完成的。教学内容主要包括如下几个方面：一是结合研学主题收集相关资料，如历史背景、人物故事、典型历史事件及影响、相关革命歌曲、革命诗词等；二是知晓安全、礼仪、纪律等研学要求，对学生进行分组；三是指导学生准备个人随行物品等；四是根据各自选择的场馆和确立的主题，进行开营仪式策划与设计相关准备，如朗诵、献礼。

【案例分享】

"橘子洲头鸿鹄志" 前置课程教案

课程主题	橘子洲头鸿鹄志
课程类型	前置课程
课程目标	1. 价值体认：通过查阅资料，了解橘子洲基本情况、毛泽东青年时期在长沙求学、工作、革命的奋斗历程，感知橘子洲红色文化的内涵与价值，激发学生对红色文化和革命历史的兴趣和敬仰之情。 2. 责任担当：通过小组分工合作完成前置准备，培养学生的责任意识、敢于担当的品质，提高学生团结协作、沟通表达能力。 3. 法治观念：强调研学过程的注意事项，引导学生遵守景区规定和交通规则，维护良好的研学秩序，养成文明出行习惯，树立安全意识和遵纪守法的意识。
课程时间	40分钟
课程场地	学校
课前准备	1. 研学小组划分：约6至8人为一组，充分考虑学生个体之间的差异，分组尽量做到每组整体水平均衡，保障团队任务的顺利完成。 2. 布置任务，分组搜集资料： 第一组：橘子洲头的基本情况和历史沿革 第二组：毛泽东所读书籍以及对他的影响 第三组：青年毛泽东的求学轨迹与读书方法 第四组：毛泽东1918—1925年在长沙的革命活动 第五组：毛泽东词《沁园春·长沙》的解读 第六组：毛泽东青年时期的朋友 （资料搜集整理提示：①依托当地图书馆、档案馆、书籍、互联网等多种渠道搜集；②搜集的资料先在小组内进行交流、整合，提取关键信息，为课堂上的汇报及后续研学活动做准备）。

（续表）

课程实施（教学过程）	穿越历史长河，探寻红色足迹
	一、背景讲解（20分钟） 1. 介绍伟人毛泽东 资料：2023年12月26日，习近平在纪念毛泽东同志诞辰130周年座谈会上的讲话上指出，毛泽东同志是伟大的马克思主义者，伟大的无产阶级革命家、战略家、理论家，是马克思主义中国化的伟大开拓者、中国社会主义现代化建设事业的伟大奠基者，是近代以来中国伟大的爱国者和民族英雄，是党的第一代中央领导集体的核心，是领导中国人民彻底改变自己命运和国家面貌的一代伟人，是为世界被压迫民族的解放和人类进步事业作出重大贡献的伟大国际主义者。 2. 资料汇报（每组汇报不超过3分钟） 第一组：橘子洲头的基本情况和历史沿革 第二组：毛泽东所读书籍以及对他的影响 第三组：青年毛泽东的求学轨迹与读书方法 第四组：毛泽东1918—1925年在长沙的革命活动 第五组：毛泽东词《沁园春·长沙》的解读 第六组：毛泽东青年时期的朋友 小结：根据大家的汇报，我们大概了解到了1911年春至1925年秋，毛泽东曾在长沙求学、工作和从事革命活动，经历了叱咤风云的峥嵘岁月，度过了风华正茂、意气风发的青年时期。橘子洲是毛泽东青年时期在长沙最为喜爱的活动场所，这里留下了毛泽东许多足迹，承载着深厚的历史底蕴和红色精神。为缅怀伟人风采，传承伟人精神，我们将踏寻伟人足迹，开展以"橘子洲头鸿鹄志"为主题的红色研学活动。 二、任务分组（10分钟） 过渡语：所谓研学，即游中有学，为保证大家度过一个充实而又有收获的旅程，我们划分了研学小组，制定了研学任务单。请大家仔细查看这张表格，弄清楚你所在的组在研学不同阶段需要完成的任务。 1. 研学小组划分：约6至8人为一组，充分考虑学生个体之间的差异，分组尽量做到每组整体水平均衡，保障团队任务的顺利完成。

（续表）

	2. 各阶段主要任务						
		第一组	第二组	第三组	第四组	第五组	第六组
课程实施（教学过程）	红色资料搜集整理（研学前）	橘子洲头的基本情况和历史沿革	毛泽东所读书籍以及对他的影响	青年毛泽东的求学轨迹与读书方法	毛泽东 1918—1925 年在长沙的革命活动	毛泽东诗词《沁园春·长沙》的解读	毛泽东青年时期的朋友
	超轻黏土手工制作（研学中）	1. 任务：以小组为单位，发挥想象，用超轻黏土制作青年毛泽东"闹市读书"的场景模型，感受伟人毛泽东对自我修养的追求。 2. 要求：①依据文本素材，集思广益，想象一个合适的阅读空间，体现"闹市"的特点。②考虑如何用黏土表现这个场景，并绘制简易场景草图。③做好人员分工，明确各小组成员工作任务。					
	情景剧编演（研学后）	1. 任务：以"毛泽东读书与立志"为主题，编演情景剧。参考素材如下："毛泽东不动笔墨不读书""毛泽东一本书反复读""毛泽东联系实际读书""毛泽东读'无字之书'""毛泽东利用一切可以利用的时间读书""毛泽东谦虚好学""毛泽东博览群书"。 2. 要求：①毛泽东的读书法有多种，请选择四个编入情景剧中。②情景剧表演时间控制在 8~15 分钟内。③情景剧要做到主题明确，剧情完整，贴近生活，积极向上。					
	三、活动要求（5 分钟） 过渡语：研学过程不同阶段都有不同的任务，同学们心里有数，可以帮助你们更好地融入研学。希望大家在后面活动中发挥团队协作精神，争取高质量完成对应的任务。出门在外，无论身处何地，安全问题始终是重中之重，接下来老师强调研学活动中的一些要求。 1. 安全要求 (1) 所有同学须全程参与集体活动，严禁单独行动。 (2) 注意研学旅途安全，遵守景区规定和交通规则，尤其是橘子洲头景区临水，不得攀爬、翻越江边防护栏杆，步行参观洲上景点时不得涉水。 (3) 注意食品安全，不得随意在景区流动摊点购买食物。 (4) 确保师生携带通信设备，并保持通信畅通，提前约定紧急联系方式和集合点，以便在需要时及时联系和集合。						

（续表）

| 课程实施（教学过程） | 2. 礼仪要求
（1）尊重历史：参观橘子洲先烈塑像，参加敬献花篮仪式时保持肃穆态度，不嬉笑打闹。
（2）着装得体：研学过程统一着学校校服或文化衫，保持穿着整洁、大方。
（3）文明参观：遵守景区规定，举止得体，礼貌交流，避免大声喧哗，维持良好的研学秩序。
（4）注意环保：不得乱丢乱扔垃圾，不破坏景区环境。
（5）爱护公物：遵循"眼看手勿动"原则，不得随意攀爬、触摸景区建筑和文物，不随意损坏或带走展览物品。
3. 纪律要求
（1）准时集合：严格遵守集中研学活动时间安排，不迟到、不早退。如有特殊情况需请假，需提前向班主任或带队老师说明原因。
（2）听从指挥：研学过程中，听从老师和景区工作人员的指挥和安排，不擅自离队，不私自行动。
（3）团队协作：积极参与团队活动，与同学互帮互助、相互支持，共同完成研学任务，不得擅自离组。
四、分组计划讨论（5分钟）
过渡语：强调以上安全、礼仪和纪律要求，旨在确保研学活动的安全有序进行，从中收获美好体验。对于即将开启的橘子洲研学活动，想必大家也充满期待和设想。接下来给大家5分钟时间，以研学小组为单位，分享自己对红色文化的理解和感受，也可以同组成员畅谈对即将开始的研学活动的期待和设想，并讨论如下两个内容。
（一）讨论
1. 本组研学任务组内分工
（1）青年毛泽东"闹市读书"的场景模型手工制作。
（2）以"毛泽东读书与立志"为主题的情景剧编演。
2. 橘子洲实地研学物资准备
学生自由讨论后，老师强调实地研学出行前的准备。
（二）出行准备
1. 教学素材和资料准备
（1）收集橘子洲头相关红色资料：红色故事、毛泽东传记、毛泽东诗词、革命歌曲等。
（2）主持词、讲解词、开班仪式学生誓词等。
2. 物资筹备
（1）必备物资：通信设备，研学活动横幅、标识牌、研学手册、笔记本，"闹市读书"场景模型手工制作材料（①黏土工具包：切割板、压泥板、擀泥棒、塑料刀、 |

课程实施（教学过程）	（续表） 镊子、剪刀、牙签、铜丝或铝丝、白乳胶、亮油、刷子；② 多种颜色的橡皮泥、围裙、一次性手套、水性笔、油画笔、10 张 A4 纸）、开班仪式敬献的花篮。 （2）教学器材：麦克风、扩音器、摄像设备、音响设备、小红旗等。 （3）生活物资：根据季节准备遮阳帽、雨具，自备足够的饮用水和干粮。 3. 其他准备：向学校和家长通报活动安排，获取支持和理解。购买相应保险。 课堂小结：通过这一堂课，我们对橘子洲的历史背景以及伟人毛泽东青年时期的在长沙的奋斗历程和活动轨迹等有了初步的了解，这不仅为我们后续的实地研学提供了必要的知识储备，还做了合理的计划和准备，接下来让我们寻迹伟人足迹，与橘子洲来一场美丽的相遇吧！

（案例提供：龚乐妮、张霞、李姣）

二、基地课程教学设计

基地课程分为参展课程、体验课程、班会活动三个部分。

（一）参展课程教学设计

以长沙列入计划的红色场馆为现场教学点，体现现场教学资源的内容和特点，紧密结合文物、文献等物质形态和革命精神、事迹、故事等非物质形态，设计参展课程和主题课程。其中参展课程又包括开班仪式、参观课程、展教课程三个环节。

环节一：开班仪式教学设计

【案例分享】

"橘子洲头鸿鹄志" 开班仪式教案

课程主题	橘子洲头鸿鹄志
课程类型	开班仪式
课程目标	1. 价值体认：通过庄严盛大的仪式，缅怀毛泽东，致敬一代伟人，领悟毛泽东青年时期挽救民族危亡的鸿鹄志向，学习伟人精神。 2. 责任担当：通过宣誓表态度，增强责任感和使命感。引领新时代青少年学生努力学习，树立远大志向，勇往直前，敢于担当，不负时代使命与责任。 3. 法治观念：通过践行开班仪式的纪律、礼仪要求，培养学生的组织纪律性。

（续表）

课程时间	15 分钟
仪式场地	基地（毛泽东青年艺术雕塑前）
仪式准备	1. 场地布置：设立主席台，悬挂横幅或标语，摆放音响设备，营造仪式氛围。 2. 物资准备： ①核心物资：符合场合要求的鲜花制成的花篮；符合场合和主题要求，确保准确性和感染力的宣誓词；悬挂的横幅或标语。 ②辅助物资：准备音响设备用以播放国歌、献花曲等音频材料；绶带或挽联；国旗、校旗、研学团旗；摄影摄像设备；合影留念需拉的研学横幅。 ③纪念品：视情况为参与研学的学生准备纪念品，如毛泽东像章。 3. 人员安排：确认参与仪式的人员和人数，另需主持人、礼仪人员、安保人员。
仪式过程（流程）	**逐伟人光辉，树鸿鹄之志** ——橘子洲研学开班仪式 一、集合、整队 1. 时间：橘子洲实地研学当天（具体时间按研学通知要求的时间）。 2. 地点：毛泽东青年艺术雕塑前平整开阔的广场（具体通知指定地点）。 3. 清点人数：由带队老师进行点名，确认参与人员到齐情况。 4. 队形：所有师生按照预定队形排列整齐，面向毛泽东青年雕像。 5. 要求：①全体师生快速、安静、整齐有序集合；②仪式期间营造庄重、肃穆的氛围。 主持人开场致辞：尊敬各位领导、老师们，亲爱的同学们，大家好！今天，我们齐聚美丽的橘子洲头，在这座承载着深厚历史文化底蕴的圣地，举行我们此次红色研学之旅的开班仪式。首先，请允许我代表研学课程组对大家的到来表示最热烈的欢迎和最诚挚的感谢。青年时代，毛泽东同志就以"自信人生二百年，会当水击三千里"的壮志豪情，立下拯救民族于危难的远大志向，投身救国救民的伟大事业。从此一生追寻，矢志不渝。今天，站在毛泽东青年艺术雕塑前，我们仿佛能穿越时空，感受到那份青年时代的壮志豪情与家国情怀。今天，我们站在这里，不仅要缅怀先烈，还要传承红色基因，将伟人精神内化于心、外化于行。希望同学们能够珍惜这次难得的学习机会，用心感受橘子洲的红色文化，用行动传承革命精神，让青春在为祖国、为人民的不懈奋斗中绽放出最绚丽的光彩！

(续表)

仪式过程（流程）	二、仪式环节 主持人：接下来，请允许我宣布本次开班仪式的具体流程：请全体人员肃立，第一项，向毛泽东青年艺术雕像敬献花篮。请礼仪人员上前，将我们最真挚的敬意，通过这束美丽的花篮，献给一代伟人毛泽东。 （一）向毛泽东青年艺术雕像敬献花篮 礼仪人员上前敬献花篮，带队领导和学生代表整理花篮上的缎带或挽联。有条件的可视情况用音响播放献花曲。 主持人：接下来，请全体人员面向毛泽东青年艺术雕像，进行三鞠躬。 （二）面向毛泽东青年艺术雕像三鞠躬 全体人员面向毛泽东青年艺术雕像，保持肃立。在主持人的口令下，进行三次深鞠躬，每次鞠躬时间可适当延长，以表达最深的敬意。 主持人：1925年深秋，32岁的毛泽东独立橘子洲头，凝视湘水滔滔北去，写下了脍炙人口的著名词作《沁园春·长沙》，发出了"问苍茫大地，谁主沉浮"的历史叩问，让长沙橘子洲头在中国红色革命历史中有了独特的地位，他赋予了橘子洲厚重的历史与鲜活的灵魂。接下来，进行仪式第三项，请同学们齐声朗诵毛泽东著名词作《沁园春·长沙》。 （三）学生齐诵毛泽东词作《沁园春·长沙》 独立寒秋，湘江北去，橘子洲头。看万山红遍，层林尽染；漫江碧透，百舸争流。鹰击长空，鱼翔浅底，万类霜天竞自由。怅寥廓，问苍茫大地，谁主沉浮？ 携来百侣曾游，忆往昔峥嵘岁月稠。恰同学少年，风华正茂；书生意气，挥斥方遒。指点江山，激扬文字，粪土当年万户侯。曾记否，到中流击水，浪遏飞舟？ 主持人：毛泽东的词作气势磅礴，同学们的朗诵铿锵有力。今天我们在这里举行盛大仪式，不仅是为了缅怀和致敬，作为新时代青少年的大家，我们还要继承毛泽东的壮志，弘扬伟人精神。接下来，进入仪式第四项，学生宣誓。 （四）学生宣誓 学生代表上前领誓，全体学生面对雕像，手举右拳，进行庄严宣誓： 作为新时代的青少年，今天我在这里郑重承诺：遵守研学纪律，认真参与研学实践，我将永远铭记历史，传承红色精神，以青春之名，不负时代使命与责任，坚定成为社会主义建设者和接班人。我承诺努力学习，不断提高自身综合素质和能力水平，以伟人为榜样，热爱祖国，树立远大理想，追寻五星红旗的光芒，勇往直前，在实现中华民族伟大复兴的中国梦道路上，贡献青春力量，书写属于我们这一代人的华章！ 主持人总结：今天的开班仪式在同学们掷地有声的青春誓言中告一段落。这次红色研学之旅不仅是一次知识的学习，更是一次心灵的洗礼和精神的升华。希望同学们能够珍惜这次机会，积极参与各项研学活动，勇于探索、

仪式过程（流程）	敢于实践，将所学所感内化为成长的动力和源泉。同时，也请大家注意安全、遵守纪律、团结协作，共同营造一个和谐、有序、高效的研学氛围。 主持人：最后，请全体人员合影留念，记录下这一难忘的时刻。谢谢大家！ 三、合影留念 (准备高清相机、研学横幅，以毛泽东青年艺术雕塑为背景，记录下开班仪式美好瞬间。) 1. 合影准备：主持人或带队老师提醒师生整理好个人仪容仪表，注意站姿和表情。 2. 组织队形：以毛泽东青年艺术雕像为背景，根据场地情况和参与人数合理组织队形，通常分成几排站立，保持适当距离，确保每个人都能被清晰拍到。(如有特定队形要求，如心形、校徽形状等，可以提前排练。) 3. 调整细节：保持面部表情自然，精神状态昂扬向上，可根据需要适当增加切合研学主题的手势动作、口号。排除杂物入镜。

（案例提供：龚乐妮、张霞、李姣）

环节二：参观课程教学设计

根据主题选择场馆展览内容，一般以场馆解说为主，让学生比较全面了解场馆整体布展内容。如下面这个案例所示。

【案例分享】

"橘子洲头鸿鹄志"参观课程教案

课程主题	橘子洲头鸿鹄志
课程类型	参观课程
课程目标	价值体认：①通过实地参观，领略橘子洲景区的秀美风光，增进学生对长沙地域文化的认识，激发对家乡、祖国美丽河山的热爱。②通过实地探访诗词碑、毛泽东青年艺术雕塑、问天台等红色景点，加深对橘子洲红色文化的认同感和自豪感。 2. 责任担当：通过考察橘子洲的生态，了解湘江的水体保护知识，增强环保意识和责任感，传播生态理念。 3. 科学精神：通过识别景区丰富植被名称、种类，观测湘江流向、水文特点，培养学生科学观察、科学分析的能力。

（续表）

课程时间	30分钟
课程场地	基地
课前准备	1. 了解景区信息：开放时间、免费及收费项目内容、景区交通、景点分布及景点是否开放观览，特别注意景区预约入园制度，确保提前预约并了解入园流程。 2. 提醒安全、礼仪、纪律等方面注意事项：①强调景区内安全注意事项，不乱跑、不攀爬，不靠近危险区域；提醒学生注意个人财物安全，不要携带过多贵重物品。②强调遵守景区规定，不乱扔垃圾，爱护景区环境和公物，文明参观。③确保师生携带通信设备，并保持通信畅通，听从老师和景区工作人员的指挥和安排，不擅自离队，不私自行动。 3. 生活物资：携带足够的饮用水和干粮，确保学生在活动过程中的饮食需求。视天气情况准备防晒用品、衣物、雨具等。
课程实施（教学过程）	一、出发与抵达 1. 起点：学校集合点。 2. 交通方式：乘坐大巴车前往橘子洲景区。 3. 解说词：同学们，今天我们将踏上一场红色研学之旅，前往长沙地标景点之一的橘子洲。在这里，我们将踏寻伟人毛泽东青年时代的足迹，感受长沙红色文化的魅力。请大家系好安全带，我们即将启程。 二、从景区入口前往毛泽东青年艺术雕塑途中 1. 抵达方式：从橘子洲景区入口乘车直达毛泽东青年艺术雕塑处。 2. 主要活动：乘车过程观赏沿途风光，听研学老师解说橘子洲的基本情况。 3. 解说词：橘子洲头是长沙市的一颗璀璨明珠，这里不仅是长沙母亲河湘江中心的一座美丽沙洲，更是长沙近现代历史的重要见证。橘子洲四面环水，风景秀丽，是国家重点风景名胜区。从远处看，橘子洲如同一艘巨轮停泊在江心之中。1925年，青年毛泽东在橘子洲头挥笔写就脍炙人口的《沁园春·长沙》，抒发了心忧天下、济世救民的壮志豪情，为历史、为中华民族留下一首流芳百世的华美辞章。从此橘子洲美誉风传，名扬四海，成为蜚声中外的"天下第一洲"。 三、毛泽东青年艺术雕塑 1. 参观方式：下车后步行近距离瞻仰毛泽东青年艺术雕像。

（续表）

课程实施（教学过程）	2. 主要活动：研学团队在毛泽东青年艺术雕塑前开展开班仪式（详细方案见开班仪式课程）；品鉴雕塑的艺术性，感受青年毛泽东风华正茂、胸怀大志的形象。 3. 解说词：现在我们来到了毛泽东青年艺术雕塑前。这座雕塑以1925年青年时期的毛泽东形象为原型，设计上凸显了深意，如高达32米，寓意1925年毛泽东创作《沁园春·长沙》时年32岁。其造型艺术地再现了毛泽东青年时代胸怀大志、风华正茂的形象。同学们，请仔细观察雕塑的每一个细节，大家还可以看到毛泽东雕塑眼神坚定，眉头轻锁，仿佛在思考国家的未来。我们不妨想象一下年轻时的毛泽东，怀揣着改变国家命运的梦想，他的思考和决策是多么的重要。这座雕塑不仅是对毛泽东的缅怀，也激励我们每一位年轻人要树立远大的理想和抱负并为之奋斗。 四、毛泽东《沁园春·长沙》诗词碑 1. 参观方式：从毛泽东青年艺术雕塑步行前往。 2. 主要活动：了解碑上刻写的词《沁园春·长沙》背后的历史背景；了解毛泽东与橘子洲的深厚渊源。 3. 解说词：《沁园春·长沙》诗词碑是橘子洲景区文化与历史的精髓代表，碑的北面镌刻毛泽东手书"橘子洲头"四个鎏金大字，南面刻有《沁园春·长沙》一词，该碑现为湖南省级保护文物。橘子洲又名水陆洲、橘洲，历史悠久，西晋时始形成沙洲，唐代以产橘盛名，宋代为潇湘八景之一"江天暮雪"所在地。1914—1918年，青年毛泽东在湖南省立第一师范学校求学期间，经常与同学登临橘子洲评判时局、纵论国事，从此，橘子洲成为青年毛泽东早期从事革命活动的热土。1925年，毛泽东从广东回到湖南开展农民运动，其间重游橘子洲头，胸怀天下的毛泽东，朗声吟诵气势磅礴的《沁园春·长沙》，从此，橘子洲与毛泽东这个伟大的名字密不可分。新中国成立后，他对这片布满他青春足迹的土地十分眷念，又曾八次重游。对老一辈中国人来讲，仅仅"橘子洲头"这四个字就能引来人们无限的崇拜和向往。 五、问天台 1. 参观方式：从诗词碑步行前往。 2. 主要活动：临水观江，感受青年毛泽东那份"问苍茫大地，谁主沉浮"的豪迈情怀。临江观景，俯瞰橘子洲的美景，欣赏湘江两岸自然景观与城市风光。结合地理知识观测湘江流向、水文特点。

(续表)

课程实施（教学过程）	3. 解说词：同学们，请大家跟我一起登上问天台。问天台位于橘子洲头的最南端，这里是一个充满故事的地方。毛泽东曾无数次站在这里，眺望湘江北去，聆听阵阵涛声，思考当时中华民族的未来走向。《沁园春·长沙》中那一句"问苍茫大地，谁主沉浮"的历史叩问正是从这里启航，激励了一代又一代的中华儿女。毛泽东青年时期还经常与好友在湘江中游泳，还在学校里组织了一个大规模的游泳队，这种锻炼方式不仅增强了他的体能，也培养了他的坚韧意志。问天台还是一处绝佳的观景位置。站在这里可以俯瞰整个橘子洲的美景，橘子洲上绿树成荫，景色宜人，洲头广场上的毛泽东青年艺术雕像巍峨耸立。如果临水观江，湘江的浩渺与壮丽尽收眼底。湘江如一条碧绿的绸带，从橘子洲头缓缓流过，水面波光粼粼，映照着两岸的青山与建筑。远处的江面开阔无垠，仿佛能包容世间万物，让人心胸豁然开朗。站在此处还能领略两岸城市风光的独特魅力。随着城市的发展，湘江两岸的高楼大厦如雨后春笋般拔地而起，与古老的岳麓山相映成趣。现代化的城市景观与自然风光完美融合。问天台的设计充满了深意，它不仅是一个物理上的高点，更是精神上的高地。我建议大家可以闭上眼睛，深呼吸一口新鲜的空气，让心灵得到彻底放松。想象当年毛泽东站在这里，指点江山，激扬文字的画面，感受毛泽东当年抒发豪情壮志的自信瞬间。然后打开心扉，试着与这片美丽的江景进行一场心灵的对话，或许你会在这里找到一份宁静与安详，也或许你会在这里激发出无限的灵感与创意，抑或升起属于你自己的人生宏伟理想信念。 六、《谁主沉浮》雕像群 1. 参观方式：从问天台步行前往。 2. 主要活动：了解毛泽东青年时期志同道合的朋友与早期的革命活动。 3. 解说词：毛泽东青年艺术雕像背后不远处的《谁主沉浮》雕像群是橘子洲景区名人文化的精华所在。五位雕像人物为：毛泽东、蔡和森、何叔衡、向警予、肖三。他们都是新民学会的主要发起人，以毛泽东为首的新民学会"以革新学术、砥砺品行、改良人心风俗"为初旨，后确定"改造中国和世界"为宗旨，对中国的国事和命运产生了广泛的影响。那座女性雕塑就是向警予。她的事迹激励着无数女性投身革命事业。

（续表）

课程实施（教学过程）	七、橘子洲上漫步与生态考察 1. 参观方式：从《谁主沉浮》雕像群折返向景区入口方向漫步观赏。 2. 主要活动：欣赏橘子洲上的自然景观、园林景观，探访历史文化遗迹；考察洲上生态环境，识别景区丰富植被名称、种类；了解湘江水体保护知识。 3. 解说词：橘子洲上池柳水榭，秀丽清幽，景区内精心营造了桃园、竹园、桂园、梅园、橘园等各具特色的园林景观。这些园子根据春、夏、秋、冬四季主题设计，为游客提供四季不同的观赏体验。沿着蜿蜒的步道，沿途能看到各种雕塑和纪念性建筑，每一处都有其独特的故事。位于梅园内的"朱张渡"是历史上"朱张会讲"的遗址，纪念南宋时期著名理学大师朱熹与张栻的"渡人讲学"美德。橘子洲景区内保存有7处11栋近现代保护建筑，有原神职人员寓所、美孚洋行、唐生智公馆等。这些建筑不仅见证了长沙的历史变迁，也为游客提供了深入了解当地历史文化的机会。历史文化遗存和人文景点掩映于各园之中，亭台楼阁，相映成景，精致的古建筑和简约的现代建筑交相辉映，相得益彰。橘子洲以其得天独厚的自然条件和丰富的植被资源，成了一个生态环境优良的自然景区。景区内绿树成荫，花香四溢，各种鸟类和昆虫在此繁衍生息，形成了一个和谐的生态系统。带了电子手表的同学不妨拍照识别一下这些丰富植被的名称和种类。橘子洲位于长沙市区中湘江江心。景区加强对湘江水质的监测和保护工作，确保水质达标并符合生态要求。同时，景区还通过建设生态浮岛等措施来净化水质和改善水环境。 七、总结与返程 1. 集合地点：景区入口处。 2. 返程方式：乘坐大巴车。 3. 总结词：亲爱的同学们，今天的橘子洲红色研学之旅即将画上圆满的句号。在橘子洲，我们领略了景区的秀美风景，踏寻了伟人的足迹，聆听了伟人的光辉事迹。回望这段旅程，我们收获了知识、友谊和成长，虽然我们的脚步即将离开这片热土，但红色文化的精神将永远铭刻在我们的心中。

（案例提供：龚乐妮、张霞、李姣）

环节三：展教课程教学设计

展教课程旨在围绕场馆中资源的某个点进行红色基因的深挖和聚焦某个主题的深度探究，主要包括背景知识讲解，深度问题讨论，拓展活动思考等方面。如下面这个案例所示。

【案例分享】

"橘子洲头鸿鹄志"展教课程教案

课程主题	橘子洲头鸿鹄志
课程类型	展教课程
课程目标	1. 价值体认：了解青年毛泽东立志求索的经历，启发学生该如何立志，找到人生前进的方向。 2. 责任担当：引导学生传承红色基因，做一个有理想，有担当的人。
课程时间	30分钟
课程场地	基地
课程实施（教学过程）	风华正茂，立志救国 ——走进毛泽东的青春岁月 一、故事导入（5分钟） 问题1：同学们，我们都知道毛泽东在橘子洲创作了脍炙人口的词篇《沁园春·长沙》，那你们知道词中所描述的"携来百侣曾游，忆往昔峥嵘岁月稠。恰同学少年，风华正茂，书生意气，挥斥方遒，指点江山，激扬文字，粪土当年万户侯"讲的是什么事情吗？ 预设：1913年至1923年，毛泽东经常与挚友蔡和森、罗学瓒、张昆弟等在湘江搏浪击水，累了，便来到橘子洲头的一棵朴树下，一边休息，一边评论国家大事。 和朋友游泳横渡湘江，谈论国家大事，这就是青年毛泽东在长沙时经常做的事情，从中我们可以感受到毛泽东的豪情壮志。他所想的，是要改造旧中国，救国救民。 二、资料讲解（10分钟） 过渡语：青年毛泽东何以在学生时期就树立了救国救民这样远大的志向呢？ 链接资料一：毛泽东喜欢读各类书籍。读书使他产生明确的"天下兴亡，匹夫有责"的观念。此外，他还喜欢看报纸，从报纸上了解当前局势，思考国家大事。

(续表)

课程实施（教学过程）	过渡语：毛泽东在书籍报刊的影响下，已经有了救国救民的意识，但具体要做什么，他也曾迷茫过。我们看到他在《红星照耀中国》中自述的一段话。 链接资料二："那时候（1911年），办了许多学校，通过报纸广告招徕新生。我并没有一定的标准来判断学校的优劣，对自己究竟想做什么也没有明确主见。一则警察学堂的广告，引起我的注意，于是去报名投考。但在考试以前，我看到一所制造肥皂的'学校'的广告，不收学费，供给膳宿，还答应给些津贴。这则广告很吸引人，鼓舞人。它说制造肥皂对社会大有好处，可以富国利民。我改变了投考警校的念头，决定去做一个肥皂制造家。我在这里也交了一元钱的报名费……另外一位朋友劝告我，说国家现在处于经济战争之中，当前最需要的人才是能建设国家经济的经济学家。他的议论打动了我，我又向这个商业中学付了一元钱的报名费……我也在认真地考虑自己的'前途'，我差不多已经做出结论，我最适合于教书。"（来源于《红星照耀中国》） 过渡语：在湖南省立第一师范学校求学的时候，毛泽东还结交了一大批朋友，是怎么结交的呢？我们通过一段视频来了解一下。 链接资料三：1915年秋天，毛泽东以"二十八画生"的名义，向长沙各校发出油印的"征友启事"，指明要结交坚强刚毅、随时准备为国捐躯的青年为友。后来，1918年，毛泽东组织创建了五四时期全国影响最大的革命团体——新民学会。同年8月，会员增至20余人。 三、思考讨论（13分钟） 过渡语：同学们，刚刚我们了解了毛泽东学生时代的读书生活，毛泽东何以在学生时期就树立了"救国救民"的远大志向？你的心中是否也有了答案呢？ 【课件展示】思考1：毛泽东何以在学生时期就树立了如此远大的志向？请从毛泽东自身的角度分析原因。 （学生先个人思考2分钟，小组讨论3分钟，小组汇报5分钟） 预设：（1）热爱读书，在书籍中拓宽视野。（2）心中始终有国家，把个人发展与祖国需要结合起来，积极实践。（3）结交志同道合的朋友，朋友之间的相互影响，坚定了他的志向。（4）勤锻炼，强健了体魄，磨炼了意志。 小结：正所谓"时势造英雄"，毛泽东能树立"救国"的远大志向，是时代的召唤，更是他爱读书、勇实践、交志友、勤锻炼的结果，这些即他立下志向的方法，也是他实现志向的途径。在这一志向的指引下，他在长沙时就一步步走上了革命的道路。

(续表)

课程实施（教学过程）	问题2：俗话说："志不立，天下无可成之事。"然而，很多时候，我们找不到人生前进的方向，不知如何立志，读了青年毛泽东的立志经历，对于如何立志，找到人生的前进方向，你得到了哪些启示？ 【课件展示】思考2：毛泽东的立志经历，给你的立志带来了哪些启示？ 预设：（1）文明精神；（2）野蛮体魄；（3）心中有国；（4）多交志友；（5）敢于实践。 希望同学们在读书生活中向毛泽东学习，把个人理想和祖国的发展，人民的需要结合起来，早立志，立大志，做一个有理想，有担当的人！ 四、实践拓展（2分钟） 毛泽东的一生充满了奇情壮志，与读书密不可分。他在读书中一步步明确了自己的志向，也在读书中一步步实现了自己的志向。课外请同学们查找资料，了解毛泽东"读书与立志的故事"，并试着编写情景剧进行演出。

（案例提供：龚乐妮、张霞、李姣）

（二）体验课程教学设计

结合研学实践主题，开展实践体验课程、班会活动。

环节一：实践体验课程教学设计

实践体验课程主要包括场馆文创产品开发及相关活动策划和体验。如下面这个案例所示。

【案例分享】

"橘子洲头鸿鹄志"体验课程教案

课程主题	橘子洲头鸿鹄志
课程类型	体验课程——"闹市读书"场景模型设计（超轻黏土手工制作课）
课程目标	1. 价值体认：通过场景模型的设计，感受伟人对自我修养的追求，学习其求知的精神。 2. 责任担当：让学生通过小组合作学习和自我评价的形式，强化其对自己学习的责任感和对同伴学习进展的关心，培养团队合作能力和团队精神。

（续表）

课程目标	3. 科学精神：能在实践中主动发现问题，运用所学知识理解和解决问题，并能做出基于证据的解释。同时增强工作统筹安排的意识。 4. 法治观念：通过将纪律、卫生等纳入小组合作评价量表中，引导学生遵守规则秩序，讲究文明卫生，养成良好的劳动习惯，增强其安全意识和遵纪守法意识。 5. 创意物化：通过设计、制作、装配等操作过程，学习并熟练运用黏土制作的基本技能，提高造型能力；发展实践创新意识和审美意识，提高创意实现能力。
课程时间	80分钟
课程场地	基地
课前准备	1. 场地准备：适合6~8人小组使用的工作台若干张 2. 材料准备：以桌为单位准备 ①黏土工具包（切割板、压泥板、擀泥棒、塑料刀、镊子、剪刀、牙签、铜丝或铝丝、白乳胶、亮油、刷子）；②彩色橡皮泥、围裙、一次性手套、水性笔、油画笔、10张A4纸。 3. 资料准备：以桌为单位准备 ①超轻黏土基本技法图片；②小组合作学习评价量表；③毛泽东"闹市读书"故事。
课程实施（教学过程）	一、课堂导入环节（1分钟） 导语：毛泽东一生酷爱读书。他最有名的有关读书的言论就是："饭可以少吃，觉可以少睡，书可不能少读啊！"为培养自己看书的习惯，让自己在学习时不受外界干扰，他特意到最喧闹的地方读书，这就有了毛泽东"闹市读书"的小典故。今天，我们这节体验课的内容就与它有关。请看课件。 （展示活动任务，明确活动要求。） 依据文本素材，运用想象，以学习小组为单位，用超轻黏土制作青年毛泽东"闹市读书"的场景模型，感受伟人毛泽东对自我修养的追求。 活动要求： 1. 以小组为单位开展活动，小组成员间分工要合理科学，确保人人有事做，事事有人做。教师将从小组活动、作品展示、纪律卫生等维度对学习小组进行评价。 2. 正确使用锋利或尖锐的工具，以确保安全。注意保护好作品，避免碰撞和损坏。

（续表）

课程实施（教学过程）	3. 活动结束后，及时整理桌面，保持工作区域的整洁。 二、活动策划环节（5分钟） 导语：心急吃不了热豆腐，凡事不能急于求成，一定要先谋划后行动。完成该项任务一般要经历构思阶段、制作阶段和分享阶段三阶段。（展示活动步骤课件。） "场景模型制作"活动步骤 	序号	阶段	主要任务
1	构思阶段	进行作品构思
2	制作阶段	①使用黏土制作场景中的人物形象、需用到的各类物件。②构建"闹市读书"场景整体模型。③记录制作过程中遇到的困难以及解决办法。
3	分享阶段	分组展示作品。讲述作品背后的设计理念、遇到的困难以及解决办法。 | 思考：在构思阶段我们需要先做哪些事，才能提高工作效率，避免盲目随意操作。 1. 小组自由交流讨论，形成意见。 2. 教师听取学生意见，明确要点。 （展示课件2） "场景模型制作"活动步骤 | 序号	阶段	主要任务
1	构思阶段	①依据文本素材，集思广益，想象一个合适的阅读空间，体现"闹市"的特点。②考虑如何用黏土表现这个场景，并绘制简易场景草图。③做好人员分工，明确各小组成员工作任务。
2	制作阶段	①使用黏土制作场景中的人物形象、需用到的各类物件。②构建"闹市读书"场景整体模型。③记录制作过程中遇到的困难以及解决办法。
3	分享阶段	分组展示作品。讲述作品背后的设计理念、遇到的困难以及解决办法。	

（续表）

课程实施（教学过程）	三、创作实践环节（40分钟） 导语：每个阶段要做什么，大家应该都清楚了。接下来，就到了大家动手实践的时候了，时间是40分钟。请大家在规定的时间内按步骤、要求完成作品设计制作，看看哪一个小组完成得好，最贴近主题，最具创意，最生动。 此阶段主要活动： 1. 学生自主设计，创意制作 2. 教师走动管理，适时指导 四、成果展示环节（20分钟） 1. 小组展示 导语：各小组作品都已完成，接下来就到了令人期待的展示环节。要知道，每一次的分享，都是一次思想的启迪，期待大家的分享，能激发我们新的灵感与创意。请各组派一名代表依次上台展示。首先有请第一组上台分享。（根据时间长短，酌情安排分享的组数，或全部分享或部分分享） 2. 生生互评 学生相互交流意见看法 五、师生评价环节（10分钟） （一）教师点评（8分钟） 提示：教师点评可从以下三个方面进行，以表扬鼓励为主，兼给出建议。 1. 孩子们在活动中的参与度和创造力 2. 孩子们完成作品的技巧和细节处理 3. 对"闹市读书"主题的理解和表达 （二）小组自评（2分钟） 导语：我们的小组展示到这里就结束了，最后请各小组对本节课的学习情况及时进行总结和反思，完成《小组合作学习评价量表》自评部分并上交教师。（展示课件《小组合作学习评价量表》评分情况，给出总评分） 五、课堂小结（1分钟） 通过这堂黏土手工制作体验课程，同学们不仅提升了动手能力，也感受到了团队合作的重要性，更希望同学们能够向伟人毛泽东学习，热爱阅读，自觉主动培养阅读的静心与恒心，让阅读来滋养我们的生命，丰盈我们的内心。 六、课后作业（3分钟） 毛泽东读书讲究方法，除了"闹市读书"外，"不动笔墨不读书""好书反复读""读'无字之书'"等方法至今都对我们具有指导意义。下节课，我们将以"青年毛泽东读书与立志"为主题，编演情景剧。课后，请同学们利用参考书籍及相关网站，搜集整理相关资料，为编演情景剧做好准备。

(续表)

课程实施（教学过程）	参考资料： 1. 毛泽东的读书法（选择四个编入情景剧中） 2. 编演情景剧的方法及案例 3. 剧本写作的方法及案例 4. 情景剧的岗位分工 5. 其他对编剧有指导作用的资料

（案例提供：龚乐妮、张霞、李姣）

环节二：班会活动教学设计

班会活动是当天基地研学体验的分享与交流，主要包括两个方面的内容：一是聚焦主题；二是结合自身实际，讨论下一步的行动。

【案例分享】

"橘子洲头鸿鹄志"主题班会教案

课程主题	橘子洲头鸿鹄志
课程类型	主题班会
课程目标	1. 价值体认：引导学生立志报国，从我做起，从现在做起，为实现中华民族伟大复兴中国梦贡献力量。 2. 责任担当：了解新时代国情，明确国家仍面临挑战，让学生意识到自己身上的使命担当。 法治观念：引导学生做遵纪守法的好公民。
课程时间	40分钟
课程场地	基地
课程实施（教学过程）	立志报国，强国有我 一、复习导入（5分钟） 通过本次研学，大家有哪些收获呢？ （生自由发言） 小结：我们在橘子洲头领略了青年毛泽东的风采，感受到了他的豪情壮志。在展教课上，我们回顾了毛泽东的青春岁月，学习了毛泽东的立志方法。如今我们生长在红旗下，社会安定，祖国繁荣，我们又该如何践行自己的报国之志呢？让我们一起走进本次主题班会：立志报国，从我做起。

（续表）

课程实施（教学过程）	二、了解国情，明担当（5分钟） 过渡语：立志报国，从我做起，首先，我们要了解我们国家的发展现状，虽然我们伟大的祖国日渐繁荣昌盛，但在发展过程中，仍然面临许多危机和挑战。 （通过播放视频，了解中国国情，让学生明确我们的祖国虽然繁荣昌盛，但依然面临很多挑战。） 小结：新时代，我们的国家也会面临新的挑战。同学们，作为未来世界的建设者，你们身上肩负重任，你们的理想抱负与国家发展紧密相连。希望你们心中始终有国家，有大梦想，大格局。 三、认识自我，定方向（10分钟） 要立志报国，不仅要了解国情，也要了解自己。不是人人都要去做科学家，个个都要成为毛泽东。只要心中有国家，能够发挥自己的长处，挖掘自己的潜能，都能为祖国作贡献。因此，我们需要了解自己将来适合做什么样的事情，然后就可以朝着这个方向前进。 （解读霍兰德的职业选择理论，让学生初步探索自己的未来方向。） 人的职业兴趣类型可分为以下几种： 1. 社会型 共同特征：喜欢与人交往，不断结交新的朋友，善言谈，愿意教导别人。关心社会问题，渴望发挥自己的社会作用。寻求广泛的人际关系，比较看重社会义务和社会道德。 典型职业：喜欢要求与人打交道的工作，能够不断结交新的朋友，从事提供信息、启迪、帮助、培训、开发或治疗等事务，并具备相应能力。如教育工作者（教师、教育行政人员），社会工作者（咨询人员、公关人员）。 2. 企业型 共同特征：追求权力、权威和物质财富，具有领导才能。喜欢竞争，敢冒风险，有野心，有抱负。为人务实，习惯以利益得失来衡量做事的价值，做事有较强的目的性。 典型职业：喜欢要求具备经营、管理、劝服、监督和领导才能，以实现机构、政治、社会及经济目标的工作，并具备相应的能力。如项目经理、销售人员、政府官员、企业领导、法官、律师。 3. 常规型 共同特点：尊重权威和规章制度，喜欢按计划办事，细心、有条理，习惯接受他人的指挥和领导，自己不谋求领导职务。喜欢关注实际和细节情况，通常较为谨慎和保守，缺乏创造性，不喜欢冒险和竞争，富有自我牺牲精神。

(续表)

课程实施（教学过程）	典型职业：喜欢要求注意细节、精确度，有系统有条理，具有记录、归档，根据特定要求或程序组织数据和文字信息的职业，并具备相应能力。如秘书、记事员、会计、行政助理、图书馆管理员、出纳员、打字员、投资分析员。 4. 现实型 共同特点：愿意使用工具从事操作性工作，动手能力强，做事手脚灵活，动作协调。偏好于具体任务，不善言辞，做事保守，较为谦虚。缺乏社交能力，通常喜欢独立做事。 典型职业：喜欢使用工具、机器，需要基本操作技能的工作。对要求具备机械方面才能、体力或从事与物件、机器、工具、植物、动物相关的职业有兴趣，并具备相应能力。如技术型职业（计算机硬件人员、摄影师、制图员、机械装配工），技能型职业（木匠、厨师、技工、修理工、农民等一般劳动力）。 5. 调研型 共同特点：思想家而非实干家，抽象思维能力强，求知欲强，肯动脑，善思考，不愿动手。喜欢独立的和富有创造性的工作。知识渊博，有学识才能，不善于领导他人。考虑问题理性，做事喜欢精确，逻辑分析和推理，不断探讨未知的领域。 典型职业：喜欢智力的、抽象的、分析的、独立的定向任务，要求具备智力或分析才能，并将其用于观察、估测、衡量、形成理论、最终解决问题的工作，且具备相应的能力。如科学研究人员、教师、工程师、电脑编程人员、医生、系统分析员。 6. 艺术型 共同特点：有创造力，乐于创造新颖、与众不同的成果，渴望表现自己的个性，实现自身的价值。做事理想化，追求完美，不重实际。具有一定的艺术才能和个性。善于表达，怀旧，心态较为复杂。 典型职业：喜欢的工作要求具备艺术修养、创造力、表达能力，并将其用于语言、行为、声音、颜色和形式的审美、思索和感受，具备相应的能力。如演员、导演、艺术设计师、雕刻家、建筑师、摄影家、广告制作人、歌唱家、作曲家、乐队指挥、小说家、诗人、剧作家。 四、学习榜样，汲力量（15分钟） 过渡语：同学们，要实践报国之志，不仅仅需要有理想，有方向，还要有行动。让我们来听听"时代楷模"的故事，相信他们的故事会带给我们一些启发。 任务一：聆听"时代楷模"张桂梅的故事，思考张桂梅是如何报效国家的？ "时代楷模"：张桂梅

	（续表）
课程实施（教学过程）	张桂梅同志坚守初心、对党忠诚，响应党的号召，毅然到云南支援边疆建设，跨越千里、辗转多地，无怨无悔。她创办免费女子高中，帮助数千名山区女孩改变命运，为国家输送了一批又一批学子。她坚决贯彻党的教育方针，将坚定的理想信念融入办学体系，用红色教育为师生铸魂塑形。2000年，她在领取劳模奖金后，把全部奖金5000元一次性交了党费。她把对党的忠诚和对人民的热爱渗透在血脉里，在她身上充分体现着一名共产党员初心如磐的精神品质和至诚至深的家国情怀。 小结： 将来不管从事哪种职业，我们都要：（1）响应党和国家的号召；（2）在平凡的岗位上，脚踏实地做好自己的事情；（3）无私奉献；（4）遵纪守法。 任务二：听同学讲述石睿博的故事，思考——立志报国，作为学生的我们能做些什么呢？ 新时代好少年：石博睿 勤学善思，点亮编程之光 石博睿出身在一个书香家庭，家里学习氛围浓厚，他从小就爱上了科学探索。他兴趣广泛，围棋、魔方、编程、实验、科技等都有涉及，他的零花钱从不用来买零食，而是订阅《探索地理》《少年电脑世界》等科普杂志。他喜欢独立思考，上网寻求问题的解决方案，实在解决不了再向他人请教。 2016年，石博睿开始接触计算机编程和机器人设计。浓厚的兴趣驱使着他不断尝试，他终于学会把一个个零件组装成灵巧的机器。当看到自己组装的小风扇、小汽车"活"了，他兴奋得手舞足蹈。6岁的石博睿体验到了科技的力量，也更坚定了学习编程的决心，从此他把编程变成自己的最爱，科技报国的志向也在他心里扎根。 编程让很多成年人都望而却步，对于只有6岁的石博睿来说，更是难上加难。但热爱是最好的老师，石博睿不怕吃苦，刻苦学习。在平时的操练中，为了练好一个程序，他经常反复试验。爸爸妈妈不忍心，劝他休息，他则废寝忘食，忘我投入。有一次他去合肥参赛未取得理想成绩。赛后，他认真总结经验，反复试验，小手都磨出了血泡，姥姥心疼得直掉眼泪。 多年来，训练的艰辛石博睿从不放在心上，设计，编程，失败，寻找原因，再设计，再编程，这让石博睿几乎用上了所有的校外时间，但就是凭着这样一股韧劲，也让他的机器人设计之路越走越宽。他不仅通过了全国青少年机器人技术等级考试，还先后获得许多机器人编程奖项。 坚定理想，添彩成长之路 多年的坚持，让石博睿越来越喜欢科学，也让他科技报国的理想愈发坚定！

（续表）

课程实施（教学过程）	于是，他刻苦阅读学习，《红色家书》《少年读史记》等他都如数家珍；他钻研难题，尝试着从不同角度分析研究，锻炼思维，各科成绩也始终在班里名列前茅，每学期都被评为校级"优秀少先队员""三好学生""优秀学生干部"。 小结： 在学生时代我们就要做到：（1）努力读书，善于思考；（2）敢于尝试，积极实践；（3）坚定理想，不惧失败。 五、宣读誓词，记心间（3分钟） 过渡语：同学们，立志报国，不仅仅需要我们心系祖国，还需要我们用实际行动去实现报国理想。请全体同学起立，举起右手，和我一同宣读誓言。 我宣誓： 热爱祖国，矢志不渝。勤奋学习，提升自我。锐意进取，自强不息。心系民族，勇担使命。遵纪守法，做合格公民。我将以满腔的热情，坚定的信念，切实的行动，为实现中华民族伟大复兴的中国梦而努力奋斗！ 六、总结寄语，表期望（2分钟） 同学们，希望大家时刻不忘自己是这个国家的一员，是这个社会的未来脊梁。希望每一个人厚植家国情怀，涵养进取品格，以奋斗的姿态激扬青春，不负时代，不负韶华。

（案例提供：龚乐妮、张霞、李姣）

三、拓展课程教学设计

红色研学主题活动要指向实践行动，因此，拓展课程显得尤为重要。在拓展课程设计中，笔者制定了拓展课程建设的原则：一是"三结合"，与优秀传统文化结合、与社会主义先进文化结合、与学科课程内容相结合。二是"三场地"，在学校、社会、家庭场景不同地点完成项目。三是"三主体"，学校、社会、家长参与指导。如下面这个案例所示。

【案例分享】

"橘子洲头鸿鹄志"拓展课程教案

课程主题	橘子洲头鸿鹄志
课程类型	拓展课程——"毛泽东读书与立志"主题情景剧编演
课程目标	1. 价值体认：学生通过剧本创作和角色扮演，深入理解读书对个人行为和社会互动的影响。学生通过团队合作，体验共同创造艺术作品的过程中达成价值共识和协商一致的重要性。 2. 责任担当：培养学生在创作和表演过程中的责任感，以及对艺术作品所传达主题的领悟能力。 3. 科学精神：鼓励学生在解决剧本中的问题时，综合运用学科知识，采用科学的方法和技术，提高问题解决的效率和准确性。 创意物化：提高学生的动手能力和创造力，让他们能够将自己的设计想法转化为实际作品。
课程时间	待定
学习方式	小组合作学习
资料准备	1. 毛泽东的读书方法；2. 剧本范例；3. 情景剧评分标准及评分细则表
课程场地	学校＋社区＋家庭
课程实施（教学过程）	**第一部分** **方法指导课　地点：学校** 一、学情检测环节（15分钟） （一）小组汇报 导语：编演情景剧是一项需要创造力和努力的任务，虽然具有一定的挑战性，但只要准备充分并投入必要的努力，相信大家就可以完成一个有趣且令人满意的项目。上节课我已经布置了作业，让大家利用课后的时间搜集资料，学习相关知识，为编演情景剧做好准备。现在我们就来听听大家的汇报，看看大家的准备工作做得怎样？ 展示题目（课件呈现）： 1. 编演情景剧的步骤有哪些？ 2. 编演情景剧有哪些岗位分工？

（续表）

课程实施（教学过程）	3. 你会将毛泽东的哪四种读书法编入情景剧中？ 要求：第三问每组必答，其他两问选择一题作答。已回答问题不重复作答，但可做补充说明。 1. 小组进行汇报。 2. 教师点评：①学生准备充分，教师稍作肯定即可；②学生准备不充分，教师进行补充性指导。 （二）剧本的写作 导语：从刚刚的小组汇报来看，同学们的学习热情高、兴趣浓，前期的准备工作做得比较充分，对情景剧的编创方法有了一定的认识和了解。但一台情景剧要成功，需要好的剧本给它奠定坚实的基础，剧本是整个表演的灵魂与核心。怎样写才能写好剧本，让剧本具有可操作性呢？ 备用资料（课件呈现）： 1. 这里，我给大家准备了一篇范文（提前下发给学生），请同学们认真阅读。 思考：一个好的剧本应该包含哪些内容？ 2. 教师在学生作答的基础上，播放微课视频《剧本应该怎么写》，以加深学生的印象。 教师小结：明确剧本创作的核心要素。 二、活动策划环节（15分钟） 导语：从前面的学习中，我们知道制作情景剧需要考虑多个方面，只有这些步骤得到精心策划和执行，才能确保最终成品的质量和观众的满意度。大家的准备时间是30天，接下来，请以小组为单位，制定好各小组的情景剧编演岗位分工及工作进程安排表，只有做到工作有计划，计划有执行，才能提高工作效率，确保工作的有序推进。 1. 教师示例，学生根据实际需要制定个性化的工作计划。 2. 教师巡查，选择一两份完成较好的计划表进行点评。 三、课堂小结（1分钟） 本节课，我们已经较好地掌握了编创情景剧的基本知识，制定了工作计划，前期准备工作基本到位，接下来，进入作品孵化期，这是一项极具挑战性和趣味性的任务，30天后，期待大家作品的精彩呈现。 四、实践作业（4分钟） 请以"毛泽东读书与立志"为主题，编演情景剧。

（续表）

课程实施（教学过程）	要求：1. 毛泽东的读书法有多种，请选择其中 4 个编入情景剧中；2. 情景剧表演时间控制在 8~15 分钟内；3. 情景剧要做到主题明确，剧情完整，贴近生活，积极向上。 第二部分 编创情景剧　地点：学校＋家庭 （学生进入自主编创阶段，学科教师参与指导，择优推荐公演。） 第三部分 实景演出　地点：学校＋社区 **附件一：毛泽东的读书方法（摘自《毛泽东读书生活十二讲》）** 1. 毛泽东不动笔墨不读书 2. 毛泽东联系实际读书 3. 毛泽东利用一切可以利用的时间读书 4. 毛泽东博览群书 5. 毛泽东读"无字之书" 6. 毛泽东一本书反复读 **附件二：剧本范例《一路同行》** 一路同行 剧情简介：依依是一名大四的学生，即将面临升学和就业等抉择。周围的同学都在准备升学，考公，考编，或者就业，大家都有自己明确的目标，但自己却还在迷茫。学姐，亲人，实习公司老板等人给她的建议让她更加困扰。面对升学，自己没有太大的把握，面对就业，自己又不是很满意，想要去更大的平台发展。自己内心的矛盾以及周围环境让她不知何去何从。这时，老师的一番话让她走出了困扰，找到了心迷宫的出口，重新认识自己，学会正确定位。 人物：依依、考公学姐、考研同学文文、依依父亲、依依母亲、实习公司老板、老师 第一幕 （考公学姐遇到依依） 学姐：唉？依依！ 依依：学姐你好！ 学姐：你这是快毕业了吗？有没有准备打算考公考编呀？ 依依：嗯对，还没有这个打算。 学姐：哎呀，那你得赶紧准备起来了。你看看现在社会就业压力这么大，考个公务员也好稳定下来，不也不错嘛。

(续表)

课程实施（教学过程）	依依：我……嗯……也是这么个道理。 学姐：哎呀，这有什么好犹豫的，趁你现在还有些时间赶紧考一个，这样你自己安心，父母也欣慰。 依依：嗯，我会好好考虑的，学姐。 学姐：嗯，那我走啦，再见！ 依依：再见，学姐！ 依依：（面向观众思考）要不，我去考公吧！（左转，边走边思考） 第二幕 （考研同学文文拿着书上场，刚好碰到依依） 依依：文文？ 文文：哦，依依啊，咋了？ 依依：我在为毕业的事情烦心呢！（皱眉）你之后有什么打算吗？ 文文：我打算考研。 依依：哎，你学习好，肯定能考上。（有点丧气） 文文：哎呀，依依，你要是想考研，肯定也是可以的，重在坚持啦。 依依：真的吗？ 文文：真的呀。而且，你也知道现在就业压力大，（开始面对观众说）文凭还是一块重要的敲门砖。这"内卷""降维打击"现象也越来越严重。（开始对依依说）哎，我选择升学也有逃避就业压力等问题吧。 依依：我也有想过考研，可又怕考不上什么的。 文文：哎呀，想考就去呗，肯定可以成功的！ 依依：嗯，好，我会好好考虑的！ 文文：好哦，那再见啦！ 依依：再见哦！ 第三幕 （父亲先出来弯着背按电话键） 依依：（从口袋里掏出手机愣了一下，接电话）喂，爸。 依依父亲：喂，唉，依依啊，最近怎么样啊？（依依母亲这时探出半个身子仔细听着父女俩对话） 依依：我……我都挺好的，你们不用担心。（牵强语气） 依依父亲：哎，其实你不说，我们也知道。你这马上毕业了，现在毕业生工作都难找，况且在大城市工作，竞争压力大。（顿一下）依依啊，有没有想过回来发展？（这时依依母亲冲出来抢过依依父亲的电话，焦急的样子） 依依：哎呀，爸！

(续表)

课程实施（教学过程）	依依母亲（焦急）：是啊是啊，依依啊，你看你这马上毕业了，大城市要是压力大，咱就回来发展。我跟你爸呀，都没什么大要求。咱家也就你一个孩子，我们只希望你安安稳稳生活就好。 依依父亲：你妈说得也是，你这回来住家里，这两边也好照顾着，也省得你妈总念叨你。（最后一句说慢点） 依依：哎，爸，妈，我知道你们是为我着想。（情绪开始激动起来）但我不能一直在你们的庇佑下生活，我也有自己想追求的生活啊！ 依依父亲：（愣了一下）哎，我们也只是给你个建议，（慢一点加重音重点强调）你的路还是你自己走。 依依：（带着迷茫沮丧懊恼对父母亲发泄情绪后自言自语）我不应该把情绪发泄给父母的…… 第四幕 （依依在实习公司与老板谈话） 实习公司老板：小依啊，你这也快毕业了，对接下来的工作有没有好的规划啊？ 依依：那个，不好意思，老板，我可能要结束我的实习。 实习公司老板：你打算走是吗？ 依依：嗯。 实习公司老板：（思考）小依啊，你实习期间，公司一直挺看重你的，将你培养成公司的一员，薪资什么的都好商量，公司也会给你晋升的机会，不再考虑考虑吗？ 依依：我……我……我再考虑考虑吧。 实习公司老板：行。 第五幕 （老师遇到陷入困扰的依依，依依正颓废地坐在凳子上，满面愁容。） 老师：依依？（探头看看）你怎么了，看起来不是很好的样子？ 依依：（抬头看老师）老师，我……我……哎，我不知道毕业后怎么打算。 老师：（思考般点头）嗯。那你最想做什么呢？ 依依：嗯……我想考研，但是又……（欲言又止） 老师：（摸了摸我的头，面带微笑）依依啊，其实很多决定都不是最完美的。其实人生就像一盘棋，下错了不重要，重要的是要落子无悔，勇往直前。面对充满变数的未来，我们看似迷茫，但其实也有很多道路可以选择。只要我们坚定信念，勇敢地坚持下去，不管是康庄大道，还是曲径通幽，都会到达成功的终点。

(续表)

项目		评价标准及要求	分值	得分
课程实施（教学过程）	剧本构思（30分）	主题鲜明且富有意义	10	
		剧情完整，情节设置合理	10	
		选材贴近生活，紧扣"读书与立志"主题	10	
	演员表演（40分）	语言表达清晰、生动，语调运用得当	10	
		动作表情配合到位，富有表现力	10	
		表演流畅，每幕之间切换自如	10	
		演员配合默契，主体突出	10	
	舞台效果（30分）	舞台设计感强，背景音乐符合情境需要，灯光设置有针对性	10	
		服装道具齐全，符合角色需要，贴合表达内容	10	
		换场有序，流程清晰不混乱	10	
	总分（100分）	优秀等级90~100分，良好等级80~90分，80分以下为一般。		

依依：老师！（感激的目光）
老师：所以啊，依依，想做就勇敢地去做！
依依：（感激且坚定的目光）好，我知道了老师！我决定了！我要考研！（做加油手势）
老师：嗯！依依！无论你做什么决定老师都支持你，加油！

附件三："毛泽东读书与立志"主题情景剧评级标准及评分细则表

（案例提供：龚乐妮、张霞、李姣）

第五节　例谈校社家协同育人研学精品线路课程实施策略

精品线路研学课程的开展，基本要经历以下步骤：研学课程的准备阶段，包括确定研学主题，确定研学线路，制定研学方案，制定安全及应急预案，编制好研学手册并进行相关知识和物资准备；研学实施阶段，包括乘车管理、食宿管理、活动管理，发现、设计探究活动和进行探究活动，并做好相应的探究记录等；研学实践总结交流阶段，包括完成与学科课程关联的探究研学作业，展示研学成果，认定研学成绩等。下面，笔者以"探秘魅力湘西"主题研学精品线路课程为例，分享研学精品线路课程实施基本过程中的指导策略。

一、研学精品线路课程主题与线路设计

研学精品线路课程主题确定的基本过程分为线路及地点意向调查，目的地旅游资源内涵挖掘，根据挖掘的资源确定主题范围，通过文献资料查找，讨论交流，绘制思维导图，大致筛选出主题方向，最终确定主题的六个环节。主线出来了，但具体的线路还需要多角度搜集资料，精细地设计。研学精品线路课程设计过程：根据研学主题，设置研学站点，形成研学线路，融入主体活动，确定具体行程。从点到线再到面，最终全面确定研学线路。下面是具体案例。

【案例分享】

"探秘魅力湘西"主题研学线路及任务设计

（一）线路设计

研学第一站：湘西土家族苗族自治州博物馆（中国民族博物馆湘西分馆、湘西土家族苗族自治州非物质文化遗产博物馆）

湘西土家族苗族自治州博物馆（中国民族博物馆湘西分馆、湘西土家族苗族自治州非物质文化遗产博物馆）基本陈列内容有"古韵湘西"、"风情湘西"、"血性湘西"、"土家古风"、"苗乡原韵"及"视觉湘西"等主题展厅，不但全方位显示了湘西土家族苗族自治州（以下简称"湘西州"）的发展历史，还以多种多样的观众互动形式，激发湘西州人民的民族自豪感和保护传承民族文化的意识。

研学第二站：德夯苗寨

德夯，苗语意思为"美丽的峡谷"。这是一块神奇的土地，是一颗璀璨的风景明珠。这个美丽的德夯风景区内，溪流纵横，峡谷幽深，瀑布飞泻，群峰竞秀，而古木奇花，珍禽异兽，苗族风情，皆在其中。在德夯居住着一群苗族百姓，民风古老淳朴的他们以歌为媒，自由恋爱。女人喜戴银饰，穿无领绣花衣；男人爱结绑腿，吹木叶。他们自己种桑养蚕，纺纱织布，手工织品巧夺天工。这里的人们沿用古老的方法榨油、造纸、碾米、织布，用筒车提水灌田。小溪河旁大大小小的筒车，吱呀吱呀地转动，构成了一幅美丽的田园风光图。

研学第三站：乾州古城

乾州，属十里盆地，周围环山，苍松翠柏，绿树成荫，其山如九龟寻母。这里有万溶江、天星河二水环绕，三陆横陈，状如乾卦，故称乾州。

沈从文早在著作《湘西》中描述乾州古城地方虽不大，小小石头城却整齐干净，且出了历史上有名姓的人物。他道出了乾州古城是个人杰地灵、繁荣富有的地方。明清时期，乾州逐渐成为苗疆边地政治、经济、军事、文化中心，是湘西州古四镇之首（乾州、铺市、里耶、茶峒）。

研学第四站：矮寨大桥

矮寨特大悬索桥位于湖南省湘西州吉首市矮寨镇境内，距吉首市区约20公里，是国家重点规划的高速公路之一——长沙至重庆通道湖南段吉（首）茶（峒）高速公路中的重点工程。工程为双层公路、观光通道两用桥梁，四车道高速公路特大桥。桥型方案为钢桁加劲梁单跨悬索桥，全长1073.65米，悬索桥的主跨为1176米，建成时创造了四项世界第一，极大地改善了湘渝两省市的交通状况，对两省市乃至中西部的对接具有极其重要的意义。

研学第五站：十八洞村

十八洞村隶属于湖南省湘西州，有婺源乡村建筑风格特点，又有美丽的自然景观。它位于湖南省西部，武陵山脉中段，湘黔渝交界处的花垣县，紧临吉茶高速、209国道和319国道，距县城34公里，距州府38公里，距矮寨大桥8公里。村子属苗族聚居区，苗族风情浓郁，苗族原生态文化保存完好。

研学第六站：边城茶峒

边城茶峒即湖南省湘西州花垣县边城镇，原名茶峒，地处湘黔渝三省交界处，"一脚踏三省"。文学大师沈从文的著名中篇小说《边城》把茶峒优美的风景和淳朴的人情融为一体，勾画出田园牧歌般的边城风貌，引得国内外无数文人骚客前来观光采风。

研学第七站——凤凰古城

凤凰古城，建于清康熙四十三年（1704年）。这里与吉首的德夯苗寨，永顺的猛洞河，贵州的梵净山相毗邻，是怀化、吉首、贵州铜仁三地之间的必经之路，是湖南十大文化遗产之一，曾被新西兰作家路易·艾黎称赞为"中国最美丽的小城"，与云南丽江古城、山西平遥古城媲美，享有"北平遥，南凤凰"之名，也是国家历史文化名城。

研学第八站：沈从文故居

这是一栋已有百余年历史的清朝晚期建筑，建成了沈从文生平事迹的展览室。沈从文一本本闪耀着知识光辉和魅力的精品力作，吸引了多少年轻火热的心，他们一批批从远方而来，来了又去，把从故居获取的文化种子，撒播在众人的心田，开花结果。

研学第九站：南方长城

南方长城又称为湘西边墙，是中国古代的军事防御工程。明朝时始筑边墙。1936年，边墙体系被废弃。

南方长城是中国历史上工程浩大的古建筑之一。它表现了那个时代的政治、经济、军事、文化现象，是研究明清古建筑鲜活的历史史料。

（二）具体任务

研学项目（节选）	研学实地调研内容清单（节选）
凤凰古城河中藻类生长对周围生物的影响及水质污染对藻类影响研究	对河中生物、水进行取样、观察
湘西州边城河流上层水的污染主要来源及水质污染对当地居民生活的影响	对河中生物、水进行取样、观察
探究湘西州民族风俗建筑的特色	湘西州民族风俗建筑拍摄、观察，实地采访当地居民，观察吊脚楼与籽蹬屋
现代文明与湘西州民族文化的冲突和融合	实地调研、采访湘西居民的吃穿住行生活方式及语言文化等
吊脚楼建筑结构及设计原理探究	实地考察拍摄记录吊脚楼影像，采访居民以便了解吊脚楼
湘西州部分地区教育落后的原因及教育扶贫措施和影响研究	实地采访了解当地教师、居民对当地教育情况的看法
凤凰苗族水牛角银饰文化研究	实地访谈，深入了解水牛角银饰的款式、颜色、背后历史文化及制作方法
湘西州传统民居成因分析及其实用性研究	实地探究传统民居的原理、实用性和历史文化等
湘西州不同地区方言发展与差异对比	实地访谈，深入了解当地居民，了解方言的历史发展、习俗文化，学习典型方言
湘西州旅游发展迅速的原因——以凤凰古城为例	采访景区工作人员，深入景区走访，实地调查分析，发放调查问卷给游客
土家族哭嫁文化研究	走访调查不同年龄段哭嫁文化的差异
"精准扶贫"和"乡村振兴"战略在湘西州十八洞村的落实反馈调查	实地调查十八洞村贫困人口数量、旅游资源分布情况
精准扶贫效果与扶智扶志的关系研究	走访当地居民、政府，发放调查问卷
湘西州土家族、苗族服饰研究	当地土家族、苗族服饰欣赏观摩，采访当地百姓
凤凰古城中学生近视情况调查研究	调查表发放，填写收集汇总数据
关于湘西州湘泉酒的历史发展探究	采访当地居民关于湘泉酒的由来、文化内涵、制作方法等
湘西州山区猕猴桃种植方法研究	询问当地农民培养猕猴桃的方法，动手种植
湘西州传统饮食文化初探——社饭、糟辣子、腊肉	当地美食试吃，学习美食的制作方法

（案例提供：罗品文）

二、设计精品线路研学目标

在确立主题和精品线路的基础上，我们要开展具体研学目标设计，以便学生更加集中在主题下开展深度体验活动，如下面的案例所示。

【案例分享】

"探秘魅力湘西"主题研学目标设计

1. 参观湘西土家族苗族自治州（以下简称"湘西州"）博物馆，了解湘西州建州以来取得的成就，了解民族融合的重要性，了解湘西州的非遗项目和文化。

2. 参观德夯苗寨，了解苗族的风俗民情，尤其是服饰文化和迎客习俗。

3. 体验农耕项目（打豆腐、做蜡染、酿酒、榨油等），掌握各项目的制作方法，了解不同民族饮食文化。

4. 参观乾州古城，如乾城古街、观音阁、文庙、文昌阁、笔架山、小桥烟雨、仙镇山、美王湖等地，了解古城的建筑风格和特色，以及各处的典故。

5. 参观特大悬索桥"矮寨大桥"，了解现代桥梁的建筑技术。

6. 调查湘西州农村普通话使用情况。参观十八洞村，学习"精准扶贫"和"乡村振兴"战略，了解当地的地质情况。

7. 参观边城茶峒，感受沈从文先生笔下的边城风光。

8. 了解和学习相关建筑艺术、历史文化、民族文化内容。

9. 参观沈从文先生故居，了解一代文学大师的生平事迹。

10. 攀登南方长城，了解中国古代的军事防御建筑、军事制度和相关民族变迁发展情况。

（案例提供：罗品文）

三、精品线路研学课程实施

（一）科学管理

研学课程活动丰富多彩，科学的管理可以让研学安全高效。在准备活动中，研学活动的组织机构、人员构成、制度建设已经完成，在实施活动中，各管理人员人性化地执行管理制度。

1. 分散与集中

为了方便管理，研学队伍人员有时候集中活动，有时候分散活动。集中时根据学校队伍规模和场地容量开展活动，比如集中统一观看演出，分散时则以小组形式活动，小组成员人数根据具体情况而定，但不建议小组人数过多。

不管是分散活动还是集中活动，每次活动应有具体的责任人，凡参加研学旅行活动的组织者、管理者和指导者，必须对活动过程进行全程监控。

2. 分工与合作

研学任务需要研学队伍成员分工合作完成。分工是清楚地界定彼此的责任，合作是相互配合共同完成任务。

（二）研学中的探究与发现

在研学课程活动中，一种是以"游"为形式的，这能增长知识，开阔视野，培养团队精神等；另一种是以"游"为载体"研"的形式的，师生亲历考察、亲身探究、亲自体验、亲手制作，让研学不是走马观花式的游，而是有设计、有思考、有发现的探究式学习过程。于学生而言，在活动中要发现问题和进行探究活动，并做好相应的记录工作，如下面的案例所示。

【案例分享】

记录研学发现的问题

同学们采用了实地参观、亲身体验、文图记录、资料查找等方式开展探究活动。

通过活动视频可以了解当时的活动概况。上百学生一起诵读，成了当日一景，吸引了不少游客驻足围观；至于讲座，同学们沉浸其中，全神贯注在听；致敬沈从文，其五彩石墓碑背面的文字"不折不从，星斗其文；亦慈亦让，赤子其人"感动了参与本次研学活动的每一个人。

在活动探究过程中，同学们仔细观察和深度思考，还提出了新的探究问题：同学们在多处纪念品市场遇到"牛角银饰"这一商品。一路上，苗族服饰、花环、花带等又大受欢迎，由此，同学们联想到故宫文创产品获得巨大成功，提出了"边城旅游纪念品市场研究和开发"这一新主题。

（案例提供：罗品文）

（三）多样的研学方式

研学必须有体验，不仅是走一走，看一看，转一转，玩一玩，还要有动手的机会、动脑的机会、动口的机会。这样的行程，既是旅行，又是研学，活动丰富多彩，方法也多种多样，如实地参观考察，开展问卷调查，随机访谈调查，参与现场活动，进行设计制作和科学实验……这些活动与方法也不是孤立的，是相辅相成的，需要综合运用。

【案例分享】

研学活动形式

"领略民俗风光　探秘魅力边城——湘西州研学行"中的五种活动形式。

1. 实地观察：参观博物馆，听导游讲解并拍照记录；游览凤凰古城、边城茶峒，爬南长城，近距离接触历史遗迹；观看实景剧《湘西汉子》。一路跟随讲解员了解湘西州历史，跟着研学老师结合实物听知识讲解。

2. 亲身体验：深入苗寨，对山歌，亲手制作水磨豆腐；感受"锅底灰"的热情，品尝正宗的血粑鸭和稻香鱼，也坐上了翠翠爷爷拉的"拉拉渡"，置身其中，真正融入湘西生活中。

3. 问卷调查：围绕跟课题有关的问题，设计并制作调查问卷，比如调查当地居民对旅游开发的看法，调查苗族银饰的适用场合和穿戴频率，调查自然生态变化对居民生活的影响等，向路人或当地居民发放问卷并回收，进行统计、分析，作为研究的佐证。

4. 采访取样：在十八洞村，与乡亲们亲密交谈。水质调查组用容器采集水样；美食调查组深入当地人家中厨房；方言调查组跟当地人学习交流。

5. 查找文献：研究哭嫁文化，吊脚楼建筑的由来，可通过查找文献资料来完成。

（案例提供：罗品文）

四、总结拓展

（一）整理研学成果

在精品线路研学过程中，研学日记、文献资料、问卷结果、实地考察报告、访谈调查结果、制作的模型成品、实验结果分析都是阶段成果材料，但这些材料都是孤立的，要将其整理归类、去粗取精、总结梳理，最终形成研学报告。

（二）开展拓展研究

精品线路研学课程完成后，学生在研学中发现的问题和研学中开展的项目，要在拓展课程中进一步深度研究，融入学校综合实践主题中。

【案例分享】

"探秘魅力湘西" 研学课题拓展研究

研学课题（节选）	拓展研究（节选）	参与学科
凤凰古城河中藻类生长对周围生物的影响及水质污染对藻类影响研究	凤凰古城河中藻类生长环境研究	生物
湘西州边城河流上层水的污染主要来源及水质污染对当地居民生活的影响	改变湘西州边城河流上层水的污染现状对策研究	生物、地理
探究湘西州民族风俗建筑的特色	湘西州民族建筑结构研究	物理、美术
现代文明与湘西州民族文化的冲突和融合	湘西州民族文化保护措施研究	思政、语文
吊脚楼建筑结构及设计原理探究	湘西州民族风俗建筑构件及功能探究	物理、美术
凤凰苗族水牛角银饰文化研究	水牛角银饰制作工艺探究与实践	美术、劳动、通用技术
湘西州土家族、苗族服饰研究	湘西州苗族服饰图案纹样寓意研究	语文、通用技术
湘西州山区猕猴桃种植方法研究	湘西州猕猴桃人工种植	生物、劳动
湘西州传统饮食文化初探——社饭、糟辣子、腊肉	湘西州美食制作实践	语文、劳动

（案例提供：罗品文）

第五章
校社家协同育人研学课程管理与评价

本章内容主要包括研学课程的管理及评价两个方面的内容。其中，着重就研学学生发展性评价的理念、目标、内容、方法进行详细介绍。

第一节　校社家协同育人研学课程管理

一、教育行政部门对研学实践项目的管理

各级教育行政部门要结合本地域特色对研学实践项目（含研学课程）进行科学管理。

（一）建立规范的机制保障

1. 建立指导教师培训制度

各地教育行政部门要加强对研学课程教师的培训、培养工作。要明确培训目标，努力提升教师的跨学科知识整合能力，观察、研究学生的能力，指导学生规划、设计与实施活动的能力，课程资源的开发和利用能力等；要根据研学实践教学的需要，有计划地选拔和培养研学课程的学科带头人，逐步建立起一支能较好地引领研学课程实施的骨干教师队伍；注重搭建教师多样化交流和展示平台，促进教师专业发展。

2. 建立健全日常教研制度

各地教育行政部门要重视各级教研机构对本地学校实施研学课程的研

究、强化指导、服务职能；要配备专职的研学课程教研员，负责研究、指导区域研学课程的实施。学校要通过专业引领、同伴互助、合作研究，积极开展以校为本的教研活动，及时分析、解决课程实施中遇到的问题，提高课程实施的有效性。学校要成立学校综合实践活动教研组，构建跨年级、跨学科、跨领域的专兼职教师队伍，建立校本教研制度，定期开展教研活动。

（二）加强社会资源开发与利用

1. 科学开发网络资源

各地教育行政部门、教研机构和学校要开发优质网络资源，遴选合适的影视作品等充实资源内容，为课程实施提供资源保障。要充分发挥师生在课程资源开发中的主体性与创造性，及时总结、梳理来自教学一线的典型案例和鲜活经验，动态生成分年级、分专题的案例与典型；要积极探索和建立优质资源的共享与利用机制，打造市、区（县）、校多级联动的共建共享平台，为课程实施提供高质量、常态化的资源支撑。

2. 加强社会基地资源利用

各地教育行政部门要加强实践基地建设，强化资源统筹管理，建立健全校内外研学课程资源的利用、共享机制，特别要充分利用当地的自然文化遗产资源、红色教育资源和适合学生开展实践活动的工农业及科技教育基地等优秀的课程资源；支持安全适宜，主题鲜明，体验丰富的研学实践基地的建设；要加强与各相关职能部门联系沟通，形成布局合理、互联互通的研学实践网络，为学校利用社会实践基地等各种社会资源和丰富的自然资源提供服务。

（三）加强安全保障

各地教育行政部门要与有关部门统筹协调，建立安全管控机制，明确管理部门，分级落实安全责任。学校要设立安全风险预警机制，建立规范化的安全管理制度及管理措施。教师要增强安全意识，加强对学生的安全教育，提升学生安全防范能力，制定安全守则，落实安全措施。

各地教育行政部门要指导学校在市级以上教育行政部门选树的具有资质的研学实践基地和爱国主义教育基地中选择基地确定研学路线。义务教育阶段的学生了解乡情、区情、市情，要避免盲目组织小学生、初中生开展省外研学，高中学段的学生可适当开展省外研学活动。研学实践申报材料提前一周网上申报；市外的研学实践申报材料提前 10 天网上申报。

（四）发挥督导评估作用

要根据研学课程的目标，将学校研学课程的实施要求纳入督导评估细则，发挥督导评估的作用，促进研学课程的规范实施。

1. 及时评价

各地教育行政部门和中小学要探索制定中小学生研学实践工作规程及管理办法，做到"活动有方案，行前有备案，应急有预案"。第一，对学校开展的研学实践是否体现了与综合实践深度融合，是否有主题性、探究性等课程规范性予以评价。第二，建立健全中小学生研学实践评价机制，组织学生通过实践平台对研学实践基地（营地）、承办机构进行满意度评价。第三，教育行政部门和旅游部门定期对研学实践基地的课程设置、接待数量、服务质量和社会效益等进行督查评价。

2. 明确追责

教育行政部门要加大对学生研学实践的监督和管理力度，建立研学实践责任追究机制。同时，实行研学实践第三方承办机构退出机制，凡发生安全责任事故和重大服务质量投诉等情况，取消研学实践承办资格。建立健全问责机制，对于违反相关法律法规和纪律规定的学校和个人予以问责等。

（五）理顺机制

教育行政部门负责中小学校研学实践的具体业务指导和监督，要理顺管理机制，各地统一归口管理，如省级研学实践统一由省级相关部门管理。各级的管理必须对口管理，不得形成多头管理的情况。

教育行政部门负责中小学校研学实践的具体业务指导和监督，学校负责研学实践的组织和实施。学校和研学基地（营地）是课程开发、实施的主体；可委托承办机构负责保障交通、食宿等后勤方面工作。严禁学校将研学实践完全交由承办机构组织实施，由承办机构安排研学基地的情况。

二、学校对研学课程的管理

学校是研学课程组织的主体，其管理从宏观统筹到具体落地，从课程建设到课程实施，从资源融合到总结评价，各个方面都要管理到位。具体而言，其管理包括宏观整体规划、课程建设实施、关系协调服务三个重要部分。

（一）整体规划

中小学校、研学基地是研学课程规划的主体，应在学校基地的共同商议策划下，对研学课程进行整体设计，将办学理念、学校特色、培养目标、教育内容、基地资源、时令特色等融入其中。除了对研学课程进行统筹考虑，形成研学课程与综合实践活动课程融合实施方案外，学校还要基于学生的年段特征、阶段性发展要求，制定具体的学校学年（或学期）活动计划与实施方案，对学年、学期活动做出规划，要使总体实施方案和学年（或学期）活动计划相互配套、衔接，形成促进学生持续发展的课程实施方案。

学校在课程规划时要注意处理好以下关系：

1. 研学课程与综合实践活动课程

研学课程是综合实践活动课程的重要组成，是综合实践活动课程利用优质、开放的社会资源的延展课程部分。一方面，学校要处理好综合实践活动与研学实践的关系，将研学主题活动前置课程、后拓课程作为学校综合实践活动课程的有机组成；另一方面，可将学校综合实践活动主题中某些环节、某些小项目，在充分评估基地课程资源的基础上，与基地对接，拓展成研学课程主题。

2. 研学课程与劳动教育课程

要优化课程结构，在研学活动中设置劳动教育专题；充分利用研学实践基地，在研学活动中开展主题式劳动教育。重点开展工艺技术实践、工业劳动实践、农林劳动实践、职业体验实践教育主题活动，避免开展纯技术学习与浅层次体验的劳动教育研学活动。

3. 研学课程与学科课程

在设计与实施研学课程中，要通过多种方式融合，引导学生主动运用各门学科知识分析解决实际问题，使学科知识在研学课程中得到延伸、综合、重组与提升。学生在研学活动中所发现的问题要在相关学科教学中得到分析解决，所获得的知识要在相关学科教学中得到拓展加深，不能用学科实践活动取代研学实践。坚决杜绝纯参观走看式研学、单一学科拓展认知类研学、浅层次游戏活动类研学和纯技术学习的劳动类研学活动的开展。

(二) 课程实施

1. 课时安排

根据教育教学计划科学合理地安排研学课程时间，每学年1至2次，小学四、五、六年级1至3天，初中一、二年级1至5天，高中（含中等职业学校）一、二年级1至5天的研学活动。另外，根据要根据学生活动主题的特点和需要，灵活安排、有效使用研学课程时间。寒暑假鼓励组织中小学生参与主题明确的1至7天研学旅行冬（夏）令营，有条件的学校可组织7至15天赴境外研学。学校要给予学生广阔探究的时空环境，保证学生活动的连续性和长期性。

2. 组织方式

研学课程实施以集体外出活动为主。在集体外出之前，要分配好研学小组，要引导学生根据兴趣、能力、特长、活动需要，明确分工，做到人尽其才，合理高效。既要让学生有独立思考的时间和空间，又要充分发挥合作学习的优势，重视培养学生的自主参与意识与合作沟通能力。

3. 研学指导

学校、基地教师的指导贯穿于研学课程实施的全过程。

第一阶段：准备阶段——前置课程阶段

在主题确立阶段，第一步，学校、教师根据学校课程实施需要，遴选周边课程资源，选择实施基地；结合主题，确立基地研学项目。第二步，学校与基地共同研究研学内容框架及开展项目，突出主题性与整合性。第三步，基地根据学校要求，设计研学执行方案。第四步，基地研制学生研学记录评估手册。第五步，学校将研学主题、研学地点等通知家长，准备相关资料与材料。第六步，学校与基地沟通后，进行研学活动前置课程教学设计与实施。

第二阶段：实施阶段——基地课程阶段

基地教师要创设真实的情境，为学生提供亲身经历与现场深度探究体验的各类场景，让学生围绕主题经历多样化的活动方式，学生在现场考察、实验探究、设计制作、劳动体验等活动中发现和解决问题，体验和感受学习与生活之间的联系。基地要避免缺乏统一主题及深度探究的活动项目的罗列开展。

第三阶段：拓展阶段——后拓课程阶段

基地研学课程后，学校教师根据学生在基地的发现及进行项目后感兴趣的方向，引导学生开展进一步深层次的探究活动，使之与学校综合实践活动融为一体；引导学生对活动过程和活动结果进行系统梳理和总结，促进学生自我反思与表达，与同伴交流和对话；指导学生学会通过撰写研学报告，反思日志，心得笔记等方式，反思成败得失，提升个体经验，促进知识建构，明确进一步的探究方向，深化主题探究和体验。

第四阶段：总结阶段——评价交流阶段

教师、基地要指导学生客观记录参与活动的具体情况，包括活动主题、持续时间、所承担的角色、任务分工及完成情况等，及时填写活动记录单，并收集相关事实材料，如活动现场照片、作品、研究报告、实践单位证明等。活动记录、事实材料要真实，有据可查，为综合实践活动评价提供必要基础。

在活动过程中，教师还要指导学生分类整理、遴选具有代表性的重要活动记录、典型事实材料以及其他有关资料，将其编排、汇总、归档，形成每一个学生的研学档案袋，并纳入学生综合素质档案。档案袋是学生自我评价、同伴互评和教师评价学生的重要依据。

（三）协调服务管理

研学课程涉及学生外出安全、经费使用等方方面面，学校要结合实际情况安排专门职能部门，如教科室、学生处等部门承担起学校研学课程实施规划、组织、协调与管理等方面的责任，负责制定并落实学校研学课程实施方案，整合校内外教育资源，统筹协调校内外相关部门的关系，联合各方面的力量，特别是加强与校外活动场所、基地的沟通协调，共同研制课程。学校管理人员、教师（教辅人员）、家长代表共同组成学校"研学实践实施工作小组"，由学校主要领导担任组长。具体履行以下职责：

1. 课程设计

学校要对全学段研学课程进行整体规划，每年度研学有不同主题，革命传统、中国历史文化、特色农业、现代化建设、新时代劳动教育等领域逐次轮流进行，保证学生在研学中广泛接触社会生活实际的方方面面。

研学活动主要设计有四种活动方式，即考察探究、社会服务、设计制作、职业体验，在课程设计中，要尽量将四种类型整合至主题活动中。在设计该类研学课程时，突出体验性、实践性、探究性活动设计，坚决杜绝单纯的走看课程、听讲课程、游戏课程、技术课程以及学科拓展课程。

2. 计划报批

研学实践是国家必修课程综合实践重要组成部分，学校原则上要以班级、年级或全校为单位组织学生参与。每学期开学前两周内，学校向上级教育行政部门申报学年度研学计划或全年度研学计划。学校在组织研学实践前应以多种形式将活动内容、时间安排、出行线路、食宿安排、所需费用明细（含保险费用）、文明安全等注意事项告知学生和家长，明确学校、家长、学生的责任和权利，由家长签署同意书后方可进行，家长签署的同意书交由学校留存。如学生身体原因不能参与，学校要严格审核，要求家长写出书面说明，并提供相关病历资料备查。学校要提前一周对研学内容进行说明和培训，提出研学主题、研学任务及需准备的器材等，提高研学的质量。在研学过程中，学校要配备班主任、指导教师进行全程跟班指导和管理，指导学生开展深度研学。研学计划经教育行政部门同意后，学校才能启动研学后续工作。研学期间，学校应严格按照批准的申报内容执行，原则上不得更换人员、变更时间，严禁随意调整行程、经费使用计划等。如遇特殊情况，应第一时间报告主管教育行政部门，根据批复意见执行。

3. 经费核算

学校应当对研学相关费用做到严格核算，学校可自行组织或者委托第三方研学承办机构实施研学，承办机构应当具备国家旅游局发布的《研学旅行服务规范》（LB/T 054—2016）所规定的行业资质。学校要严格执行采购程序要求，采用竞争性谈判、竞争性磋商、询价采购等方式确定中标单位。招标公告和中标结果要在学校和教育行政部门的门户网站公示，招标公告必须包括研学的主题、起止时间、参加对象及人数、路线、收费项目等相关内容，评标领导小组由7人组成，其中一线教师和家长代表不低于5人。

4. 告知家长

学校通过致家长的一封信或召开家长会等形式告知家长活动意义、时间安排、出行线路、费用收支、注意事项等信息，并与家长签订协议书，明确学校、家长、学生的责任权利。

5. 制订计划

学校制订研学计划，结合实践基地和研学点的资源特点，与基地协商开发研学课程、后拓课程，制定研学主题活动方案和安全预案，并认真组织实施。

6. 资料收集

学校应当建立研学档案管理制度，对学校研学工作计划、工作方案、课程内容、照片影像资料、总结材料、家长反馈资料和对承办单位、研学实践基地的评价资料等进行归档整理。

7. 展示评价

学校应加强研学课程的展示交流评价，及时设计拓展课程，与学校综合实践活动课程融为一体。

8. 安全保障

中小学校必须坚持"安全第一"的原则开展研学。学校组织研学，应做好安全保障：

第一，制定研学方案和应急预案，建立科学有效的研学安全保障体系，落实安全主体责任。

第二，有针对性地对参与研学师生进行安全教育与培训，帮助其了解有关安全规章制度，掌握自护、自救和互救方面的知识和技能。

第三，每次组织研学要为全体师生投保校方责任险，并在外出活动时为全体学生和带队教师购买涵盖活动全程的医疗保险及意外伤害保险、交通责任险等。

第四，与参加研学的学生家长和委托开展研学的企业或机构签订安全责任书，明确各方安全责任。

第五，学校要加强对研学计划执行情况的监督，每车或每队设置一名安全员。学校和承办机构要配备足够的教师、辅导员及志愿者，配备人员与学生比例不低于 1∶15。

第六，如遇到不可抗拒的自然灾害，重大治安、公共卫生突发事件，火灾、食物中毒、交通等突发安全事故时，学校应立即启动安全应急预案。

第七，为了保障研学安全、有效，学校可分年级、分学段开展研学活动，避免全校大规模一次性外出，原则上小学多个年级每次出行总数不超过500人，中学多个年级每次出行总数不超过1000人。下面为长沙市教育局等11部门联合发布的《关于推进长沙市中小学生研学旅行工作的实施意见》（长教通〔2017〕226号）节选内容。

【案例分享】

关于推进长沙市中小学生研学旅行工作的实施意见（节选）

中小学生研学旅行是由教育部门和学校有计划地组织安排，通过集体旅行、集中食宿方式开展的研究性学习和旅行体验相结合的校外教育活动，是深化基础教育综合改革、推进素质教育的重要举措。根据《教育部等11部门关于推进中小学生研学旅行的意见》《中小学德育工作指南》《中小学综合实践活动课程指导纲要》等文件精神，结合我市实际，现就推进中小学生研学旅行工作提出以下意见。

一、指导思想

贯彻落实党的十九大精神，深入学习贯彻习近平总书记重要讲话精神，落实"创新、协调、绿色、开放、共享"的发展理念，按照高品质、强内涵、重特色的总体工作定位，深化基础教育综合改革，全面推进素质教育，充分依托地域文化，结合学校特色，以立德树人为根本目的，以预防为重、确保安全为基本前提，以深化改革、完善政策为着力点，以统筹协调、整合资源为突破口，大力开展研学旅行，实现"校校组织、班班参与、人人体验"。开展研学旅行，促进学生培育和践行社会主义核心价值观，激发学生对党、对国家、对人民的热爱之情；创新人才培养模式，引导学生主动适应社会，促进书本知识与社会经验的深度融合；增强学生的社会责任感，提高创新精神、实践能力和人文素养，培养德智体美全面发展的社会主义事业建设者和接班人。

二、基本原则

教育性原则。坚持教育为先，结合学生身心特点、接受能力和实际需要，注重系统性、知识性、科学性和趣味性，在研学旅行中感受祖国大好河山，感受中华传统美德，感受革命光荣历史，感受改革开放伟大成就，感受新时代中华民族伟大复兴的光荣梦想和使命，增强对坚定"四个自信"的理解与认同，促进形成正确的世界观、人生观、价值观，为学生全面发展提供良好成长空间，使研学旅行真正达到"以研促学"的教育目的。

实践性原则。坚持因地制宜，呈现地域特色，引导学生走出校园，在与日常生活不同的环境中拓宽视野、丰富知识、了解社会、亲近自然、参与体验，学会动手动脑，学会生存生活，学会做人做事。

安全性原则。坚持安全第一，建立安全保障机制，明确安全保障责任，落实安全保障措施，促进身心健康、体魄强健、意志坚强，确保学生安全。

公益性原则。坚持公益属性，不得开展以营利为目的的经营性创收，对贫困家庭学生要减免费用。

规范性原则。研学旅行应做到全程公开、透明、可监督，不得发生任何损害学生利益行为，营造风清气正的良好环境。

三、工作目标

"十三五"期间，探索建立一套管理规范、责任清晰、多元筹资、保障安全的研学旅行工作常态长效机制，开发一批育人效果显著的研学旅行活动课程，建设一批具有示范带动作用的研学旅行基地，打造一批有影响力的研学旅行精品线路，形成以长沙为中心的湖湘历史文化、现代工业、现代科技及生态文化研学旅行格局。每年表彰10个优秀组织学校、评选50个好案例、100篇研学旅行好文章。到2020年，建立10~15条精品线路；建设20个示范基地；评选30所示范学校。

四、主要措施

（一）制定研学旅行课程规划。教育行政部门要加强指导和管理，精心设计研学旅行课程规划。各中小学要把研学旅行纳入学校教育教学计划，制定学校整体方案，每学年安排一周研学旅行，做到有课时、有师资；把研学旅行与学校课程和学生学习相结合，与社会主义核心价值观教育、春（秋）游、军训、综合实践活动课程等统筹考虑；根据教育教学计划科学合理地安排研学旅行时间，每学年1至2次，小学四、五、六年级1至3天，初中一、二年级1至5天，高中一、二年级（含中等职业学校）1至5天的研学旅行，一般在学期中安排，尽量错开旅游高峰期。寒暑假鼓励组织中小学生参与主题明确的1~7天研学旅行冬（夏）令营，有条件的学校可组织7~15天赴境外研学旅行。

（二）完善研学旅行课程体系。研学旅行课程是体现研学旅行教育性的核心。主要包括革命传统、中国历史文化、传统民族文化、地域特色文化、特色农业与现代化建设、科普教育、国防体验、安全教育、生态文化、国际理解和成长实践等方面。中小学校要根据学段特点和地域特色，逐步建立小学以乡土乡情为主、初中以县情市情为主、高中阶段以省情国情为主的不同层次和多种类型的研学旅行活动课程体系。研学旅行课程由教育部门负责审定，由研学旅行组织实施人员使用，不得面向学生编制发放教材。

（三）规范研学旅行实施方式。要以教育部门和学校为主导，联合基地和研学旅行机构，将研学旅行作为中华优秀传统文化教育、理想信念教育、爱国主义教育、革命传统教育、国情教育、安全教育、学科实践教育的重要载体，突出研学旅行育人功能，发挥研学旅行与校内课程不同的育人价值，做到立意高远、目的明确、活动生动、学习有效，避免"只旅不学"或"只学不旅"现象。采取游览参观、学习考察、主题探究、亲身体验等方式，融专题研究、访问调查、社会服务、设计制作、同伴互助为一体。

（四）加强研学旅行基地（营地）建设。根据研学旅行育人目标，依托自然文化遗产资源、红色教育资源和素质教育基地、科普场馆、知名院校、高新技术企业、科研机构、军营、现代农庄等，建设一批安全适宜、主题鲜明、体验丰富的中小学生研学旅行基地，打造湖湘历史文化、现代工业、现代科技及生态文化等一批示范性研学旅行精品线路，逐步形成布局合理、互联互通的研学旅行网络，为学校开展研学旅行提供菜单式服务。

（五）规范研学旅行基地（营地）管理。探索建立研学旅行基地准入标准、退出机制和评价体系。切实做好研学旅行承办机构（旅行社或机构）

和研学基地（营地）的认定和备案，对基地（营地）实行准入制，实施动态管理，并定期评估验收。定期对研学旅行服务承办机构（旅行社或机构）和研学基地（营地）进行多方位评价，评价结果作为准入和退出的依据。

（六）加强专业人员队伍建设。研学旅行基地（营地）根据开展研学旅行的需要合理配置专业人员，并按照不同学段学生的年龄特点、认知规律及育人需要，强化工作人员培训，提升辅导学生学习体验等方面的知识与技能。研学旅行基地（营地）要配备研学导师，研学导师必须具备教育教学、旅行组织、安全应急等专业能力。研学导师的培训与认定工作由教育部门联合相关部门实施。中小学应确定相应的管理人员和教师，专门负责研学旅行工作，提高研学旅行在课程开发、主题确定、组织管理、后勤保障及安全管理方面的专业性。

（七）规范研学旅行组织管理。教育行政部门和中小学要制定中小学生研学旅行工作规程，加强学生和教师的研学旅行事前培训和事后考核，做到"活动有方案，行前有备案，应急有预案"。学校要通过家长委员会、致家长的一封信或召开家长会、"人人通"平台等形式告知家长活动意义、时间安排、出行线路、费用收支、注意事项等信息，配备一定比例的学校领导、教师和安全员，负责学生活动管理和安全保障。研学旅行可采取自行开展或委托开展的形式，学校要拟定研学旅行计划，按管理权限提前10天报教育行政部门备案、审核。

（八）巩固研学旅行主体成果。学校在组织研学旅行时，以启发、引导为主，给学生提供充裕的时间和空间。研学旅行活动结束后，学生将研学的问题和成果进行梳理、提炼，并通过课件、视频、调查报告、漫画、图表、诗画等方式进行汇报展示。学校可结合全市性校园文化艺术节等项目，举办研学旅行的研究报告会、征文、摄影、绘画比赛等后续活动，巩固研学旅行成果。

（九）建立研学旅行评价机制。教育行政部门将研学旅行纳入综合素质评价中，完善管理服务平台，探索研学旅行的"长沙模式"。开展研学旅行实验区和示范校创建工作，认真总结经验，注重理论与实践相结合，充分培育、挖掘和提炼先进典型经验，以点带面，整体推进，推动研学旅行工作的深入开展。在充分尊重个性差异、鼓励多元发展的前提下，学校对学生参加研学旅行情况进行评价，评价结果逐步纳入学生学分管理体系和学生综合素质评价体系。

五、保障机制

（一）强化组织保障。成立市研学旅行工作领导小组，分管教育的副市长任组长，市教育局长任副组长，市教育局、市发改委、市公安局、市财政局、市交通局、市文广新局、市食药监局、市卫计委、市旅游局、市金融办、团市委等单位负责人为成员。领导小组下设办公室，市教育局分管局长任办公室主任，相关处室负责人为办公室成员。加快形成政府主导、部门分工负责、多渠道全方位的协作机制，加大对研学旅行工作的统筹力度和科学管理，逐步构建"长沙模式"的研学旅行实践与理论体系，努力提高整体工作水平。

（二）强化经费保障。根据研学旅行活动基本需求，确定收费项目及标准，逐步建立"政府支持一点、家庭支付一点、服务接待单位减免一点"的经费筹措机制。对义务教育阶段低保户及特困人员子女和高中阶段建档立卡、低保户、贫困残疾人家庭及特困人员的子女实施减免政策，每人每年补贴800～1000元，市直学校由市财政统筹资金给予补贴，区县（市）学校由区县（市）财政参照市级标准补贴。市财政原则上只对境内1～7天研学旅行进行补助。倡导和鼓励爱心单位、爱心人士针对研学旅行开展公益资助。文化、旅游等部门协调景区、景点、场馆对中小学生研学旅行活动实行门票优惠政策，爱国主义教育场馆（区、点）门票按照规定费用全免，其他场馆（区、点）、基地（营地）门票优惠价格原则上低于社会旅游团队价格和学生门票的价格。

（三）强化安全保障。中小学生研学旅行，校长是第一责任人。要建立安全责任体系，积极完善安全防范措施，制订中小学生研学旅行安全预案和应急预案，加大监管力度，探索建立行之有效的安全责任落实、事故处理、责任界定及纠纷处理机制，实施分级备案制度，做好交通、食品、饮水卫生和突发事件应对等工作。要与家长、企业签订安全责任书，明确学生研学旅行安全责任。教育行政部门负责督促学校落实安全责任，审核学校报送的活动方案（含保单信息）和突发事件应急预案，投保校方责任险，督促学校做好行前安全教育工作。

（四）强化课程保障。市教育局加强对研学旅行课程建设的指导，对研学旅行课程进行审批，并对基地（营地）课程实施情况进行年度评估。

（案例提供：长沙市教育局）

第二节　校社家协同育人研学学生发展性评价

研学课程的评价纳入学校综合实践活动评价之中，作为单独的项目进行评价。本节主要从学生发展性评价视角，阐述研学课程评价理念、评价目标、评价内容、评价方法及评价效能。

一、评价理念

研学作为综合实践活动考察探究类的一种活动方式，强调在教师的指导下，学生从自然、社会和学生自身生活中选择和确定研究主题，开展研究性学习，在观察、记录和思考中，主动获取知识，分析并解决问题的过程，运用实地观察、访谈、实验等方法，获取材料，形成理性思维，培养批判质疑和勇于探究的精神。学生在研学课程中发现并提出问题，提出假设，选择方法，研制工具，获取证据，提出解释或观念，交流、评价探究成果，反思和改进的过程，对学生的评价理念应基于如下观点：

（一）把握正确方向

教师要把握价值体认、责任担当、问题解决、创意物化的研学课程目标，通过评价的导向作用，促进学生综合素质的提升。研学课程的每一种活动形式都有其自身的特点，要特别加强对每一类活动关键要素的关注和评价，发挥其育人功能。

（二）评价主体多元

研学涉及学生的个体生活、社会生活等各个方面，评价要充分肯定学生活动方式和问题解决策略的多样性，在指导教师为主的评价基础上，鼓励开展自我评价、同学互评、家长评价、服务对象评价以及社区、基地相关人员评价等多种形式的评价，尤其关注学生自我反思性评价。

（三）过程结果兼顾

研学课程注重对学生活动过程的评价，重点关注学生活动过程中的实际情感体验、综合能力发展程度、解决问题经验的习得。研学课程评价要重视学生活动过程的评价，对学生进行评定应该侧重揭示学生在活动过程中的表现以及他们解决问题的方法，而不仅是针对他们得出的结论。与此同时，要兼顾结果评价，并发挥综合评价的效能。

（四）关注创新表现

在研学课程中，学生在开放的实践情境中观察、实践，从中能发现具体问题，并在教师指导下开展持续地解决问题的探究活动。教师要重视对学生活动过程中的新奇性、独特性和创新能力进行评价，包括对研究报告和活动过程中作品的新奇性与独特性进行评价。

（五）激发参与热情

评价以激励性、表现性评价为主，关注学生参与状况，由此提高学生的热情。

二、评价目标

研学课程的目标设计参考 2017 年《中小学综合实践活动课程指导纲要》目标进行设计，围绕价值体认、责任担当、问题解决、创意物化四个维度设计学生综合素质发展目标。

（一）价值体认

学生通过亲历、参与各类研学课程，从中获得有积极意义的价值体验，包括对党对祖国的深厚感情、行为规范遵守意识、集体主义思想、中国人的自豪感、积极劳动的态度、人生与职业规划意识、国际视野等。

（二）责任担当

学生通过亲历、参与各类研学课程，在研学活动中初步养成自理能力、自立精神、热爱生活的态度，积极参与社会活动的意愿，形成负责任的态度和社会公德意识，增强社会责任意识和法治观念，形成主动服务他人、服务社会的情怀，理解并践行社会公德，提高社会服务能力。

（三）问题解决

学生通过亲历、参与各类研学课程，在研学活动中及时发现并提出有新意和价值的问题，对个人感兴趣的领域开展广泛的实践探索，逐步形成综合运用知识分析问题，用科学方法开展研究，解决实际问题的能力；能及时对研究过程及研究结果进行审视、反思并优化调整，建构基于证据的、具有说服力的解释，形成比较规范的研究报告或其他形式的研究成果。

（四）创意物化

学生通过亲历、参与各类研学课程，在研学活动中通过学习动手操作实践，初步掌握手工设计与制作的基本技能，逐步熟练掌握多种操作技能，综合运用技能解决生活中的复杂问题，增强创意设计、动手操作、技术应用和物化能力，形成在实践操作中学习的意识，提高综合解决问题的能力；运用常见、简单的信息技术解决实际问题，服务于学习和生活，通过信息技术的学习实践，提高利用信息技术进行分析和解决问题的能力以及数字化产品的设计与制作能力。

上述几方面是对研学课程的一般目标的探讨，比较多地考虑目标的共性、一般性。具体到实践中，我们也要根据研学课程分学段、分研究主题分类设计目标。将以上总目标具体细化成可操作性的目标。需要强调的是，这些目标也应随时根据学生活动主题的不断生成而不断调整，活动阶段不同，活动主题目标也随之调整。

三、评价内容

（一）研学学生发展性评价的基本内容

研学学生评价的内容包括学生在研学过程中的认知和行为能力水平及其发展状况，态度和情感发展情况，学生的研学成果等方面。

1. 学生在研学课程中的认知和行为能力水平及其发展状况

主要评价学生在研学课程中认知水平与能力提升状况，主要包括以下方面：（1）提出问题的能力。（2）活动方案的制定状况。要评价学生制定活动方案的能力。（3）活动过程的具体行为方式。如行为的合理性、行为方式的多样性、具体的操作方式。（4）创新精神和实践能力的发展情况。（5）活动的总结情况。要评价学生在总结、汇报、交流阶段的综合表达能力。

2. 学生在研学课程中的态度、情感发展情况

主要考查学生在活动过程中的思想和表现，主要包括以下方面：（1）学生参与活动的主动性、积极性和创造性状况。如参与活动是否积极主动。（2）学生在活动中的合作精神。如是否认真参加活动，努力完成自己所承担的任务，能否与他人合作，采纳他人意见等。（3）学生各种良好思想意识的发展状况，如环境保护意识、社会责任意识、服务意识、安全意识、效率意识等。

3. 学生的研学成果

主要评价学生参与研学实践后，在思想认识、实践能力、服务意识以及创新精神等方面的收获。如学生的活动体会，方法与技能的掌握程度，发现和解决问题等核心能力的提高。主要包括以下方面：（1）研学实践过程的真实记录和收获感受。（2）活动结束时的影像、绘画、日记作文、报告建议、手工实物等，以及主题演讲、角色表演、讨论交流、成果展示等形式的活动成果。

（二）研学学生发展性评价核心指标

1. 收集处理信息能力

研学课程的实施通常围绕一个需要解决的实际问题展开，但这一问题的解决几乎没有现成的资料，所需各种数据资料、事实事例，都靠学生自己去寻找、查阅、选择、摘录和分析。收集和处理信息的能力是重要的评价指标。

2. 社会交往能力

社会交往能力是在社会交往的过程形成和发展起来的。较之其他课程，研学课程可为学生交往提供充分的机会和丰富的社会交往环境，学生逐步学会与人沟通、合作的技巧，交往能力也随之提高。

3. 发现问题和解决问题的能力

研学课程重视学生从对生活的观察与思考中发现问题并通过实践积极探究，寻找解决问题的途径，从而培养学生发现解决问题的能力。

4. 整合资源与学科知识的能力

研学课程注重学生对知识的综合运用，并在探究活动中发现解决问题，体验感受生活，发展实践能力和创新能力。

5. 团队协作与自我管理能力

研学课程是集体参与的活动，部分任务需要采用小组合作来开展研究，任务的完成并非一人之功，怎样协调各种关系，调动每个学生活动的积极性，需要学生团结协作，积累一定经验。活动机会愈多，活动水平愈高，活动内容愈丰富，学生管理能力才能在活动中得到逐步形成和发展。

6. 正确的世界观和方法论

在研学课程中，学生广泛地接触社会，要树立正确的世界观与人生观，形成辩证唯物主义和历史唯物主义的世界观方法论，学会如何为人处世，将国家的前途、民族的命运、个人的奋斗紧紧结合在一起，树立民族昌盛，国家发展的积极信仰。

7. 科学的态度和科学的道德

创新精神的培养只有同科学态度、科学道德的培养统一起来，才会真正形成对社会、对个人发展有价值的结果。学生在课题探究过程中，从实际出发，通过认真踏实的探究，实事求是地获得结论，懂得尊重他人的成果。同时，不断追求的进取精神，严谨的科学态度，克服困难的意志品质等，也将在研学实践过程中得到锻炼和发展。

8. 对社会的责任心和使命感

学生在研学课程中，不仅要提高自己的创造性和认知能力，而且还要关心社会的进步、祖国的前途、人类的命运，争取使自己的精神境界得到升华。

9. 认知能力

学生通过直接经验产生的主观感受和意识，通过日常经验而获得丰富经验，通过主题活动掌握、运用跨学科知识。立足于现实生活纷繁复杂的生活问题，学生在解决问题的过程中要掌握各种方法，如信息处理的方法、访问调查的方法、测量统计的方法、观察实验的方法等。

四、评价方法

研学学生评价要服务于学生的发展，重视过程性评价，客观反映学生的真实状况和相关素质水平，让学生及时获得关于学习过程的反馈，为改进后续活动，促进学生成长提供依据。

研学课程的评价方式多种多样。按评价的阶段分，一般分为过程性评价和终结性评价。在具体操作中，"活动过程档案袋评定""自我展示性评价"等方法是非常有效的过程性评价方法，总结交流及协商式民主评价是比较好的终结性评价方法。

研学课程评价方法具有多元特征，不可能用唯一的方式方法评价学生的活动。教师可以运用问卷调查、观察卡、作业卡、行为评价卡、日记、学习档案等评价工具来观察和记录学生表现以便进行活动评价。

研学课程评价可用定性与定量相结合、口头评价与书面评价相结合、小组评价与自我评价相结合、过程性评价与终结性评价相结合等方式，评价者可根据实际需要灵活选择。通常运用的评价方法有如下几种。

（一）表现性评价

表现性评价主要是创设各类展示交流机会，引导学生在研学活动中发现展示自我，欣赏评价同学。同时，教师对学生的表现进行评价。研究主题不同，研究过程和方法也有差别，展示交流方式也多种多样。如充分利用学校走廊、图书馆、展览室、教室等空间，展示学生研学活动中的成果，也可定期不定期举办研学活动成果展示交流会，展示交流学生研学成果，并将其纳入终结性评价指标体系。下面展示一个关于研学活动学生表现性评价的案例。

【案例分享】

"六一"美食节主题研学活动学生表现性评价分析案例

活动阶段中的表现性评价是研学课程最重要的一个环节，一般是结合节庆日主题活动来进行的。例如美食节活动，我们就是结合"六一"庆祝活动一起开展的，同时，学校蔬菜园也到了采摘的旺季，同学们的劳动收获也希望通过活动来进行展示，因此，学校就举行了一次全校性的"六一"美食节活动。

（一）前期策划与准备阶段

1. 研制评价性工具

"六一"美食节活动，我们利用不同形式的评价工具来评价学生的活动落实情况，有出勤记录表、劳动工具使用记录、家庭实践视频或照片上传情况记录表、主题研讨活动记录表、实践活动成果评价表等，最后，将劳动观念、劳动能力、劳动习惯与品质、劳动精神整合成个人"六一"主题活动评价表，存入学生成长档案袋。

2. 学校招募令

确定美食节大主题，学校先期向全校发布了活动方案设计招募令，同时评选策划小能手。各班马上分小组研讨，召开头脑风暴讨论会，召开主题设计班会，一下子就点燃了全校师生和家长的研讨激情，大家都期待着诱人的美食节。

各班陆续上交了活动设计方案。有热菜、凉菜、水果拼盘、面食、点心的设计，也有宣传海报设计，有场地布置，还有器材设想，更是连评选方式、评委选择都有班级提供了建议。

学校召开专题会议研讨上交的方案，最终确定了本次"六一"美食节的方案。这是一个成功的招募令，是对学生思维能力、规划设计能力、小组合作能力、创新能力表现的一次多元评价。

3. 海报设计

研学课程与各学科课程结合紧密，特别是语文和美术。海报制作大赛是这次美食节的一个重要项目，研究食育文化，设计美食作品，宣传中华美食，学生将调查研究、学习思考的结果写出来，画出来，做出来，增强了学生的文化自信，是对综合素养、知识迁移能力、实践创新能力的一次多元评价。

4. 安全培训

因为美食节活动要用到电和刀具，还有开水和热锅，都可能出现安全问题，因此，活动之前学校进行了专门的安全知识的针对性培训，保证活动的顺利进行，让学生知道活动中的安全是最重要的。

5. 操作训练

每个班级的制作内容确定之后，展示同学还需要在家里或班级进行多次操作训练，人员配合分工明确，有条不紊，刀工、配料、烹饪、摆盘等工序力求完美，精益求精。通过操练，学生的合作能力、比较能力、研讨能力、分析能力、创新能力都有一个从量变到质变的提高。

6. 志愿者招募与评委组建

班级志愿者、家长志愿者、老师志愿者由我们通过招募的形式选出，充分发挥学校、家庭、社会的综合力量，拓宽了宣传的途径，保证了活动的有序进行。这次活动，家长志愿者任务很大，因为学校只提供桌子、砧板、菜刀和基本调料，其他如锅、碗、盆、太阳伞都是班级自己准备，家长志愿者就是最大的后援团。另外，评委团的组建考虑到评价的全面性、多样性，评委团中有老师、学生、家长、社区干部，改变以往单一的教师评价为多元评价，着重质的评价，有利于学生的改进提升和长远发展。

(二) 美食制作与展示评价阶段

1. 美食制作

此次活动全员参与，大家分工合作，有班主任组织引导的，有保安叔叔充当后盾的，低年级还有家长现场指导的，几个平时调皮的小男孩这次都意外地成了班级的主力军，老师眼中的听话宝贝都只领到洗菜的工作。这就是人尽其才，竞争上岗，一次活动让孩子们充分认识到自己的优势与不足，也是对学生适应能力、创新能力与全面发展的一次评价。

活动现场准备物品多种多样而又不失统一，电磁炉、遮阳伞是必需品。亲友团阵容庞大，他们一直都是活动的参与者，是真正的师傅，是孩子们的坚强后盾。家长志愿者是研学实践开展的重要力量，是活动顺利进行的保证，家长的鼎力支持，社会的高度评价，改变了传统的教育评价观念，促进了学校全面工作的开展。

美食制作的过程精彩纷呈，这次研学实践的评价核心还是综合能力的呈现。活动现场成了厨王争霸赛现场，厨师服、白手套、电磁炉、高压锅、蒸烤箱、雕刻刀、榨汁机，齐齐上阵；热炒、冷盘、清蒸、水煮、油炸、红烧，手段各异。还有一年级的全员上场，每人一个水果拼盘，让人食欲大增。

2. 展示评价

操作进入白热化，文化设计比拼也拉开了帷幕。配色、造型、摆盘、命名、解说、试吃，宣传手段不遗余力，有的用小蜜蜂扩音，有的拿喇叭喊，低年级的打感情牌，直接就是上手拉观众。

学校领导团的评价是学生最期盼、最看重的，看着一双双渴望的眼睛，我们很难取舍。其实每个参加的学生都非常棒，都是精品，只是做法不同，风格各异，按照色香味来评价，都可以评为优秀作品。

我们评委要给每个菜的造型设计、制作水平，以及学生对这个菜的宣讲水平分别进行打分，每项得分最高的就能获得对应的荣誉称号：小小设计师，小小美食家，宣传小能手。

除此之外，评委还要根据每个班的台位表现情况对表现优秀的班级进行评选投票：学生参与度高，现场气氛活跃，服务招待热情，菜肴整体受欢迎的班集体就能在"最受欢迎摊位"一项得票；台位区域干净整洁，节约用水，学生在活动过程中遵守纪律的就能在"文明节约台位"一项得票。每项得票最多的班级就能获得对应奖项。

美食节圆满举行，多元评价也落到实处。学生最大的收获是享受了过程，得到了素质和能力的提升。老师也在组织过程中总结经验，完善评价标准，让表现性评价和常态化研学实践落到实处。

（案例提供：周应文）

（二）教师系统观察评价

教师观察评价，指教师根据评价项目和评价标准，观察学生在不同环境下的行为，或通过学生谈话等形式，直接了解学生的真实情况，收集各种评价信息，并以此作为评价学生的依据。

（三）研学的写实记录

教师指导学生如实记录研学实践过程中的收获与体验。一是指导学生以写实为主，形成原始记录材料。二是突出典型性的细节描述，指导学生将有代表性的重要活动记录和典型事实材料遴选出来，如最典型的活动、最独特的研究经历、最具创意的劳动成果等。三是呈现方式多样。既有数据支撑、文字描述，也有图片、视频或实物等多种形式。四是建立档案袋。档案袋是学生自我评价、同伴互评、家长评价、教师评价学生的重要依据。教师要指导学生将记录、资料、成果等编排汇总、归档，形成每一个学生的研学课程档案袋，并纳入学生综合素质档案。

教师可通过研学手册的运用，引导学生将课程活动过程记录下来，并将其作为终结性评价的依据。

（四）民主评议活动

本方法可以是小组活动或师生互评，还可采取由家长或社区介入评价等多种民主评议方法。

1. 小组互评

小组活动，可以是学生之间互评，将评价项目和标准等制成表格形式，由学生互助评价后填写，或是由组长主持的互评活动，并结合自己的观察记录，提出各自的观点或意见，师生合作，完成评价。小组互评的过程中，学生可在小组中充分进行自我展示，也在互相评价的过程中互相激励和提高。

2. 家长及基地评价

家长或基地介入评价，可由校方提供评价项目、评价标准和具体要求，由家长、基地对学生进行客观性评价。需要强调的是，至于基地和家长的评价，不管是哪种评价主体，都要运用激励性评价机制，以指导和鼓励为主，帮助学生不断对课程产生兴趣。

（五）工具评价

在研学课程终结性评价过程中，可采取设计评价工具，通过评价工具，引导学生对一段时间的课程参与和表现情况进行评价。评价工具可以是表格式的，也可以是文字描述式的，还可以是其他形式的。此外，教师要将评价权力下放给学生，让学生设计评价方法，决定评价形式，引导学生在这种自我评价中能力、个性、人格得到全面发展。下面是研学课程总结答辩评价表。

评价维度		评价标准	得分
一、研究效果	合作性（10分）	必须体现良好的团队合作精神。在活动的整个过程，小组的每个成员能积极承担共同任务中的个人责任，相互之间具有积极支持与配合的精神，有在完成个人任务的基础上进行小组加工的技能	
	真实性（10分）	研学探究的整个过程，必须由参评学生亲自完成。研究的主要论点和论据必须是参评学生通过观察、考察、实验等实践手段亲自获得，严禁弄虚作假；项目设计，即在作品中的创造性贡献，必须是参赛学生构思完成	

（续表）

评价维度		评价标准	得分
一、研究效果	科学性 （10分）	选题的合理性与成果的科学性。在研学探究活动中，参评学生分析问题遵循认识论规律，所得结论经得起推敲和验证，结果或结论科学严谨。项目设计方面，其技术方案合理，研究方法正确，科学理论可靠，成果具有科学技术意义	
	先进性 （10分）	对研学探究的课题研究而言，论文的选题及内容有创新点，研究结论的科学价值和学术水平具有先进性。对研学活动中的项目设计而言，作品的发明或创新技术在申报日以前没有同样的成果公开发表、使用过，并且同以前已有的发明或技术相比，有显著的进步	
	实用性 （10分）	成果有一定的社会效益、应用意义和推广前景	
二、展示效果	精神状态 （10分）	精神饱满，配合默契	
	清晰度 （10分）	音量适中，吐字清晰，思路流畅	
	艺术性 （10分）	艺术效果好，有一定的个性发挥	
	答辩态度 （10分）	诚实，诚恳，求真，有分寸感	
	答辩技巧 （10分）	简明扼要，清晰灵活，有口才，显智慧	
总分（100分）			

五、评价效能

学校要充分发挥研学课程的评价效能，将评价结果纳入课程评价体系，也可将评价结果作为各项评优依据，作为初高中学段学生综合素质评价和学分认定的重要内容。

第三节　例谈义务教育学段研学课程过程性评价

本节分享的是长沙市周南秀峰学校教师朱玮芳撰写的"'银杏树下'主题研学课程实施与展示性评价"案例，从中我们可以了解到某个具体研学项目与综合实践活动及劳动教育课程深度融合后的评价。该案例主要从主题背景、实施过程及策略、课程评价、实施效果四个部分介绍。

一、主题背景

《中共中央 国务院关于深化教育教学改革全面提高义务教育质量的意见》中明确指出，"加强劳动教育。充分发挥劳动综合育人功能，制定劳动教育指导纲要，加强学生生活实践、劳动技术和职业体验教育"。研学课程是实施劳动教育的重要载体，两者的内容和实施方式彼此融合，共同指向"德智体美劳"五育目标。因此，劳动教育要以"五育融合"理念为指导，依托研学课程，创造性地开展劳动教育。

长沙市周南秀峰学校的劳动教育实践，曾存在三个突出问题：一是"有技术、无课程"，劳动教育多为纯技能训练，没有发挥五育融合、综合育人功能；二是"做法多、规划少"，劳动教育内容丰富、形式多样，但学段相互割裂，层次区分不明，缺乏整体系统规划；三是"重结果、轻过程"，劳动教育评价按照等级进行简单的结果划类，难以激发学生持续参与劳动实践的兴趣。

作为长沙市"研学实践与劳动教育整合模式"推广应用示范校，学校以"五育融合"理念为指导，依托研学课程，因时、因地制宜，开发劳动教育综合育人课程体系，并探索基于主题一体化实施的劳动教育路径。

学校围绕"让每一位学生享受前沿教育"的办学理念，结合"格调高雅、学业优良、体魄强健"的育人目标，立足学生发展核心素养，整合"学校—家庭—基地—社会"各类课程资源，以研学活动为载体，构建"六秀""三位一体、四做四提升"劳动教育课程体系。

"六秀"指劳动教育课程的理念与目标,"三位一体、四做四提升"指劳动教育课程的三大板块课程群。这三大板块课程群中,既有基础性劳动教育课程,如"家政课程""岗位成长课程""志愿服务课程"等多为此类;也有主题性劳动教育课程,如"银杏树下""清洁空调",探索基于主题一体化实施的劳动教育路径。例如冬、夏两季,教室内使用空调前,各班开展"清洗空调滤网"主题活动。活动前期,孩子们经历了"问题发现—主题确定—活动策划—阶段交流"的研学探究过程,解决了为什么要清洗空调滤网的问题;活动中,既有空调滤网"拆"知识的探究,也有"洗"实践的体验,孩子们掌握了如何清洗空调滤网的技能、技巧;活动后期,孩子们在校为本班服务,为小学部结对班级志愿服务,在家开展家政服务,进行清洗空调滤网项目实践,并赴远大集团开展空调主题研学和职业体验,进一步深化理解与认识。

接下来,笔者将重点以"银杏树下"主题研学课程为例,和各位分享基于主题一体化实施的劳动教育课程及其评价。

二、实施过程及策略

学校为九年一贯制办学模式,中小学一体学校,跨度大、面积小、师生多,校内劳动场域十分有限,但我们挖掘、利用本校特有资源,寻找到了学校特色发展的突破口。校园种植了200多棵银杏树,分布在主干道两旁及各绿化带内,形成醒目的银杏景观,演绎了四季美景的更迭。我们因时、因地制宜,围绕校树银杏开发了"银杏树下"主题研学课程。曾经,遍地金黄的落叶是学校保洁员挥之难除的清扫对象;而今,蹁跹的"金蝴蝶"成为孩子们竞相追逐的校园宠儿。

银杏树在我国的栽培历史悠久,曾是仅遗存于我国的珍稀树种之一,素有"活化石""植物界的大熊猫"之称。在漫长的历史变迁中,银杏的文化内涵不断丰富,深深植根于中华民族的文化土壤中,不再是一种简单的树木,人们将其种植于庭院、巷道、文庙,赋予美好寓意,古代文人雅士更是借物抒情,将其当作高尚情谊的象征:"鹅毛赠千里,所重以其人。鸭脚虽百个,得之诚可珍。"在劳动人民的智慧中,它是美食,是木材,是中药,更是表达感情的一种载体和一种文化意象。

在"银杏树下"的课程设计中,我们从课程理念的更新上、结构框架的完善上、系列体系的谋划上、课程设置的匹配上寻找切入点。课程理念的更新，体现在该课程基于主题一体化实施，是研学实践与劳动教育的整合；结构框架的完善、系列体系的谋划，是本课程的关键所在，从纵向上看，它的4个模块贯通1~8年级，并涵盖了研学实践与劳动教育整合的各种学习方式，从横向上看，领域、模块、主题、项目，从大到小、从面到点，呈现了丰富的课程内容；课程设置的匹配，体现在"银杏树下"属于学校劳动教育课程体系中"种养课程"板块。

具体而言，该课程分"独特结构的神奇树""果材兼优的稀世宝""沧海桑田的活化石""飞扬寰宇的金蝴蝶"4个模块，设置了12个主题，每个主题按照1~8年级分4个学段设计了4个项目，共48个项目。课程内容体现了主题统整、分层梯度、形成序列的课程结构特点。课程通过实施，探索了基于主题一体化实施的劳动教育的四条路径。

（一）常态实施：利用本校资源，纳入日常管理

劳动教育在实施途径方面有自己的特点，它主要不是在课堂里"讲"出来的，而是组织学生在真实的劳动中"干"出来的。这一点与研学实践的"实践育人"相通。

课程"银杏树下"注重常态实施，从研学实践的视角来建构劳动教育。模块"独特结构的神奇树"中主题"校园银杏树的养护实践"，包含"银杏养护除草忙""松土堆肥靠大家""不同季节常养护""病虫防治深探究"等项目。

在对校园银杏树日常观察、监测中，孩子们发现，在土壤、光照等环境因素基本相同的情况下，银杏树的生长有好有坏，于是对此展开调查研究，在实践中逐步掌握了有机堆肥的制作、防治病虫害的配药方法等。

通过劳动课，孩子们经历"主题确定—主题分解—活动策划—方法指导—阶段交流—总结汇报"等研学探究性学习过程，他们坚持不懈地为银杏树排水、埋肥、撒药、涂白，劳动实践贯穿四季，校树养护形成日常；在科学课、生物课上，他们归纳了给银杏树四季施肥的要点"春施长叶肥""夏施长果肥""秋施养体肥""冬重施基肥"；在肥料制备项目实践中，他们不仅把生活垃圾中的菜叶、果皮、鸡蛋壳等改造成有机堆肥，还通过采访专业人士了解到，银杏落叶、掉落的白果也可加入堆肥制作，并具有防虫害功效。

于是，孩子们逐步建立起资源循环利用观、节俭观；多学科教师参与劳动教育过程，实现了全员参与；劳动课堂、学科课堂，都是课程常态实施的阵地，呈现出多元立体的特点。

（二）研学活动：拓展劳动场域，联动校社家

研学活动应当与研学课程统筹考虑、有机融合。学校场地、设备、师资有限，"银杏树下"课程中与生产实践相关的某些主题、项目，如提取银杏纯露、制作白果美食等，受校内条件限制，便依托研学活动在基地实施，为此，学校与基地多次对接交流，在秋季研学中设计了与"银杏树下"课程一脉相承的"风韵雍容银杏实　几千年物到而今"主题研学活动，根据孩子们的年龄特点和能力水平，设计不同层次的产品和制作项目。

在基地研学时，我们抓住劳动教育"讲解说明—淬炼操作—项目实践—反思交流—榜样激励"五大关键环节，以问题引路，以文化植入，以任务驱动，让孩子们亲历了完整的劳动实践过程。他们沉浸于"做中学""玩中研"，有的糕饼荟萃，以传统文化品味食育之道；有的形色俱佳，以巧思妙手探寻艺术之美；还有的提取纯露，以科学实验揭秘养颜之术……研发、制作产品的体验过程，是孩子们劳动知识与技能提升的过程，更是"知行合一"的生动写照。从基地返回后，他们将劳动成果如银杏保湿护肤露、平喘白果蛋糕饼等赠送给父母师长，表达感恩。同时，他们还在家中与父母开展亲子互动活动，比如制作银耳莲子白果羹、银杏腐竹西米露等。于是，以研学活动为连接点，校社家联动，形成育人合力。

再如，"千年银杏郁苍黄　科学养护尽芬芳"春夏主题研学课程，应学校课程深度探究之需，以"养护+食育"为主要内容，引领1~8年级的孩子分别从银杏与生态防虫、银杏与夏季扦插、银杏与养护管理、银杏与有机种植四个不同层面，进一步开展基地研学，并与返校后实施的"观察校园银杏虫害及开展防治""养护扦插银杏并移栽""为校园银杏树调配营养液""给校园银杏树施肥"四个后拓课程一一对应。于是，研学活动真正成为学校课程的延伸与补充，学校课程则是研学活动的后拓巩固。

（三）班团队活动：丰富劳动途径，浸润价值体悟

团队活动是公益服务性劳动的最佳载体，是增强社会责任感，提升公共服务意识的重要途径。

"银杏树下"课程有的主题如"银杏制品的探究与实践""银杏文化传播与交流的探究"活动由我们通过班团队活动实施,将劳动教育纳入人才培养全过程,将正确的劳动价值观培育浸润到每个教育细节中。

三月学雷锋活动进行时,"银杏元素创意秀"主题活动依托学校、班级爱心义卖活动开展。原本以二手物品交换、成品买卖为主的爱心义卖市场,吹来一股清新的风。孩子们用亲手设计、制作的各种表现银杏元素的工艺品、文创产品布置义卖展台,将义卖所得捐赠给困难小伙伴。以劳动所得帮助需要帮助的人,孩子们在服务他人中懂得了劳动创造价值,劳动最崇高。

在九月金秋丰收节时,"银杏旅游精品线"主题活动通过小队活动来实施。孩子们在实地考察中,寻找本地"小有名气"的银杏景观(如岳麓山占麓山寺、云麓宫周边,烈士公园年嘉湖旁、红军渡附近),回家设计成精品旅游线路,返校后发布专题旅游攻略,形成"网红"长沙的新增打卡点。这些精品旅游线路中,既有长沙本地及国内其他地区最美的银杏景观,也有传统文化、红色文化的著名景点,孩子们在实地考察、设计推广中,进一步感受到了银杏之美,长沙之"红",增进了对家乡、对祖国的了解与热爱。

(四)三点半社团活动:创设职业体验,注重岗位实践

课程"银杏树下"模块"飞扬寰宇的金蝴蝶"之下主题"创意制作微电影"通过三点半社团活动来实施,通过创设职业体验的情境,引导孩子们在岗位实践中成长。

以六年级为例,从优秀习作中投票选出精品,由小写手们改编成剧本;试镜海选,敲定主角;"自愿报名+年级组推优",成立导演、编剧、摄影、场务、演员、剪辑、发行等工作小组。每一步推进均以孩子们为主体,充分融入了文学写作、戏剧表演、音乐美术、信息技术等多学科学习。

孩子们在各自"电影人"岗位实践中,体验着电影创作的忙碌与艰辛,感悟着电影人精益求精的工匠精神。微电影《银杏·校园·成长》首映礼上,小演员甘可欣兴奋地说:"全程都是我们自己拿主意,自己策划、组织、制作,特有成就感!"场务代梓涵的妈妈感叹:"社团活动以兴趣为集结点,让每个孩子都能发挥自身的优势。难能可贵的是,这种职业体验具有创造性!"

三、课程评价

无论是研学实践,还是劳动教育,都强调学生"主动参与并亲身经历实践过程"。同时,2017 年,教育部印发《中小学综合实践活动课程指导纲要》指出,各学校和教师要以促进学生综合素质持续发展为目的设计与实施综合实践活动评价。特别是要坚持以学生成长为导向进行评价。评价的首要功能是让学生及时获得关于学习过程的反馈,改进后续活动。

因此,该校摒弃了单纯看重结果,以等级划类的评价方式,探索评价主体的多元化,如获得性取向的学生自评,合作性取向的同伴互评,参与性取向的家长督评,展示性取向的学校综评;探索评价方式的多样化,如展示性评价、过程性评价。

(一)提供平台、给予激励的展示性评价

展示性评价是根据学生自己给出的解决问题的过程、答案和展示的各种作品来判断、评价学生所获得的知识、技能、情感、态度等方面的一种评价方式。核心是提供平台,让学生以各种合适的方式向公众展示他们的实力和对课程的理解。它包括静态展示、动态展示和专题展示三种形式。

在展示性评价的理念指引下,学校积极为学生提供各种表演和展示的机会,激励每一位学生展示自己的成长,并为学生行动反思提供智慧发展空间,力求让评价的过程和结果更加科学、全面、客观,便于操作。

一是静态展示,充分利用"银杏树下"课程的学生作品来装点教室,凸显学校文化特色。孩子们亲手制作的银杏盆栽、彩绘玻璃瓶、诗配画扇面及摆台、银杏叶书签等,成为班级植物角、学生作品栏的靓丽风景线。二是动态展示,六一儿童节、元旦庆祝会、年级组成长汇报等重大校园节日、活动,歌、舞、器乐、朗诵、小品等艺术形式都可以呈现银杏课程的学习效果,或者成为主题鲜明的课程作品发布会。如传统的元旦庆祝会变成"微电影首映礼"。孩子们分享交流了《银杏·校园·成长》微电影拍摄、制作中的收获与反思,电影展播后评选表彰"最佳编辑""最佳剧本""工匠精神奖"等。首映礼成为他们课程学习展示的舞台,评价与激励不着痕迹地贯穿活动始终。三是专题展示,包括聚焦"银杏"主题的文创作品展、叶贴画作品展、摄影作品展,以及创意服装秀、银杏叶入茶科普宣讲等,通过

开放日等向家长、社会多方位展示银杏课程学习过程与结果。

（二）基于证据、记录成长的过程性评价

我们的评价贯穿"活动前任务——活动中引导——活动后迁移"三个阶段，遵循"做中学、研中探、展中评"的原则。因此，各种记录表格、研学手册成为在银杏课程中孩子们学习与成长的"见证"。比如银杏课程的基地研学手册，全面体现了前置学习、基地实践、后拓活动中孩子们的收获、反思，成为过程性评价的载体。

四、实施效果

（一）立足"五育融合""综合育人"，课程一体化贯通

通过研发"银杏树下"课程，我们的课程走向开放、跨界、融合，劳动教育不再是纯技术训练，而成为"五育融合"的抓手。"银杏树下"以主题系统开发加强整体规划，目标、内容突出学段渐进性，构成序列；增强学段关联性，环环相扣；打通小学、初中义务教育学段，实现一体化贯通。2022年4月，课程组通过中国教育学会线上分享平台推介了该案例；"学习强国"平台也多次登载该课程推进的专题报道，获得良好的社会反响。

（二）教师课程观、育人观转变，课程研发能力获得提升

亲历"银杏树下"课程研发、体验式培训全过程，老师们以研学实践的理念与方式开展劳动教育，课程研发意识与能力明显提升。七年级教师因时、因地制宜，自主研发了"清洁空调"劳动实践项目，劳动课"清洗空调滤网"及其教学点评入选湖南省中小学教师发展中心"湖南省青年教师助力成长工作坊研修"课程资源建设库；"研学实践与劳动教育的整合实践研究"课题组在德育报上发表论文《以"清洁空调"为契机，深耕劳动教育沃土》。目前，在我们的示范、带动下，周边兄弟校也加入了该模式推广应用的队伍中。

（三）学生学习观、成长观转变，综合素质得以持续发展

通过"银杏树下"等主题一体化实施的劳动教育课程，孩子们的学习观、成长观悄然发生着变化。互动已成为学习活动不断生成的内在动力，展示为激发学生持续、深度学习提供外在平台；合作、探究、体验、反思，这些学习方式的整体运用和协调开展，将生成知识与习得素养并重，促使学生在观点认识上发生碰撞、融通，在知识学习上获得内化、理解，问题发现与

解决能力得到提升。六年级学生创作的微电影作品《银杏·校园·成长》成功入选第二十三届全国学生信息素养提升实践活动交流展示环节。

第四节　例谈高中学段研学课程终结性评价

研学的终极目标指向学生核心素养的提升，要想达到这一目标，就要充分利用评价，完善评价工具和方式，从多角度、多方面考查研学的成效及其对学生发展的促进作用。本节将在大量列举案例的基础上，从研学课程评价的原则、评价的方法、学分认定的基本内容、学分认定的具体操作程序等方面阐述高中研学课程评价的基本方法。

一、高中研学课程评价的原则

相比于传统的学科课程，研学课程没有明显的规律性、可控性、阶段性和连续性的特征，更多的是呈现了无规律、不可控和非连续性的特征，因此，研学课程评价要遵循课程本身的特点，遵循以下原则。

（一）参与性原则

研学课程要注重学生亲身参与和学生全员参与，强调参与情况和参与态度的考核，即学生是否参与了课程的某些环节，参与是否主动积极。同时重视学生自觉参与评价。

（二）主体性原则

强调学生的自我评价，强调学生在评价中的主体地位。充分调动每个学生的主动性、积极性、自觉性，使评价过程真正成为学生的自我认识，自我分析，自我改进，自我完善和自我教育的过程。

（三）过程性原则

评价的内容集中于学生在课程实施过程中的情绪情感、参与过程、投入程度和能力养成，揭示学生在课程实施过程中的表现以及他们解决问题的过程，而不是仅仅针对学生的研学成果，即注重学生在研学课程实施过程中的实际体验和发展程度。

（四）差异性原则

在研学课程中，承认学生在个性、能力等方面的差异，允许学生在不同问题的研究中，学习不同的知识，锻炼不同的能力，即使在对同一问题的研究中，也应该对不同的学生提出不同的要求，允许学生有不同的收获。

（五）多元性原则

包括评价主体的多元、评价标准的多元、评价形式的多元。研学评价强调多元取向和多元标准，肯定学生与世界交往的多元方式，不仅允许学生对问题的解决有不同的方案，而且表现自己学习的形式也可以丰富多样。评价的主体也是多元的，教师、学生、家长等都可以作为评价者。

（六）整体性原则

一方面，将学生在研学课程中的各种表现和活动产品作为评价他们学习情况的依据；另一方面，注重在评价过程中充分开展鉴赏、交流等反思性活动，将评价过程变成师生共同学习的过程。

（七）激励性原则

研学评价重在发现和肯定学生身上所蕴藏的潜能、所发现的闪光点，鼓励学生大胆想象、创造和实践，激励与维持学生在活动过程中的积极性、主动性和创造性。同时通过评价使学生找到积极的参照点，学会调整自己的行为，提高活动的能力和水平。

（八）发展性原则

研学评价的重点应放在学生的发展层次和发展水平上，要引导学生进行自我反思性评价，要突出学生在课程实施过程中的体验，情感、态度与价值观，研学实践能力的培养等。

二、研学课程评价的内容

研学评价的内容包括在研学课程中学生的认知和行为能力水平及其发展状况、态度和情感发展情况、学生的活动成果等方面。

（一）学生在研学课程中认知和行为能力水平及其发展状况

主要包括以下方面：

1. 提出问题的能力。主要评价学生在实践的情境中发现提出有研究价值的问题并能规范表达问题的能力。

2. 研学方案的制定状况。主要评价学生制定的研学方案中的目标设计、步骤安排、预期成果情况。

3. 活动过程的具体行为方式。主要评价研学行为的合理性、行为方式的多样性、具体技能操作方式等。

4. 创新精神和实践能力的发展情况。主要评价学生在研学实践中的创造性发现和实践成果。

5. 活动的总结情况。主要评价学生在总结、汇报、交流阶段的综合表达能力。

（二）学生在研学课程中态度、情感发展情况

主要包括以下方面：

1. 学生参与活动的主动性、积极性和创造性状况。

2. 学生在活动中的合作精神。如是否认真参加活动，努力完成自己所承担的任务，能否与他人合作，采纳他人意见等。

3. 学生各种良好思想意识的发展状况。如环境保护意识、社会责任意识、服务意识、安全意识、效率意识等。

（三）学生的研学成果

主要包括以下方面：

1. 研学过程的真实记录和收获感受。

2. 研学课程结束时的摄影绘画、日记作文、报告建议、手工制作实物等方式，以及主题演讲、角色表演、讨论交流、成果展示等形式的活动成果。

三、研学课程评价的方法

研学课程评价方法具有多元特征，不可能用唯一的方式方法评价学生的活动情况。教师可以运用问卷调查、观察卡、作业卡、行为评价卡、日记、学习档案等评价工具来观察和记录学生表现以便进行活动评价。

研学课程评价可用定性与定量相结合、口头评价与书面评价相结合、小组评价与自我评价相结合、过程评价与终结评价相结合等方式，评价者可根据实际需要灵活选择。通常运用的评价方法有如下几种。

（一）个人报告

学生写出书面总结，介绍自己的活动过程、活动经验与教训、问题与发展思路。在个体报告过程中，评价小组成员依据评价工具，写下各自的看法和意见。下面来看看关于学生个人总结报告的案例。

【案例分享】

某校学生的个人总结报告及指导教师的评语

个人报告（节选）

……

平时知识都是由老师传授，而这次是由亲身实践所得。我们通过此次研学旅行活动，最大的转变就是有了主动解决问题的态度。湘西州的景色、风土人情我们永远不会忘记，我们也会把传统文化合理地继承和发展下去。

……

指导教师寄语（节选）：

历史老师如是说——

三天两晚的研学之旅，有很多精彩的瞬间，不过这一幕却让我很难忘。记得第一天傍晚安排去乾州古城，参观民族英雄罗荣光故居，然后观看《湘西汉子》演出，原本觉得这一切都很平常，但是在演出过程中，看见很多孩子在罗荣光喊出"人在大沽在，地失血祭天"誓死抗击八国联军的口号时，那种振奋人心的民族自豪感跃然脸上。之后又看见很多孩子因罗荣光坚持镇守大沽炮台而壮烈牺牲，被感动得泪流满面的场景。而在剧终，所有学生集体起立对英雄行注目礼时，我被震撼了。恰好研学之前我们刚好学习了八国联军侵华这一课，这种爱国主义教育，这种情感态度价值观，这种以天下为己任的民族大义精神，是学生在书本上课堂上难以感受到的精神盛宴。因此，爱国主义教育不能仅仅局限于书本，而是要学生多次到现实生活中去感悟和亲身体会，这样才会事半功倍。读万卷书，还要行万里路。

校长如是说——

当我们走在上学的路上时，德夯鼓乡的篝火正在为今天的激情积蓄能量；当我们的教室传出琅琅的书声，湘西州博物馆正迎来上午第一批探秘湘西州的游客；当我们在认真听老师讲解"精准扶贫""乡村振兴"战略时，十八洞村的大姐正在为改变自己的现状而辛勤劳动；当我们咬着笔思考着作文该如何完成时，边城茶峒的清水正流过沈从文曾经走过的石阶……总有在书本中学不到的知识，总有在教室里遇不到的人。读万卷书行万里路，莘莘学子放下书包拿起背包，走出教室走进自然，进行了为期三天的湘西研学之旅。我校学子周密部署，精心设计，用脚步将城市和乡村连接在一起，用课题将课本和现实连接在一起，用行动将"去旅行"变成"去认识世界"，用实践证明了真正的财富在于对自己拥有的知识的使用。

（案例提供：罗品文）

（二）专家审议会

如成果答辩会。

（三）研学手册评价

研学手册是研学中不可或缺的过程性评价工具和载体，是评价学生研学过程、研学收获、研学成效及其最终发展水平的评价方式。运用研学手册评价，教师指导要注意如下几点。

1. 指导学生养成收集资料的习惯

在研学过程中，会有许多原始资料，有文本材料，有实物，如标本、模型等。这些原始资料，是活动过程的真实记录，也为活动总结阶段寻找规律、得出结论、撰写各种报告提供重要依据。教师要指导学生做好这些资料的积累保存工作，让学生养成良好的总结习惯。

2. 进行研学手册制作方法指导

研学主题一旦确立，教师就要指导学生制作档案袋，档案袋的制作过程既是教育过程，又是学习过程，通过自我反思、自我激励、自我评价，引导学生努力追求和不断完善自我。

3. 研学手册的评价以展示和激励为主

研学手册一方面能够记录学生研学成长过程，真实反映他们在成长过程中的成功与失败，让学生体验成功，感受成长与进步；另一方面，也为老师、家长和其他人提供了更加丰富多彩的评价材料。教师要发挥研学手册的展示性功能，以激励性评价为主，引导学生积极分享研学过程中的收获与体验。

（四）终结性评价

终结性评价也就是总结性评价。一是将过程性评价纳入其中作为重要内容，二是运用所编制的量表进行定量分析。下面展示的是某校编制的评分量表（含成员自评表和成员互评表）。

成员自评表		
项目	要求	得分
研学前 （准备阶段）	合理归纳材料（10分）	
	主题活动设计的有趣性、探究性（20分）	
研学中 （过程阶段）	积极参与观察、探究和讨论（10分）	
	主题活动完成情况（20分）	
研学后 （总结阶段）	研学报告完整度、深度、广度（20分）	
	研学体验分享（10分）	
	研学成果展示（10分）	
总分（100分）		
成员互评表		
项目	要求	得分
研学前 （准备阶段）	他是否参与了资料搜索和主题活动设计（20分）	
研学中 （过程阶段）	他总是积极参与小组讨论，协作小组成员完成主体活动（20分）	
	他对小组成员予以帮助（20分）	
研学后 （总结阶段）	他对小组的贡献突出（20分）	
	我对他研学期间的满意度（20分）	
总分（100分）		

四、研学课程的学分认定

（一）研学课程学分认定的原则

1. 参与性

学生只有参与研学课程相关活动，并按照要求完成了活动的相关任务，才能获得相应学分。没有参与研学不能获得规定学分。

2. 过程性

学生只要认真参与研学全程活动就能获得相应学分。因个人能力差异导致的活动质量差异，不影响学生获得学分。

3. 真实性

研学的探究活动必须是学生自己进行的，不能由家长或教师代替完成。如发现虚假现象，不能获得学分。

4. 规范性

学分的认定由学生互评、管理老师（班主任）或指导教师考核、学校学分认定委员会审核组成，并建立公示制度、抽查或回访制度。

（二）研学课程学分认定的基本内容

1. 研学课程的基本常识

包括了解研学课程的价值，树立对研学课程的正确认识；掌握研学开展的原则。

2. 研学一般步骤的把握

包括研学前准备、研学中活动和研学后总结三个阶段。掌握每个阶段的特点及主要活动内容，掌握研学的相关方法。

3. 研学研究方法的选择和运用

包括恰当地选用研究方法，并且综合运用多种研究方法。

4. 掌握研学前准备的主要内容和基本方法

包括掌握选择和确定研学主题的方法，能根据研学主题确立的原则，筛选出合适的研学主题，并恰当地表述主题；选择和筛选研学地点，根据研学主题，设计研学线路；考察和筛选研学线路，最终确立研学线路；根据研学线路，设计研学行程安排；统筹各方面因素，科学合理地制订研学方案；根据需要，合理地设计研学手册；根据实际需要，制订相应的活动纪律要求和活动注意事项及相关的应急预案；根据实际需要，进行研学活动的相关知识准备和物资准备。

5. 掌握研学中活动的主要内容和基本方法

包括能按研学行程安排，完成每天的研学任务，并做好相应的记录；根据研学探究主题，运用合适的研究方法，进行研学探究活动，并对活动过程和活动结果进行记录；能适应集体生活和外出食宿，做到生活自理；服从统一指挥，参加团队活动，培养团队意识和合作精神；通过行中活动，丰富知识、拓宽视野，促进自身学习方式的优化；遵守活动纪律要求，遇到紧急情况，能灵活运用应急预案。

6. 掌握研学后总结的主要内容和基本方法

包括整理和分析研学过程资料，撰写研学报告；整理研学探究过程资料，形成研学探究活动成果；发布或展示研学成果，并听取他人对研学成果的意见和建议；参观学习他人研学成果，提升和丰富自身研学成果的表达形式和表达能力。

7. 做好研学评价

包括写好个人活动小结，掌握研学活动评价的相关方法，并准备好相关评价材料。

（三）研学课程学分认定的具体操作程序

1. 填表。学生填写研学课程学分认定登记表（由学校根据实际情况设计并提供给大家）。

2. 提交材料。材料主要包括研学方案、研学报告、研学过程原始材料（探究活动计划表、活动记录表、活动日记、活动成果、活动照片等）、个人小结、成果鉴定表（包括自我鉴定、组内鉴定、指导教师鉴定内容，由学校根据实际情况设计）。

3. 资料与课题展示。学生将自己研学活动档案（研学手册）交给课程指导老师。

4. 学生互评。学生进行组内互评和组间互评。

5. 教师考核。课题管理老师或指导教师考核，并组织、引导学生再一次反思自己的活动历程，综合评价学生的研学活动。

6. 公示学生成绩。接受学生申诉和意见反馈，学校研学课程考查领导小组最终进行成绩认定。

下表为研学评价表参考模板。

评价指标	评价内容	得分		
^^^	^^^	个人自评	小组互评	教师评价
情感态度投入情况	你能非常积极地参加研学活动,而且能主动组织或参与活动。(5分)			
^^^	在活动中你能与小组内其他同学很好地进行合作,并且互帮互助。(5分)			
^^^	参加研学活动时非常认真,能够坚持到底,不半途而废。(5分)			
^^^	在学习过程中,你能勇敢地克服各种困难。(5分)			
知识技能运用情况	在研学过程中,你很会查阅各种资料中的相关内容。(10分)			
^^^	在研学过程中,你能仔细地进行实地观察,并且较全面地记录观察过程。(10分)			
^^^	在研学过程中,你还能开展与探究内容相关问题的调查研究。(10分)			
^^^	在研学活动中,你很会将获得的相关资料进行科学整理。(10分)			
合作完成任务情况	在研学过程中,你还会运用各种媒介和工具(如书籍报刊、电视、广播、互联网以及手机、相机等)来进行研究内容的资料收集。(10分)			
^^^	在研学过程中,你学会与他人交往,并能清楚地表达意图和见解。(10分)			
^^^	在研学过程中,你能快速地分析问题,并较准确地总结出正确结论。(10分)			
^^^	在研学过程中,你在各个环节的任务完成效率很高。(10分)			
总评(100分)				

附 录
校社家协同育人研学课程发展体系建设研究案例

此部分主要分享笔者近三年围绕校社家协同育人研学课程发展体系建设理论研究的两个相关课题研究方案及两个研究模型建构案例的部分内容。

案例一 高品质校社家协同育人研学课程发展体系研究与实践

一、研究背景

2016年,教育部等11部门印发的《关于推进中小学生研学旅行的意见》,明确中小学生研学旅行是由教育部门和学校有计划地组织安排,通过集体旅行、集中食宿方式开展的研究性学习和旅行体验相结合的校外教育活动,是学校教育和校外教育衔接的创新形式,是教育教学的重要内容,是综合实践育人的有效途径。2017年,教育部印发的《中小学综合实践活动课程指导纲要》提出:考察探究是学生基于自身兴趣,在教师的指导下,从自然、社会和学生自身生活中选择和确定研究主题,开展研究性学习,在观察、记录和思考中,主动获取知识,分析并解决问题的过程,如野外考察、社会调查、研学旅行等,它注重运用实地观察、访谈、实验等方法,获取材料,形成理性思维、批判质疑和勇于探究的精神。可见,研学课程是国家必修课程综合实践活动课程的内容，归属于综合实践考察探究类型中。

目前全国各地研学实践与综合实践活动严重分离，实践课程的价值难以达成。社会上只知研学旅行，不知综合实践活动课程。当前研学课程实施中存在诸多问题：一是研学课程严重缺乏，研学停留在"走""看"层面，缺乏深度体验；停留在游戏层面，缺乏问题意识；停留在技术活动层面，缺乏层次体系。二是研学课程的实施不规范，研学变成组织成千上万学生倾巢而出的纯旅游，研学课程的教育功能严重丧失。三是缺乏研学课程的相关保障，缺乏课程管理，缺失师资认定和管理。四是严重缺乏教师队伍，基地和线路课程由社会人士参与指导，缺乏专业和专职、稳定的研学指导教师队伍。五是学校、基地、社会、家庭缺乏有效互动，各主体责任不明。

二、研究目标

第一，通过深耕革命传统教育类、优秀传统文化类、现代农林科技类、现代科学发展技术等五类基地样本，建立科学规范的校社家综合实践、劳动教育、研学课程基地建设范式，并提炼基地建设模式。

第二，通过整合资源及综合实践、劳动教育等课程内容，开展利用各类基地资源、线路资源的研学课程体系。

第三，通过联动学校、基地、社会、家庭多方力量共同参与，形成研学与实践课程整合实施的常态化校社家育人途径与模型。

第四，通过深入研究，建立一套规范管理、责任清晰、保障安全的校社家协同育人研学课程工作机制，形成对政策文件制定的建议。

三、研究内容

（一）课题拟解决的关键问题（含重点、难点）

1. 针对当前研学课程缺乏优质的课程体系，且课程游离于学校课程的问题，通过课题研究，构建广泛探究、深度体验、实践科学、体系完整的校社家协同育人研学课程体系。此问题是本课题拟解决的重点问题。

2. 针对当前社会优质研学基地缺乏，且与学校互动交流不够的问题，通过课题带动，建设一批具有良好示范带动作用的研学课程社会实践基地。

建设标准具体表现在基地"五有"：有责任担当的教育情怀，有立足本土、立足文化、面向未来、突出创新的优良课程，有自然探究、生活体验、文化考察、社会参与的多元活动方式，有突出的适合的特色，有设置安排合理的场景、情境。

3. 针对当前研学方式单一，即简单的春秋游现象，缺乏常态化和探究性的问题，通过课题研究，构建与学校课程深度融合的长效、常态的校社家联动育人路径与机制。此问题，是本课题拟解决的难点问题。

4. 针对当前教育行政部门对校社家协同育人研学课程发展体系缺乏制度建设研究，研学缺乏保障机制的问题，通过课题研究，推进建立一套规范管理、责任清晰、多元筹资、保障安全的研学工作保障机制。

（二）研究内容

本课题"高品质校社家协同育人研学课程发展体系研究与实践"的研究落脚点是研学课程内容体系建构，研学课程的实施方式、评价、保障机制的研究。具体从以下几个方面开展研究。

1. 校社家协同育人研学课程体系建构研究

主要目标是构建广泛探究、深度体验、实践科学、体系完整的研学课程体系。

（1）校社家协同育人研学基地课程体系建构模型及策略研究

（2）校社家协同育人研学精品线路课程系列主题开发及线路设计方式研究

（3）校社家协同育人研学课程体系小学、初中、高中课程的系统建构

2. 校社家协同育人研学基地资源体系建设研究

主要目标是建设一批具有良好示范带动作用的研学课程社会实践基地。具体表现在基地"五有"：有责任担当的教育情怀，有立足本土、立足文化、面向未来、突出创新的优良课程，有自然探究、生活体验、文化考察、社会参与的多元活动方式，有相关保障机制，有设置安排合理的场景、情境。

（1）校社家协同育人研学基地的类型与实施模式研究

（2）校社家协同育人研学基地的场景建设与课程关系研究

（3）校社家协同育人研学基地建设的核心要素研究

3. 校社家协同育人研学课程实施路径研究

主要目标是构建长效、常态的校社家协同育人机制。

（1）基于校社家协同育人的研学课程常态实施模型研究

（2）校社家协同育人研学与学校课程深度融合的实施路径研究

4. 校社家协同育人研学课程发展体系保障机制研究

主要目标是建立一套规范管理、责任清晰、多元筹资、保障安全的研学工作保障机制。

（1）校社家协同育人研学课程发展制度保障机制研究

（2）校社家协同育人研学课程实施指导教师队伍建设

四、研究思路

（一）研制研究方案

制定课题研究方案、计划。

（二）梳理已有经验

总结梳理笔者 20 多年来开展综合实践活动课程建设研究过程中课程开发经验，研学课程体系建构及模型路径范式。

（三）选择研究样本

第一类，样本校。在三地选择 50 个样本校。第二类，示范性基地。在长沙市遴选的基地中选择具有研究价值的 5 个基地、企业开展相关研究。第三类，社会优质资源。选择部分社区及其他优质课程资源作为样本。

（四）撰写研究指南

就研究的内容，任务要求，方法步骤，教师队伍建设，基地对接，家委会工作指导等方面开展研究给出指导。

（五）开展系统培训

培训教师、家长、校长、示范基地指导教师。

（六）建构课程框架

分领域、模块、主题、项目四个层次，整体设计实施课程框架，在模块统领下，各学校开展研学主题及项目设计。

（七）对接基地企业

示范校根据各自的特色选择各类实施模型，对接基地及社会资源开展课程建构研究。

（八）逐步建构经验

在研究过程中，通过各类教研活动，展示研究成果，提炼研究方法经验，逐步扩大样本，逐步推进研究工作。充分利用整合劳动教育和研学实践基地资源以及开展综合实践与劳动教育课程的已有经验，在此基础上不断将经验拓展升级。

（九）分步推广应用

笔者作为课题主持人，可以推广国家级优秀教学成果为契机，在已有部分研究成果的基础上拓宽研究领域，通过各类全国交流展示的机会，推出成果。

（十）形成社会共识

边实施边出台管理办法，建构保障机制，逐步形成社会共识。

五、研究方法与技术路线

（一）研究方法

本课题主要运用行动研究法及理论研究法中的典型案例法开展研究。

1. 行动研究法

本课题样本单位主要采取行动研究法开展研究，通过在自然、真实的各类实践教育环境中，各学校、基地、优质资源单位等，按照各核心领域课程建构的思路以及校社家协同育人的各类实施模型及课程的操作程序，以建设高质量教育体系、建立三全育人机制、补齐实践育人的教育短板为首要目标，综合运用多种研究方法与技术，开展建构模型框架下实践经验研究。

2. 典型案例分析法

本课题主持人笔者及核心团队在行动研究的基础上，辅以理论研究中的典型分析法，即由典型情况入手，抓住其中具有代表性的问题，我们运用"解剖麻雀"的方法，探讨活动中的各类模型建构的成功经验。我们通过运用理论研究中的典型分析法，在对研学发展体系多种模式中，对其中各主体在同一个主题或项目中发挥的作用，应该明确的任务，完成任务过程中需要了解的注意事项、提供的机制保障、可能遇到的困难及相应对策等进行分析与综合的基础上，认识其课程价值及发展规律。

（二）技术路线

理论支撑	研究方法	研究内容	研究步骤（成果达成路径）	主要研究成果
《中共中央 国务院关于全面加强新时代大中小学劳动教育的意见》（中发〔2020〕7号）、《中小学综合实践活动课程指导纲要》（教材〔2017〕4号）、《教育部等11部门关于推进中小学生研学旅行的意见》（教基一〔2016〕8号）、《教育部关于进一步加强新时代中小学思政课建设的意见》（教基〔2022〕5号）等	理论研究	校社家协同育人研学课程体系建构研究 1. 校社家协同育人研学基地课程体系建构模型及策略研究； 2. 校社家协同育人研学精品线路课程系列主题开发及线路设计方式研究； 3. 校社家协同育人研学课程体系小学、初中、高中课程的系统建构。	1. 典型研学课程体系系统开发与实践模型建构； 2. 典型主题线路开发设计及实施模型建构。	1. 体系化基地课程； 2. 系列主题精品线路开发。
《中华人民共和国教育法》、《中华人民共和国国民经济和社会发展第十四个五年规划和2035年远景目标纲要》	行动研究、理论研究	校社家协同育人研学基地资源体系建设研究： 1. 校社家协同育人研学基地的类型与实施模式研究； 2. 校社家协同育人研学基地的场景建设与课程关系研究； 3. 校社家协同育人研学基地建设的核心要素研究。	1. 分析、遴选优质资源；2. 分类分析学校育人目标及对接周边优质课程资源；根据资源共性划分项目组；3. 根据不同内容核心领域设计序列化课程体系；4. 结合不同模式，开展基于序列化课程体系框架下的活动；5. 总结提炼经验及物化成果。	建设一批具有良好示范带动作用的研学课程社会实践基地。

（续表）

理论支撑	研究方法	研究内容	研究步骤（成果达成路径）	主要研究成果
《中小学综合实践活动课程指导纲要》（教材〔2017〕4号）、《中共中央 国务院关于全面加强新时代大中小学劳动教育的意见》（中发〔2020〕7号）、《教育部等11部门关于推进中小学生研学旅行的意见》（基教一〔2016〕8号）、湖南省教育厅发布《关于印发义务教育初中语文等学科教学指导意见的通知》（湘教发〔2023〕36号）、《湖南省教育厅等11部门关于推进中小学研学旅行工作的实施意见》（湘教发〔2017〕37号）	行动研究、理论研究	校社家协同育人研学课程实施路径研究： 1. 基于校社家协同育人的研学课程常态实施模型研究； 2. 校社家协同育人研学与学校课程深度融合的实施路径研究。	1. 四类典型模型建构（已有三类模型经验基础）； 2. 各类典型模型实践； 3. 各类典型模型案例整理及分享； 4. 各类模型案例经验成果物化。	1. 典型校社家协同育人模型及实施流程； 2. 协同育人模型建构的相关典型案例、经验及成效等； 3. 校社家联动育人课程实施模型建构的理论成果。
《中小学综合实践活动课程指导纲要》（教材〔2017〕4号）、《中共中央 国务院关于全面加强新时代大中小学劳动教育的意见》（中发〔2020〕7号）、《教育部等11部门关于推进中小学生研学旅行的意见》（教基一〔2016〕8号）等	行动研究、理论研究	校社家协同育人研学课程发展体系保障机制研究： 1. 校社家协同育人研学课程发展制度保障机制研究； 2. 校社家协同育人研学课程实施指导教师队伍建设。	1. 分析遴选各类资源，确立优质资源； 2. 分类将优质资源进行课程化设计； 3. 共同探讨联动机制； 4. 在各类模型建构中充分利用优质资源。	建立一套规范管理、责任清晰、多元筹资、保障安全的研学工作保障机制。

六、课题计划与预期成果

（一）课题计划及进度

1. 准备阶段（2024年5月至2024年8月）

准备工作包括撰写课题研究指南，选择各类样本，组建研究队伍，分配研究任务，组建研究课程组，开展分类培训。

2. 研究阶段（2024年9月至2026年8月）

依据研究目标与研究内容，分类开展课题研究。

第一步：各学校因地制宜分析遴选课程资源；

第二步：指导各学校根据各自研究内容，校社家联动开展基于资源与课程整合的学校课程与课程体系设计；

第三步：对各学校设计的课程体系设计进行分析与完善；

第四步：指导各学校根据各自研究内容及选择的模型，建构基于多方联动育人的模型；

第五步：在实施过程中，通过案例分析，不断建构丰富实施模型，边总结提炼，边宣传推广；

第六步，及时指导总结各类经验，包括出台政策及制度，各类围绕核心主题开发的课程体系，各类实施模型及典型案例，实施经验，各基地及优质资源整合、开发利用的具体方法措施等。

3. 总结阶段（2026年9月至2026年12月）

第一步：参与研究子课题组分类提炼各类研究模型成果，形成研究分报告；

第二步：综合形成总研究报告；

第三步：分类整理课题研究过程中物化的各类成果，分类建立资源目录；

第四步：通过全省或全国研讨会，发布研究成果；

第五步：课题结题并申报评奖。

（二）课题预期成果形式

1. "高品质校社家协同育人研学课程发展体系研究与实践"课题研究报告。

2. 校社家协同育人研学课程系统内容体系（基地课程体系、精品线路课程体系），校社家协同育人研学课程实施策略等系列教材，校社家协同育人研学课程实施指导意见，校社家协同育人研学基地评价标准与制度保障等系列专著、论文、教育叙事。

3. 指导形成一批规范的研学基地。

4. 一批研学课程指导教师专业成长。

5. 学生的研学课程专题研究成果。

七、课题推广应用价值分析

本研究课题关注学生的需要，强调学校教育、家庭教育与社会相结合，符合现代教育发展趋势，符合高质量教育体系建设的要求，是当前迫切需要的经验。课题主持人笔者前期开展了广泛的研究，包括基地模型建设、研学课程实施资源建设、实施模型研究、实施路径探讨等，发表出版系列相关研究成果，具体开发了部分小学至高中研学精品线路课程资源，在小学、初中、高中三个学段都积累了点校实施经验，建构了多类实施模型。

本着规范研学课程实施，探索形成中小学生广泛参与、活动品质持续提升、组织管理规范有序、基础条件保障有力、安全责任落实到位、文化氛围健康向上的研学课程发展体系，结合笔者在对长沙市为主的150所基地、数百所学校进行调研及对学校基地互动研学模式的研究中的思考，本课题将整个以一定区域为研究范围，从宏观的区域推进、中观学校实施、微观的研学具体指导策略三个层面入手进行系统研究，立足研学发展体系建构的高度，围绕研学课程新体系建构与育人机制的建立，开展了全面研究，开了国内区域推进研学课程机制研究实践的先河。

通过本课题研究，开发系统的研学课程资源，开发富有研学价值的精品线路，探讨规范的研学课程实施方式，建立规范的研学课程管理评价制度与基地建设标准，并将以上成果指导学校、基地规范实施研学课程，形成政府、学校、基地、社会、家庭之间良性合作、互动、管理机制，带动以研学为载体的多方发展，最终普惠学生，全面提升学生的创新精神、实践能力，形成良好的道德与个性心理品质。

案例二　区域性校社家协同育人课程与实施体系建构

第一部分

一、问题的提出

本研究课题的提出，主要基于以下三点：第一，建设高质量教育体系的需要。新时代背景下，我国教育要全面建设高质量教育体系，包括建设优质均衡的基本公共教育服务体系、五育并举的全面育人体系，完善基础教育质量评价体系，构建学校、社会、家庭协同育人体系。其中，学校、社会、家庭协同育人的体系是全面建设高质量教育体系的关键，是落实国家提出的"双减"政策的重要举措，是将优质的教育资源纳入学生成长过程，推进三全育人机制的重要途径。教育部制定了加强学前教育、义务教育和普通高中教育等一系列重要文件，联合其他部门或组织机构出台了《全国家庭教育指导大纲》《家长家庭教育基本行为规范》《家庭教育指导手册》，建立了一批学生社会综合实践基地、劳动教育基地、研学实践教育基地等，旨在努力推进学校、社会、家庭协同育人局面。第二，校社家协同育人面临现实的需要。校社家协同育人的概念提出很早，20世纪50年代我国就开展了相关尝试，在实际的情形中，校社家协同育人还存在诸多问题。我们认为，主要的问题有如下五个方面：一是校社家协同育人的保障机制没有形成，学校虽成立了家长委员会之类的组织，但仅仅停留在信息传递层面，与社会各方互动没有形成统一组织，缺乏科学化、常态化、制度化；二是校社家协同育人的课程资源仅仅停留在物态层面，即使有的进行了课程开发，但停留在走看课程、听讲课程等浅表层面，缺乏结合学生需求使优质资源课程化的研究与设计；三是没有形成以红色教育资源、劳动教育资源等优质资源为依托，以校社家协同合作进行的育人模式；四是缺乏以综合实践活动、劳动教育活动、研学实践为核心的实践育人课程体系支撑；五是对社会、家长参与协同育人的评价机制缺乏。第三，长沙市已有研究的基础。长沙市作为基础教育国家级优秀教学成果推广应用示范区，多年来，在推进综合实践活动课程实施过程中，有效利用社区、社会课程资源，因地制宜、因时制宜、因人制宜开发当地课程资源，建立劳动教育、研学实践基地，并以综合育人的理念，实践育人的方式开展资源整合研究，实践育人课程体系建构，实践育人模式探讨，实践育人方式研究，取得良好的经验。自2023年以来，研究的学校基地建设模式、校社家协同育人模式、劳动教育企教融合模式等都取得了典型经验，因此，我们有必要进行系统研究，建构发展新的校社家育人理论与实施经验。

二、课题界定

关键词包括区域性、校社家协同育人课程体系。

（一）区域性

本课题研究中指在长沙市所辖范围，以长沙市中小学校为主体。

（二）校社家协同育人课程体系

区域性校社家协同育人课程体系建构，即在长沙市范围内，以长沙市中小学校为主体，以培养德智体美劳全面发展的社会主义建设者和接班人为目标，以整合综合实践活动、劳动教育、研学等主题课程，形成的实践育人课程新体系为核心课程体系，以校外社会实践基地及优质资源为场域，以家庭、基地、社会等多方联动参与，共同完成学校各具特色的实践育人主题单元序列为主要活动方式，形成的学校、社会、家庭协同育人科学化、常态化、制度化育人课程体系、实施体系。

三、国内外研究现状述评

关于本课题的研究，除我国外，还主要分析了美国、芬兰、日本三个国家的现状，其基本情况如下。

（一）美国家校合作组织

自20世纪80年代以来，美国开始重视社区教育资源——社区资源，学校教育中心从学校内部转移到学校外部，并逐步注重家长参与学校管理的作用；21世纪，校社家合作随着美国一系列法律条文颁布，逐步走向法制化道路。不足之处就是家长未参与具体的课程建设与指导。

（二）芬兰的校社家合作

芬兰教育法律及课程标准对校社家合作的价值、意义、方式都做了提纲挈领的规定，包括价值互认、文化融通、优化学校课程教学等方面，都提供了全面的支持与规划。其校社家合作路径与形式通过不同层面的协会等团体提供合作平台，进行信息交流与互动。美中不足之处，是社会更多提供教育服务，三方主体同时参与统一主题下的学校课程建设与实施具体指导经验明显不足。

（三）日本的校社家合作

日本的校社家合作主要是家校合作为重点，首先是政府为家校合作提供法律保障，从中央到地方建立各级监护人组织，学校将家校合作纳入日常工作，家长将到学校活动纳入日常生活。不足之处是以具体课程为抓手的校社家协同育人机制没有形成。

（四）我国的校社家合作

我国教育关于校社家协同育人的研究与实施，自20世纪50年代至今，一直都比较注重，其研究大致经历了借鉴学习，独立探索，巩固深化，创新发展等阶段。已有相关研究主要聚焦于校社家合作内涵，家校合作功能，校社家合作的主体责任界定，校社家合作存在的问题，校社家合作的影响因素，校社家合作的优化策略等，成果较为丰硕，但也存在着研究主体失位的问题。因此如何以课程为抓手，以学校为主体的机制建设方面的研究尤为迫切。

综上所述，在全球社会经历着巨大变革的背景下，家校合作已成为世界教育发展的趋势之一，许多国家纷纷采取各种措施加强家庭和学校的沟通与合作，以求形成良好的教育合力。一是基本以家校合作为重点，二是以社会组织为主体，但都存在突出问题：没有具体与学校课程结合的实践课程体系作为抓手。可以说校社家广泛参与、育人课程体系整体建构、组织管理规范有序、基础条件保障有力、安全责任落实到位、文化氛围健康向上的校社家协同育人教育体系还没有可借鉴的模型。

四、课题研究意义与研究价值

本课题的意义与价值主要有如下几点。

（一）构建立德树人、实践育人新体系

学校通过整合校社家各方优质教育资源，整合学校综合实践活动、劳动教育、研学、少先队德育活动等，形成以主题活动为载体的系列课程结构，建构立德树人、实践育人新体系。

（二）融通多方资源，构建联动机制

通过整合各类资源，结合学校课程设计课程结构，构建多元参与的联动育人实施模型，形成联动育人的实施体系。

（三）推动实践育人，重构教育生态

为加快建设新的教育生态，完成为党育人，为国育才，推动我国从人口大国迈向人才强国的使命，满足我国人才培养的需要，本课题研究意义重大。如通过基地建设模式，一方面促进地方特色教育资源的综合利用，另一方面，将民族文化植入学生心中，同时促进地方教育发展。如在产教融合模式中，企业通过技术植入课程，使本土企业品质化品牌得到学生、家长高度认同。在课程实施过程中，不仅有技术学习，还有文化植入，让学生对企业文化产生高度认同感，社会、家长、学生有了这种认同感，品牌打造及社会购买力倾向本土化，从而形成扩大内需的巨大推动力。

第二部分

一、理论依据

（一）"校社家"协同育人的理论基础

一是马克思关于人的本质思想。马克思在《关于费尔巴哈的提纲》中指出："人的本质并不是单个人所固有的抽象物。在其现实性上，它是一切社会关系的总和。"这表明，人的思想、品德、知识、技能等都是与社会关系、家庭条件、教育条件密切相关的，来源于实践，应用于实践，并不断接受实践检验。促进人的发展是教育的基本目的之一，作为一项培养人的复杂

活动，教育要靠学校、社会、家庭的协同配合，才能顺利进行并达到预期目的。

二是拓展协同理论在教育中的应用。"协同"一词来自协同学，是指为了实现共同的目标，两个及两个以上的不同组织或者个体，协调一致地完成某项事情的过程或能力，结果是产生"1+1>2"的协同效应。具体到校社家协同育人，学校、社会、家庭三者尽管相对独立，但是育人目标一致。协同学为三方协同育人提供了理论指导，科学解决了协同育人过程中如何形成合力、保持动力、及时反馈、保障到位等问题。

三是当代教育学的基本原理。当代教育学认为，影响个体发展的因素主要是遗传、环境和教育。其中，家庭遗传素质是物质前提，环境（包括自然环境与社会环境）是支撑保障，教育对个体发展起主导作用。校社家协同育人，充分表明家庭遗传素质和自然社会环境对个体发展的作用均与教育分不开，只有学校、社会、家庭协同，才能实现教育功能的最大化。

（二）教育深化改革的相关政策依据

《中国教育现代化2035》明确强调，要重视家庭教育和社会教育。因此，学校教育应该与社会教育、家庭教育密切配合、良性互动。这也对教育提出了新的更高要求。校社家协同育人，坚持把立德树人作为中心环节，强调家长是孩子的第一任老师，家庭是孩子的第一课堂，家庭教育是学校教育和社会教育的有效连接，社会教育是家庭教育和学校教育的升华，打破传统教育中家、校、社完全分割的状态，形成家即校，校即家，校社家三位一体的格局，实现全员育人、全过程育人、全方位育人。随着中共中央办公厅、国务院办公厅"双减"意见的发布，如何让学生减负落地，培养更多适应高质量发展需求的各类人才，需要校社家协同发力。

《国务院办公厅关于新时代推进普通高中育人方式改革的指导意见》（国办发〔2019〕29号）中提出要拓宽综合实践渠道，"健全社会教育资源有效开发配置的政策体系，因地制宜打造学生社会实践大课堂，建设一批稳定的学生社会实践基地。充分发挥爱国主义、优秀传统文化、军事国防等教育基地，以及高等学校、科研机构、现代企业、美丽乡村、国家公园等方面资源的重要育人作用，按规定免费或优惠向学生开放图书馆、博物馆、科技馆、文化馆、纪念馆、展览馆、运动场等公共设施。定期组织学生深入社区、医院、福利院、社会救助机构等开展志愿服务，走进军营、深入农村开展体验活动"。此项内容明确了社会资源应发挥育人作用。

全国妇联、教育部等11部门印发的《关于指导推进家庭教育的五年规划（2021—2025年）》中提出，要把构建覆盖城乡的家庭教育指导服务体系、健全学校家庭社会协同育人机制、促进儿童健康成长确立为今后一个时期家庭教育发展的根本目标。要因地制宜探索完善协同育人工作协调机制，加强统筹规划和资源整合，形成学校、家庭、社会协同育人合力。

2021年4月29日第十三届全国人民代表大会常务委员会第二十八次会议决定对《中华人民共和国教育法》作修改，将其中第五条修改为："教育必须为社会主义现代化建设服务、为人民服务，必须与生产劳动和社会实践相结合，培养德智体美劳全面发展的社会主义建设者和接班人。"教育法的修订，从法律层面界定了我国的教育目的。

中共中央办公厅、国务院办公厅印发了《关于进一步减轻义务教育阶段学生作业负担和校外培训负担的意见》（中办发〔2021〕40号）指出，"完善家校社协同机制。进一步明晰家校育人责任，密切家校沟通，创新协同方式，推进协同育人共同体建设。教育部门要会同妇联等部门，办好家长学校或网上家庭教育指导平台，推动社区家庭教育指导中心、服务站点建设，引导家长树立科学育儿观念，理性确定孩子成长预期，努力形成减负共识"。在"双减"背景下，校社家协同育人更是势在必行。

二、研究目标

第一，通过整体规划，多方沟通，构建科学化、常态化、制度化的校社家协同育人课程宏观保障机制。该机制包括整合学校、家庭、社会、政府多方教育合力的相关政策、实施管理办法、实施组织机构、整体实施思路和方案等。

第二，通过深入研究，多方参与，建构多样的校社家协同育人模式，推动实践育人，重构教育生态。该模式包括因地制宜、因校制宜的家、校、社之间各类联动模型建构。如产教融合类联动模式，促进师生及社会对当地企业文化及品牌的高度认同，赋能地方发展。通过各类优质资源综合利用，在产教融合模式实施过程中，让学生对地方企业文化及当地产品品牌及职业产生高度认同，为企业后备人才储备打下坚实基础，带动地方产业，形成拉动内需的巨大推动力。

第三，通过整合优质资源，促进资源课程化，构建以综合实践活动、劳动教育、研学课程为核心的实践育人课程体系。该体系以综合实践活动、劳动教育、研学的课程价值追求为核心目标，在评估各地校社家资源基础上，通过整合课程结构，建构有梯度、螺旋上升的课程体系。

第四，通过对社会、家长参与协同育人的评价机制建立，促进教育的不断完善，彰显教育的社会功能，带动家长教育、社区教育的发展进步。

三、研究内容

围绕以上核心目标，特设计如下研究内容，分为4个研究领域和14个研究方向。

（一）校社家协同育人主题序列建构（序列包括小学、初中、高中三个学段）

1. 以红色文化为核心领域的主题序列建构
2. 以传统工艺为核心领域的主题序列建构
3. 以农耕文化为核心领域的主题序列建构
4. 以民俗与食育文化为核心领域的主题序列建构
5. 以工业智造为核心领域的主题序列建构
6. 以社会主义先进文化为核心领域的主题序列建构

（二）校社家协同育人实施模型建构

7. 学校、基地、社会、家庭四方联动模式研究
8. 学校、社区、家庭协同育人模式研究
9. 产教融合模式研究
10. 职普融通模式研究

（三）校社家协同育人资源整合及场域开发利用

11. 因校制宜的学校特色课程资源开发与整合研究

12. 社会优质基地资源开发与整合研究

（四）校社家协同育人管理与评价研究

13. 校社家协同育人相关政策、实施管理办法研究

14. 校社家协同育人发展性评价体系研究

四、创新之处

本课题的创新之处在于：1. 立足重构教育生态的目标，通过整合学校实践课程结构，形成课程体系，以优质的课程体系带动校社家协同育人，形成强大教育合力。2. 研究各类联动实施模型，并发挥教育的社会功能。3. 将产教融合模式运用到普通教育，并实现双向赋能。4. 将职业教育、基础教育打通，构建学校实践育人新模式。

第三部分

一、研究思路

（一）研制研究方案：制定课题研究方案、计划。

（二）梳理已有经验：总结梳理笔者20多年来开展综合实践活动课程建设研究过程中课程开发经验及社区教育、家庭教育的典型经验。

（三）选择研究样本：第一类，样本校：在全市选择50个样本校，其中包括4个中职学校；第二类，示范性基地，在长沙市遴选的基地中选择具有研究价值的5个基地、企业开展相关研究；第三类：选择部分社区及其他优质课程资源作为样本。

（四）撰写研究指南：就研究的内容，任务要求，方法步骤，教师队伍建设，基地对接，家委会工作指导等方面开展研究给出指导。

（五）开展系统培训：培训教师、家长、校长、示范基地。

（六）建构课程框架：建构领域、模块两个层次，整体设计实施课程框架，在模块统领下，各学校开展主题及课程设计。

（七）对接基地企业：示范校根据各自的特色选择各类实施模型，对接

基地及社会资源开展课程建构研究。

（八）逐步建构经验：在研究过程中，通过各类教研活动，展示研究成果，提炼研究方法经验，逐步扩大样本，逐步推进。充分利用劳动教育、研学实践的基地资源以及综合实践与劳动教育课程的已有经验，在此基础上不断拓展升级。

（九）分步推广应用：结合课题主持人笔者国家级优秀教学成果推广的契机，在已有部分研究成果的基础上拓宽研究领域，通过各类全国交流展示的机会，推出成果。

（十）形成社会共识：边实施边出台管理办法，建构保障机制，逐步形成社会共识。

二、研究步骤

第一阶段：准备阶段（2022 年 1 月至 2022 年 3 月）

准备工作包括：撰写课题研究指南，选择各类样本，组建研究队伍，分配研究任务，组建研究课题组，开展分类培训。

第二阶段：研究阶段（2022 年 4 月至 2024 年 8 月）

依据研究目标与研究内容，分类开展课题研究。

第一步：各学校因地制宜分析遴选课程资源；

第二步：指导各学校根据各自研究内容，校社家协同开展基于资源与课程整合的学校课程与课程体系设计；

第三步：对各学校设计的课程体系设计进行分析与完善；

第四步：指导各学校根据各自研究内容及选择的模型，建构基于多方联动育人的模型；

第五步：在实施过程中，通过案例分析，不断建构丰富实施模型，边总结提炼，边宣传推广；

第六步：及时指导总结各类经验，包括出台政策及制度，各类围绕核心主题开发的课程体系，各类实施模型及典型案例，实施经验，各基地及优质资源整合，开发利用的具体方法措施等。

第三阶段：总结阶段（2024年9月至2024年12月）

第一步：参与研究子课题组分类提炼各类研究模型成果，形成研究分报告；

第二步：综合形成总研究报告；

第三步：分类整理课题研究过程中物化的各类成果，分类建立资源目录；

第四步：通过全省或全国研讨会，发布研究成果；

第五步：课题结题并申报评奖。

三、研究方法

本课题主要运用行动研究法及理论研究法中的典型案例法开展研究。

1. 行动研究法

本课题样本单位主要采取行动研究法开展研究，通过在自然、真实的各类实践教育环境中，各学校、基地、优质资源单位等，按照各核心领域课程建构的思路以及校社家协同育人的各类实施模型及课程的操作程序，以建设高质量教育体系、建立三全育人机制、补齐实践育人的教育短板为首要目标，综合运用多种研究方法与技术，开展建构模型框架下实践经验研究。

2. 理论研究中的典型案例分析法

本课题主持人笔者及核心团队在行动研究的基础上，辅以理论研究中的典型分析法，通过对校社家协同育人活动中的典型事例进行分析，从典型情况入手，抓住其中具有代表性的问题，运用"解剖麻雀"的方法，探讨活动中的各类模型建构的成功经验。我们通过运用理论研究中的典型案例分析法，在对校社家协同育人多种模式中，对其中各主体在同一个主题或项目中发挥的作用，应该明确的任务，完成任务过程中需要了解的注意事项、提供的机制保障、可能遇到的困难及相应对策等进行分析与综合的基础上，认识校社家协同育人的机制的价值、掌握校社家协同育人的基本方式及发展规律。

四、技术路线

本课题的技术路线主要明晰本课题研究的逻辑结构，清晰地呈现本课题研究的理论支撑、研究内容、研究方法、研究步骤、研究成果之间的逻辑关系。

理论支撑	研究方法	研究内容	研究步骤（成果达成路径）	研究成果
《中华人民共和国教育法》《中华人民共和国国民经济和社会发展第十四个五年规划和2035年远景目标纲要》等	理论研究	校社家协同育人保障机制建构研究： 1. 校社家协同育人相关政策研究； 2. 实施管理办法研究。	1. 典型模型建构； 2. 实践活动开展； 3. 典型经验总结； 4. 主要问题分析； 5. 保障措施研制； 6. 相关政策出台及机制建构。	1. 相关管理办法； 2. 相关保障机制。
《中共中央 国务院关于全面加强新时代大中小学劳动教育的意见》（中发〔2020〕7号）、《中小学综合实践活动课程指导纲要》（教材〔2017〕4号）、《教育部等11部门关于推进中小学生研学旅行的意见》（教基一〔2016〕8号）等	行动研究、理论研究	校社家协同育人主题序列建构： 1. 以红色文化为核心领域的主题序列建构； 2. 以传统工艺为核心领域的主题序列建构； 3. 以农耕文化为核心领域的主题序列建构； 4. 以民俗与食育文化为核心领域的主题序列建构； 5. 以工业智造为核心领域的主题序列建构； 6. 以社会主义先进文化为核心领域的主题序列建构。	1. 分析、遴选优质资源，并将其分为六类； 2. 分类分析学校育人目标，并对接周边优质课程资源； 3. 根据资源共性划分项目组； 4. 根据不同内容核心领域设计序列化课程体系； 5. 结合不同模式，开展基于序列化课程体系框架下的活动； 6. 总结提炼经验及物化成果。	1. 六类核心领域的序列化课程体系； 2. 基于序列化体系下相关主题及项目开发及实施案例； 3. 建构序列化主题的相关经验等； 4. 校社家联动与序列化课程体系建构的理论成果。

（续表）

理论支撑	研究方法	研究内容	研究步骤（成果达成路径）	研究成果
《关于进一步减轻义务教育阶段学生作业负担和校外培训负担的意见》（中办发〔2021〕40号）、《中共中央国务院关于全面加强新时代大中小学劳动教育的意见》（中发〔2020〕7号）、《中小学综合实践活动课程指导纲要》（教材〔2017〕4号）、《教育部等11部门关于推进中小学生研学旅行的意见》（教基一〔2016〕8号）等	行动研究、理论研究	校社家协同育人模型建构： 1. 学校、基地、社会、家庭四方联动模式研究； 2. 学校、社区、家庭协同育人模式研究； 3. 产教融合模式研究； 4. 职普融通模式研究。	1. 四类典型模型建构（已有三类模型经验基础）； 2. 各类典型模型实践； 3. 各类典型模型案例整理及分享； 4. 各类模型案例经验成果物化。	1. 四类典型校社家协同育人模型及实施流程； 2. 四类模型建构的相关典型案例、经验及成效等； 3. 校社家协同育人课程实施模型建构的理论成果。
《关于进一步减轻义务教育阶段学生作业负担和校外培训负担的意见》（中办发〔2021〕40号），全国妇联、教育部等11部门印发的《关于指导推进家庭教育的五年规划（2021—2025年）》，《教育部等11部门关于推进中小学生研学旅行的意见》（教基一〔2016〕8号）等	行动研究、理论研究	校社家协同育人资源整合及场域开发利用： 1. 因校制宜的学校特色课程资源开发与整合研究； 2. 社会优质基地资源开发与整合研究； 3. 职业学校优质资源开发与整合研究。	1. 分析遴选各类资源，确立优质资源； 2. 分类将优质资源进行课程化设计； 3. 共同探讨联动机制； 4. 在各类模型建构中充分利用优质资源。	1. 确立社会优质资源开发利用的典型模型； 2. 整合优质资源的相关经验、案例； 3. 资源联动育人的理论建构。

案例三　以主题为载体建构多方协同育人新机制
——以"感恩一路有您"主题研学课程为例

在新的时代背景下，建立立德树人课程新体系，建立三全育人新机制，是教育理念与方式的大变革。笔者认为，立德树人课程新体系的"新"要把握如下几个方面特征：第一，教育的场景不再囿于学校范围，而是以学校为核心，将家庭、社会优质资源纳入学生成长的过程中；第二，教育活动及课程的组织不再囿于学科界限，而向跨学科和综合化方向发展，实现五育融合；第三，教育方式的实施不再囿于封闭的学校传授知识，而是突出实践性特征，学习过程成为师生共同探究知识的过程，在探究过程中运用考察探究、访问调查、观察实验、设计制作、社会服务等一系列实践活动的方式主动获取知识，从强调积累知识走向发掘和创造知识；第四，学校课程不再囿于以学科课程为中心，而是要把握时代特征，发挥经验性课程、实践性课程，尤其是研学课程的价值，如发挥研学课程在整合学科课程及多种育人活动的作用。这样以学校课程为抓手，联动学校、家庭、社会、政府教育合力，进而建立三全育人机制。

如何探索立德树人新体系实施途径？我们应从构建多方协同育人新机制入手开展路径探究。该路径先从小处入手，以小主题带动大变革。下面以"感恩一路有您"主题研学课程为例进行分析。

一、定位研学目标

本主题研学课程设计的目标有如下几点。第一，学校：重构育人模式，整合多方资源，形成多方教育资源良性互动，让优质资源进入学生成长过程。第二，家庭：让家长把握实践育人价值，认识盲目补课的危害，积极参与体验活动，懂得孩子的兴趣爱好，陪伴孩子成长，建立良好的亲子关系。第三，社会资源，如场馆、基地，让优质资源课程化，在与学校互动过程中，提升优质资源的教育与课程功能，结合学校课程与育人目标，满足学生个性化需求。第四，政府机构：参与教育活动，形成互动机制，形成三全育人环境。

二、设计研学主题

本研学课程主题"感恩一路有您"的确立，基于如下几个方面的考量：第一，成才必须先立德，教育改革首先应当从改变教育环境入手，让全社会树立正确的人才观，真正懂得如何引导孩子健康成长。让孩子从学会感恩开始，感恩家人、感恩师长、感恩社会，到感恩国家，培养孩子的感恩意识、责任意识、服务意识、爱国情怀，形成正确的社会主义核心价值观和良好的道德品质。第二，本研学课程主题是联系学校、家庭、社会、政府教育的纽带和载体，在孩子感恩父母、感恩社会、感恩祖国的活动中，学校与家庭、社会、政府机构建立良性互动机制，形成多方联动，产生积极影响。第三，在感恩活动中，感恩对象的确立，感恩礼品的制作与设计，感恩礼品的送达等环节可以巧妙植入深刻教育内涵与学校课程因素，将道德养成、文化植入、科学探究、设计制作、艺术创造、礼仪规范等教育内容深度融入主题之中，变革教育方式，实现五育并举。

三、把握实施要点

要达成育人的教育目标，"感恩一路有您"主题开展必须富有课程的功能，基于此，笔者精心设计了本主题实施流程规范。学校课程：第一，通过调查访问与交流，确定感恩对象；第二，进行项目策划，确定制作礼品类型。家庭课程：通过亲子交流，准备礼品制作材料，如利用废旧物品制作包装等。基地课程（优质资源单位）：第一，结合学校前期的策划进行文化植入，明确价值意义；第二，结合项目植入实验研究、创意设计、劳动技能、艺术创造等课程因素，提升礼品品质。社会课程：学习规范礼仪，接受送达礼品，建立学校联动机制。

四、深挖课程内涵

在"感恩一路有您"主题框架下，根据学生身心发展规律，构建课程内容体系，满足各个年龄阶段、各个层次人群的活动需求。每个项目都从道德养成、生活体验、技术实践、艺术创造、科学探究、生活应用等不同角度挖掘教育内容。

以学校在博庠文化园基地春季"感恩一路有您"野菜课程为例，学生事先在学校学习红军长征路革命历史，了解当年红军长征时，物质极其匮乏，条件十分艰苦，甚至连基本的生存需求都不具备，为筹备粮食，朱德办野菜培训班、开野菜展览会的故事，随后在基地辨识、采挖红军曾经吃过的野菜，开展"重温红军餐，继承革命志"的活动。基地课程完成后，在家长的带领下，将亲手制作的野菜饼摆放在革命烈士墓前，进行清明祭扫活动。孩子们通过了解红军长征革命史、辨识野菜、制作野菜饼、祭扫革命烈士等一系列活动后，在学习党史的同时，整合学习多方知识与技能，并带动家长参与其中，形成多方育人机制。

以"感恩一路有您"花课程为例，本主题包含"花卉有礼""花香有礼""花饼有礼"三个活动项目，送达的感恩对象分别是交警、消防员、环卫工人、医护人员。每一个项目，都以主题的方式，整合劳动教育、综合实践活动以及学科知识，并且都设计了前置课程、活动课程、拓展课程。如在"花香有礼"活动中，制作植物纯露的孩子们，事先在前置课程里，根据基地的课程设计，在学校老师的指导下，通过资料收集，对纯露以及提取方法进行了初步了解，收集了桂花、艾叶、薄荷等芳香浓郁的植物。在家长的参与下，学生还收集了制作礼品包装的材料。来到基地，基地教师边带领孩子开展提取纯露的实验，边介绍不同植物纯露的功能，家长们也和孩子一起，兴趣盎然地观摩并参与实验，从中了解到博大精深的中医药文化。提取纯露后，孩子们和家长一起在基地教师的启发下，关注礼品包装美化的同时，还考虑利用对比实验，检测纯露包装的抗摔性能。礼品制成后，师生与家长们一起将亲子活动制作的纯露，送给可爱的感恩对象。

五、规范实施流程

作为课程项目，开发实施流程有一定规范：第一，进行基地优质资源的遴选与课程化设计；第二，分年段班级针对具体活动项目进行层次性策划；

第三，细致考虑学校、家庭、基地、社会机构课程任务安排及指导规范等。

六、明晰价值意义

"感恩一路有您"主题研学课程目前在长沙市开展，数十个学校参与，孩子们栽种树木花卉，制作手工艺品，制作传统美食等，完成了两百多个项目，整合了综合实践活动、劳动教育和其他各学科综合多维育人目标，制作的礼品感恩革命烈士、消防战士、环保卫士、医护人员、教师、社区老人等，培养了社会责任感、感恩之心、惜物爱物的意识与创造美好生活的能力。这样的教育模式，有学校的指导，如前置、后拓课程的落实，有家长的组织，有基地的精心策划，有社会机构的广泛参与，开启了学校、家庭、基地、社会多方联动育人模式，真正整合了优质教育资源，形成了教育合力。

作为建构立德树人新体系，整合各学科综合多维育人目标，真正实现德智体美劳五育并举的初步尝试，"感恩一路有您"主题研学课程主要价值有如下几个方面：1. 家庭方面，激发家长对家庭教育的功能。现代学生教育侧重于学校教育，很多家长忙于自身工作，缺乏对孩子的家庭教育。解放孩子天性，明确兴趣方向，通过"寓教于乐"的亲子互动活动，家长更容易发现孩子的兴趣方向，促进亲子关系健康发展。家长与孩子通过合力完成任务，形成共同话题，建立长效沟通机制，促进孩子心理健康发展。2. 学校方面，学校通过前置课程引领教学，后拓课程深化活动探究，使主题研学课程与学校文化课程结合，提高学生自主学习的能力。如纯露提取实验是一个涉及生物、化学、物理知识的实验，学校可以在活动之前带领学生学习"什么是纯露""什么植物可以提取纯露"的知识，提高学生对纯露提取实验的兴趣。在活动之后，可以引导学生思考"我们还可以用此种方法提取哪些品种的纯露""在生活中纯露有哪些应用"的问题，培养学生们自主探究的能力，提高学生的学习效率。3. 社会优质资源（如示范基地资源）方面，整合各方资源，通过专业团队设计精细化课程，引领各方形成教育合力，让学生在立体化教育方式下，各方面能力得到全面提升。4. 社会方面，培养学生感恩社会、回馈社会意识及爱国情感，与学校建立互动机制。

本主题研学课程引领学校、基地、社会、家庭的四方联动，协同育人，使感恩文化植入到活动中，让学生学习常规知识的同时，逐步学会珍惜、关爱，懂得回馈社会，从而实现了多元化教育的目标。

案例四　与学校课程深度融合的校社家协同育人主题及实施模型建构
——以枫树山中航城小学模型建构为例

建立高质量的教育体系，要健全学校、社会、家庭协同育人机制，构建学校、社会、家庭育人体系。为此，笔者在长沙市数十所学校开展了深入研究与实践，引导学校开展了社会资源与学校课程整合的校社家协同育人模型建构，与学校一起建构了多种校社家协同育人模型，如家庭社区服务联动模型，学校基地联动模型、校社基地家四方联动模型等。下面以笔者在长沙市雨花区枫树山中航城小学校社家联动模型建构为例，来谈谈其建构的基本过程。

一、明晰方向，确立建构模型类别

枫树山中航城小学是笔者国家级优秀教学成果"综合实践活动课程建设、推进与实施"推广应用示范学校，担任"多方联动育人模式"成果示范推广任务，在成果推广示范的过程中，如何定位学校课程文化的方向，如何突出学校已有的文化特色，如何有效利用周边优质的课程资源，确立什么联动类型，提炼什么主题来带动联动机制等诸多问题一直困扰着学校。

了解到学校的困惑后，笔者做的第一步就是帮助学校明晰思路，确立特色发展方向，确立建模类型。在与学校交流过程中，笔者了解到学校已有的资源及课程实施基础有：第一，学校毗邻省植物园，与植物园有良好的互动联系；第二，学校利用社区开展的职业体验"社区理想家"社会服务活动已形成常态机制。在分析学校已有特色活动和周边课程资源的基础上，笔者帮助学校确立了"建构研学课程与学校课程整合（劳动教育、科学、艺术、语文）的学校社区联动模型"的主要研究方向，建议学校联动植物园、社区"理想家"，形成很好的社区服务联动模型，并基于社区的资源特色，建立与家庭的教育关联。

二、确立主题，提炼建模文化元素

在学校确立建模类型之后，第二步，笔者帮助学校提炼主题，确立建构模型的核心文化元素。为帮助学校找到协同育人模型建构的抓手，笔者从分析学校已有的教育哲学入手。据学校校长介绍，学校曾经提出"诗雅教育，浸润童年"理念，旨在让优秀传统文化诗词楹联成为孩子们生命的底色，让学生学习竹子谦虚、向上、有理、有节、无私、坚韧、高雅、奉献的精神，进而成为一个品格高尚的好孩子。学校育人目标，湖南省植物园丰富的竹资源，以及枫树山中航城小学孩子们零星的一些与竹相关的手工制品，启发了笔者的灵感，笔者向学校建议确立以"竹文化"为核心的文化元素来设计学校研学课程主题模块。原因主要基于几点：第一，"绿竹猗猗"出自《淇奥》，《淇奥》是《诗经》一首赞美君子形象的诗歌，借绿竹的挺拔、青翠、浓密来赞颂君子的高风亮节。竹文化是一种君子文化，和学校诗雅教育文化构建高度一致。第二，竹子"虚心有节，中通外直"，其内涵已成为中华民族品格、禀赋和精神象征。中通外直中的"通"，从学校层面看，具有整合的理念，有课程融通的意思，有协同育人的意蕴；从育人目标看，培养沟通万物的综合型人才为目标，与学校育人价值追求一致。第三，学校周边的省植物园竹资源丰富，学校校园随处可见种类丰富的竹子，学校在每一株不同品种的竹子上都挂有其产地、特征等信息的木牌。可见，竹子早已进入学校师生的校园环境生活。第四，竹子本身具备的文化性及实用性特征为学校文化建设、劳动实践活动与社会服务活动开展提供了很好的材料。至此，"竹"这个核心文化元素提炼出来，以"竹文化探究"来作为校社家协同育人模型建构的主题确立。

三、植入文化，系统开发协同育人课程

学校核心文化元素提炼出来后，第三步是围绕核心文化元素设计与学校

学科课程深度融合的课程体系。第一，帮助学校将竹元素植入学校，形成特色校园文化。先将竹元素植入学校环境文化，青青翠竹点缀校园文化景观。校园种植了丰富的各类竹子，如毛竹、楠竹、凤尾竹等，用竹子营造绿色校园，用竹子点缀学校文化景观。每个班级门口的竹书架、竹盆景等构成了特殊的班级竹文化，让学生在沐浴竹香的同时，也品味着学校生活的别样乐趣。再着力创建竹文化长廊。一幅幅精美的图片、一段段咏竹的妙文、一件件稚嫩而又新奇的竹制品，形象生动地阐释了竹所具备的独特文化印记、丰富的实用价值。漫步其间，学生既能学到不少与竹子相关的基本知识，又能从身边同学的优秀作品中感受竹文化的无穷魅力。第二，植入学校课程文化。学校的竹子可在学生的爬杆活动中使用，也可在学生学习竹竿舞时使用。这体现了学校课间游戏的特色。此外，学校的竹课程模块进行系统主题开发，可从竹子的种类习性、竹子的生活运用、竹子的艺术创造、竹子的文化意象等多个角度挖掘课程内涵、设计主题。依据学生身心发展规律，分阶段、有重点地设计各项竹文化探究活动。

四、设计方式，形成协同育人机制

学校竹课程体系主题开发后，第四步，笔者指导学校设计协同方式，形成协同育人机制。如在竹课程植入过程中，学生在湖南省植物园相关专家的引领下，了解竹课程必备科学知识，通过中国科学技术大学高科技项目植入，学生所种竹子成长全过程可视化，学科教师通力合作，竹课程整合学科课程，全面开展围绕竹文化主题的各类探究活动，学校社区互动，将竹元素相关设计融入社区"理想家"的布置及生活运用中等。社区"理想家"社区服务改变以往单纯提供劳动服务的方式，融入了竹文化创意设计类课程产品，提升了社区服务的品质。竹文化元素通过学校的设计与传递，使湖南省植物园、社区"理想家"两个互不关联的资源进行了很好的联动。此外，学校还通过研学课程，与优质基地互动，如学校将邪原文化园竹资源课程化设计运用于学生研学课程中，将竹课程全方位贯穿学校综合实践活动课程、劳动教育课程各领域。